U0016936

台灣經濟論叢 14

台灣賦稅體制之演變

于宗先、王金利／著

中國經濟企業研究所／編

序

自古以來，大家都認同財政為庶政之母，而財政中的賦稅收入為政府支出的必要財源。在帝王時代，賦稅的功能主要為維持一個王朝的揮霍；在民主時代，賦稅的功能，除維持政府的行政運作外，還要用作鼓勵投資，均化所得分配的工具，因此賦稅對一國經濟發展、全國人民福祉益加重要。

通常政府有兩大工具來影響經濟的走向，一為金融，一為財政。金融被視為人體中之血液，血液阻塞，生命就會危險；財政除為維持政府行政外，還要兼顧經濟發展，使經濟發展的成果能為全民共享。一個國家不能沒有政府，儘管很多政府不為人民所喜歡，因為有很多問題，非由政府來解決不可，譬如國防，非有集體的力量不足以維護國家安全；如社會治安，非有警察的力量，不足以消除盜匪、邪惡之徒；如民事糾紛，非有司法機構，不足以解決彼此爭端等等。畢竟人是自私的動物，為滿足自己的需求，難免會產生人與人之間的磨擦，要解決這些問題，必須有個由人民共同組成的團體，即政府，去解決與人民有關的，非個人能力所及的各種問題。人類社會不能無政府，但政府規模不宜太大，權力不宜太多，乃是一般人所需要的政府。

當國民政府於1949年遷台時，美援已斷絕，而賦稅收入短絀，政府支出受很大限制；況台灣社會因受二戰的摧殘，可說百廢待舉，復原費用浩大；而由大陸撤退來台的軍民也達160萬人，都需政府維持其生活。執政當局面臨國庫空虛，征稅不易，只有發行鈔票；而發行鈔票，又會導致通貨膨脹，使人民生活更加疾苦。幸而1950年韓戰爆發，此不但使海峽危機暫時解除，而美援也恢復起來，這才使政府財政得到些紓解。當時賦稅所依賴的為田賦和關稅收入，田賦不足以支持政府支出，而關稅乃成為台灣最大的稅源。由於工業不發達，輸入有限，政府乃於1959年，訂定19點財經計劃和1960年獎勵投資條例；該條例中，規定用減稅、免稅、退稅的方式，鼓勵民間投資。同時於1960年代末，進行賦稅改革，奠定所得稅的基礎，為九年義務教育及改善軍公教人員待遇提供了有力的支援。

為了鼓勵出口，無論是加工區的設立，新竹工業科學園區的成立，無不以免稅、減稅和退稅的方式，獎助國內外企業來台投資。儘管產業結構變了，獎勵投資條例仍維持了30年(1960-1990)；代之而來的為促進產業升級條例(1991年開始)也是以免稅、減稅等方式來鼓勵民間企業的研發、污染處理。根據實證研究，賦稅獎勵的功能愈來愈低，企業家投資所重視的，不儘是租稅優待，而是優良的投資環境和安適的生活環境。無論如何，賦稅獎勵對台灣產業的蛻變與升級，都有些貢獻。

自1980年代以來，台灣已由貧窮境況進展為小康社會，然而貧富差距卻愈來愈大，於是政府停徵田賦，使農民不再有稅負。同時，政府應民意要求，儘量降低稅率，兩稅合一，土地增值稅減半等措施。1980年代以前，歲計剩餘已變成1990年代以來歲計

虧空，於是政府財政也開始惡化起來。雖然龐大的國防支出相對降低很多，但社會安全支出卻相對大幅增加。問題在於富有者利用各種方式不納稅或少納稅，而稅負幾乎都落在中產階層，這種稅負不公平現象，雖為社會所詬病，然政府似乎失去糾正的著力點。

本書就是利用歷史文獻，統計資料，將二戰後迄2007年針對國內外經濟環境之變化，對台灣賦稅體制之演變作了客觀、批判性的分析，俾對有志趣研究台灣賦稅體制的學者提供財政政策成敗的觀點；對於一般讀者而言，從本書敘述中也可瞭解到稅制變遷的歷程以及稅收與個人的關係。

本書初稿完成後，為減少錯誤起見，我們邀請三位對財政理論有深厚造詣，對實務也有豐富經驗的學者為本書審閱。他們是陸民仁教授、陳聽安教授和孫克難教授；尤其陳聽安教授，他曾主持第二次賦稅改革，對賦稅體制之改革有深刻的體認。除此之外，也請財政部張盛和次長對賦改經驗給予指教，誠屬難得。由於他們的細心審閱和對錯誤的指正，使本書生色不少。同時，這本書的完成，蒙黃國樞先生不辭辛勞，再三校閱，並改正錯誤；而胡美雲小姐和黃素娟女士之耐心打字，或蒐集所需要的資料，均是完成本書問世的功臣，我們由衷地感謝。不過，如本書仍有謬誤之處，則全由作者負責。尚望海內外同道，惠予指正。

最後，對於大力資助本書撰寫的俞國華文教基金會，雖在利率大幅滑落，收入欠豐的情況下，仍能撥出我們為撰寫本書所需要的補助，使我們順利完成撰寫工作，使我們銘感五內，而聯經出版事業公司在書店不景氣的狀態下，仍為我們出版這本專書，

更是難得，亦併在此致謝。

于宗先 謹識
王金利

2008年1月

目次

圖表次

圖次

表次

第一章
導論

第一節　一般人對賦稅的認識

　　自古以來，一般人多缺乏對賦稅的正確認識。能心平氣和，甘心繳納賦稅的人，畢竟是少數；多數人對納稅是：能避，則避之。這種現象不完全歸罪於納稅人，政府應負較大的責任。因為賦稅，無論是直接稅，或間接稅，最後都是人民負擔的一部分。從經濟學的觀點，賦稅也是一種交易行為：人民納稅是犧牲所得的一部分，所換取的是政府提供的：社會的安全，生命財產的保障，交通的方便，以及環境的維護等。此可用下面的圖表示：

公信力

人民納稅　　◆━━━━━▶　　政府服務

　　如果人民納稅所得到的不是人民生命財產的保障，而是政府官員的貪腐行為，甚至是魚肉人民，人民對賦稅的拒絕心理便產生了。古時有所謂「苛政猛於虎」的論述，所指的就是指人民無

力納稅,受到官員的迫害;而一般官員也缺乏賦稅對他們的意義。所謂「衣食父母」所指的官員的俸祿是取自人民的所得;既然官員的俸祿取自人民的所得,就不應該迫害納稅人。由於在專制時代,政府官員缺乏服務人民的觀念,便視賦稅為人民對政府的「負債」。在這種觀念下,政府便成了「債權人」,納稅人成了「債務人」,故認為欺榨納稅人是理直氣壯的行為。如下圖所示。

納稅人　　　　　權　威　　　　政府
────　　　　←────　　　　────
債　務　人　　　　　　　　　　　債　權　人
（弱勢）　　　　服　從　　　　（強勢）

處在這種情況下,人民對賦稅的厭惡便產生了。這種觀感一直維持到專制政權被人民推翻。無論如何,這種對賦稅不當的認知,到20世紀,才逐漸改變,而有了較正確的看法。所謂「納稅是國民應盡的義務」,便成為許多國家憲法中重要的一部分。既然這是憲法所規定的,每位國民就有遵守的義務。同時,政府的職能也有了明確的規定。諸如政務、國防、公共建設、外交、社會救助等,而且這些服務,也成了政府的天職,如下圖所示。

納　稅　人　　　　　　　　　　政府
────　　　強制性　　　────
納稅是　　　←────→　　服務人民是
國民的義務　　　　　　　　政府的天職

　　同時，對於納稅，強調量能納稅，這對納稅人的負擔有了較公平的對待。至於政府的服務，完全靠財政的收入來支持，而財政收入中，主要的是賦稅收入。在市場經濟社會，賦稅主要靠所得稅；但在計劃經濟社會，賦稅收入主要靠國有企業的盈餘。自1990年前後，計劃經濟崩潰之後，民營企業興起，政府的財政收入，也漸漸依賴賦稅收入；即使在台灣，1990年以前，公營事業在國內經濟中也曾扮演重要角色；惟自1990年以還，公營事業開始民營化，公營事業的年度盈餘在賦稅中所占比例也就愈來愈小了。

　　就台灣情況而言，即使到了21世紀，仍有部分社會大眾對賦稅的認識不足，這並非完全是因為一般社會大眾的「無知」，而是因為當政者的執政表現不為社會大眾所滿意。況且賦稅負擔公平問題成為被批評的主題：(1)因為社會上最富有的階層可以少納稅，或者不納稅；中產階層則是稅負最重的一層，他們為薪資階層，由於每筆所得都有紀錄可稽，想逃稅也逃不掉；(2)徵收方式太粗魯：對於欠稅及及報稅有誤的人，不問其原因，即予加倍罰鍰，使納稅人不服氣；(3)社會安全亮起紅燈，人民生活起居經常遭受搶劫、姦殺、詐騙的迫害，致使人民對社會環境失去安全感，顯然政府未盡到應盡的責任；(4)政府官員貪腐之風益熾，不但不受法律的制裁，而且官位不斷上升；(5)很多公共建設不切實際，既浪費了人民納稅的錢，也成為彌補不完的漏洞。在這些因素影響下，人民對納稅的心願是不甘的，於是在人民與政府的關係上，政府官員不是人民的公僕，而是人民的壓榨者，於是便又回到納稅人是債務人，而政府是債權人的關係上。

第二節 賦稅的重要性

無論對一個國家的存在,或對人民的生命保障,賦稅仍是最重要的一環。沒有賦稅,政府就難以存在;如果一個國家成為無政府狀態,人民生命的安全,生活的保障都會成為問題。沒有錢的人,為了生活,會鋌而走險,作些犯法的行為;有錢的人為了安全保障,必然會雇用些人作保鑣;雇人作保鑣,就要付代價。所以在大同世界的理想實現之前,政府仍然是被需要的。

既然政府的存在是需要的,它就需要人民的賦稅來支持政府的存在。在一個健康的社會,賦稅收入必須滿足政府基本支出的需要。儘管在20世紀後期,世界上曾流行「小政府,大社會」的觀念,但下列的事務仍需要政府去完成,尤其對一般開發中國家或新興工業化國家而言,政府仍需扮演重要的角色:(1)為了保衛國家安全,維持社會安寧,必要的國防支出是難免的;(2)為了維持社會秩序,為了推動社會保障制度,為了普及基本教育,使人人有受教育機會,也為了推動經濟發展,一般政務支出是需要的;(3)為了敦睦邦交,便利民間交流,必要的外交支出也是難免的;(4)為了便利交通運輸,為了發展對外貿易,基本的公共建設是必要的;(5)尤其在全球化浪潮衝擊之下,貧富差距加大成為普遍的現象,為了解決這個問題,需要政府,一方面推行各種建設計畫,增加就業機會,提高一般人民的所得,另方面應誘使富有的人參與救助工作。

像以上所列舉的工作,絕非個人能力所及,需要政府來解決;而政府要有賦稅收入,才能完成以上所述的工作。雖然社會

上有慈善機構可以救助某一部分有生活困難的人,但對整個社會或國家而言,靠民間是難以達成這些任務的,像國民義務教育,民間機構僅能解決一部分,而且為時也難持久,只有政府才有這種能力;再如社會失序嚴重,致民不聊生,只有靠警察或當局來解決。儘管「小政府,大社會」的境界為很多人所嚮往,但需有個前提:這個國家是個上軌道的民主國家,社會安定,而且人民所得已超過小康的境界。否則,推動經濟的發展,安定失序的社會,如無政府的力量是不能奏效的。

第三節 徵稅的環境條件

正如引進外人投資一樣,需要有一個健全優良的投資環境,否則外資固為之裹足不前,國內業者也會遠走高飛。如果賦稅環境不佳,不但收不到應收到的稅,而且也會產生租稅扭曲現象:即在租稅優惠上既不能吸引外人投資,在所得分配上,也會導致貧富差距加大的現象。如何建立一個有效率而合理的租稅環境,下列幾個條件是值得參考的:

一、政府應有的作為

所需要的政府是個有效率的政府,對於民間的申請案件能作有效的處理,不要一拖再拖,延誤申請的時間,使業者失去牟利的時機,也使一般社會大眾的申訴時間拖長。同時,稅務官吏一定要行為清廉,絕不能接受賄賂,導致稅負不公,造成民怨。為達成這個條件,官員的待遇要作適當程度的提高,同時要削減政府官員的人數,使冗員降為零。新加坡和香港的政府就是最好的

榜樣。俗語說得好,「要馬兒不吃草,又要馬兒跑得好」顯然是矛盾的。新加坡和香港政府服務人員的待遇足以「養廉」;而台灣政府官員的待遇卻難以「養廉」,而且冗員過多,使政府的人事費在政務預算中占去了一大部分。

二、健全的稅政

所謂「徒法不足以自行」,縱然稅制再好,如無健全的稅政來配合,也難達成徵稅而不擾民的目的。通常在一般稅制改革時,多忽略了稅政的配合。沒有健全的稅政,再完美的稅制也難以付諸實施。首先對稅務人員,必須強化其素質,同時也要提高其待遇,使其基本生活無虞,方能「養廉」。其次是稽徵程序,要使其科學化、e化和便民化。對於納稅人的收入,要建立相互勾稽的機制,即任何一項收入必有其來源,支出與收入來源的核對,可防止逃稅、漏稅。再就是如何教育一般國民有關納稅的意義及賦稅的用途,為此,需從小學教育起。凡為一國民,納稅是國民應盡的義務,而逃、漏稅則是國民的恥辱。同時也要教育一般國民,每項政府支出與納稅人的關係,從而也讓納稅人對政府支出表示意見,藉以監督政府支出的正當性和有效性,在這方面,徵稅要符合幾個原則:

(一)租稅公平性:本「量能納稅」原則,經濟能力強者應負擔較多的稅,而經濟能力弱者可不納稅或納很少的稅。

(二)租稅中立性:租稅之徵課不應扭曲價格機能,以期不影響納稅人的消費、投資、儲蓄、勞動、工作地點的選擇。

(三)稽徵方便性:稽徵程序簡單,既不增加稽徵人員的麻煩,也

不增加納稅人的麻煩。

(四)稽徵經濟性：衡量稽徵成本是否大於稽徵收入；如果前者大於後者，便是不經濟，徒增擾民，亦無助於財政收入。

(五)稅制的接受度：凡易為納稅人所願接受的稅制，則易徵到所預期的稅收；否則，固徵不到稅，反會造成民怨。通常間接稅較不會使納稅人有切身之痛，而所得稅的徵收便會使人有切身之痛的感覺。

如果政府對徵稅能做到這五點，相信社會大眾對納稅的感覺會改變，而政府徵稅的目的也就達成了(于宗先，2006)。

第四節　稅制觀念的演變

稅制是隨著時代的演變而演變的。在帝王時代，多沒有「稅是服務人民的代價」的觀念。帝王自認為是「天子」，享有非人民所能享有的權利。儘管孟子倡言「民為貴，君為輕」的民本觀念，多數帝王視民如草芥，只要有需要，就向人民索取，人民無力奉獻他們的索取，便構成犯罪的要件，接受懲罰。在很長的歷史過程中，人頭稅是被普遍採行的一種稅制，由於這種稅源普遍而簡單，但徵收不到很多的稅，於是田賦便成為重要的稅源。田賦是按農地面積的大小和肥瘠的程度而徵收的。就台灣情況而言，在農業為經濟主流時代，田賦是很重要的。到了工業化經濟時代，田賦在稅收中的地位便日趨下降，因為農地生產受報酬遞減率的制約，即使科學再昌明也克服不了大自然災害的襲擊，以及糧價相對工業產品低廉，十分不利農民的收入，於是政府便於

1978年將田賦減半徵收，到1987年停徵田賦。中國大陸的執政當局也鑒於經改與開放十年之後，農業地位也在日趨下降，尤其到了20世紀末，出現的三農問題(即農民、農村和農業)，農民收入益趨緊張；農村建設落後，飲水、道路、居住環境遠落後一般城市；而整個農業仍靠天吃飯，成長率下降，且受環境汙染之害；為了減輕農民的負擔，也於2004年取消田賦。像美國這樣富有的國家，每年政府都大量補助農民，使農業收入不減，而且有力將糧食、水果、蔬菜以廉價輸出到世界各地。

顯然，稅制觀念是隨著時代潮流轉變的，在其本質上，是從簡單到複雜，又將從複雜回歸簡單；從單一的人頭稅到複雜的累進稅，又將回到比例稅制；從重視間接稅到直接稅，又再回到間接稅的趨向。這些演變都與時代潮流及國家經濟發展程度密切關係。

一、所得稅的比例制 vs. 累進制

目前，全世界上大多數國家對所得稅是採累進制，即所得愈高，累進稅率也愈高，但也有採單一稅率的，像香港個人所得稅為16%，不論高低。理論上，有所得，就應課稅。單一稅率既簡單，且易徵收；而累進稅是要高所得的人多付出些稅，以彌補貧苦階層無稅可繳。但累進稅率高了，也會抑制企業家的冒險行為，因為投資是要冒險的；也會使那些為增加財富而多流汗的人，不再多多投入。

二、直接稅 vs. 間接稅

在農業時代，田賦為主要的稅源，這是一種直接稅，納稅人

有直接的感受；除此，其他的稅目絕大多數為間接稅，如貨物稅、營業稅，它可轉嫁到消費者身上。直接稅因是直接取自納稅人的部分所得，對納稅人而言，無疑是挖塊身上的肉下來，有直接的痛楚；可是間接稅，對納稅人而言，卻無直接的痛楚，儘管羊毛出在羊身上，但經過輾轉的轉嫁過程，消費者就不會感到直接的痛楚了。近年來，雖然賦稅制度仍以直接稅為主，但不少人認為：為防止逃稅、避稅的情事發生，乃傾向間接稅的徵收，以減少徵稅所遭受的壓力。

三、所得稅 vs. 消費稅

　　所得稅被認為是達成量能納稅目的一種有效稅目，故自20世紀以來成為各國所重視的一種稅源。所得稅是指有所得，就應付稅；而消費稅是指有消費，就需付稅。繳納所得稅無直接的回報；而繳納消費稅則有直接的回報——貨物、勞務或娛樂。如此，讓政府分享部分消費，納稅人對因此而失去的部分所得不會感到痛苦。像西歐，近年來就非常重視消費稅的徵收。

四、地價稅 vs. 土地增值稅

　　凡擁有土地的人須繳納地價稅，農民所繳納的田賦就是一種地價稅。當土地被移轉所有權時，對於增值部分，要課累進稅。孫中山先生曾認為，土地增值不是地主努力改良土地的結果，而是社會繁榮帶來的結果。社會繁榮有很多原因，地主不一定有所貢獻(《國父全集》，一冊)。就台灣經驗而言，徵土地增值稅相當困難，主要是地價的評定問題。因為地價難以評定，於是政府委託專家定出每一地區、每一街或巷之土地的價值，由政府公告

之;在土地交易時,再根據公告地價增或減某一百分數課稅。在地價變動極烈的時期,公告地價與公告現值會失靈,因為市價可能比公告地價高,也可能低,很難得到一個接近市價的價格。於是有人主張僅徵地價稅,放棄土地增值稅。通常地價稅是按年度徵收,為防止少數人擁有太多土地,多數人無土地可用,乃採累進制,使大地主因稅負重而自願售出多餘的土地,從而也抑制地價的暴漲。

五、證券交易稅 vs. 證券交易所得稅

在金融經濟為主流的時代,投資市場是最重要的金融市場。證券交易的熱絡與冷淡,反映經濟的繁榮與蕭條,頻繁的證券交易乃成為課稅的重要對象。課徵證券交易稅,即有交易,便課稅,不管是賺、是賠,手續簡便。課徵證券交易所得稅在理論上,符合「有所得,即納稅」的條件;但其缺點是:即使電腦化,也是費時費力的工作,尤其以小額股票交易為特點的股市,每天進出頻繁,對證券交易所得的核算確是件繁雜的事務。因此之故,一般政府多採取徵證券交易稅,即當每筆股票交易完畢,即課某一百分數的稅,既簡單又迅速(于宗先,2006)。

六、遺產稅 vs. 贈與稅

遺產稅是指一個人過世之後,政府對其留下的財產在轉手時課稅;而贈與稅是指一個擁有財產的人將其財產的一部分或全部分贈給親友時課稅。前者是指身後財產的處理,後者是指在世時將其財產贈予親人。根據遺產稅法,稅率是累進的,即遺產愈多,稅率也愈高,最高可達遺留財產價值的50%。對於這兩種性質近

似的稅目，工商界認爲應取消，否則投資人會不來台灣投資；但
有關當局認爲兩稅合一可考慮，但不能取消。一旦被取消，地方
政府的收入更加減少，故不宜輕言廢之 [1]。因爲有關當局認爲稅
率可以調降，稅距可以簡化，甚至免稅額可以提高，使擁有財產
的人較前少繳些稅。就台灣的情況而言，由於政商關係好，避稅
力量大，有些有錢的人在有生之年已經利用逃稅、避稅等方式減
少稅負；當他們死後，會因財產移轉所造成的代際間貧富懸殊現
象，將更爲惡化。這種現象發展下去，絕非國家之福，而是社會
的潛在危機。同時課徵遺產稅更不是決定海外投資的重要因素。
一個企業家在世時，他不會考慮死後被課遺產稅而影響他的投資
決定，投資人是否投資主要取決於投資環境的優劣及企業牟利的
機率。

七、租稅優惠 vs. 直接補貼

　　根據促進產業條例第八條與第九條規定，租稅優惠係「爲鼓
勵對經濟發展具重大效益，風險性高且亟須扶植之新興重要策略
性產業之創立或擴充，該符合條件之營利事業便得以享受股東投
資抵減或五年免稅優惠。」而直接補貼是政府計畫取消「促進產
業條例」的替代方案。它是指由主管機關編列預算，並由民意機
關審議監督，其金額規模確定，視政府財力而爲。而審議係對既
定政策目的，而且被協助的產業發展具有直接性與明確性，以及

1　世界上有不少國家取消遺產贈與稅，如新加坡。他們認爲經濟愈自由
　　化，全球化企業、個人有更大的選擇空間，要想使他們繳納遺產贈與稅，
　　十分困難，因爲他們有很多方法避稅、逃稅。美國的終身財富移轉制度
　　（Life time wealth transfer taxation）類似兩稅合一的性質。

政策執行的成本與效益的對應性。唯能如斯，才能評其成效。至於租稅減免優惠，只要合乎一定資格、標準，就能享用，具有普遍適用性。因爲台灣的政商環境特殊，利益團體的運作與政治人物選票的考量，易於造成減稅氾濫，政府稅收減少難以控制局面，其後果往往成爲國家財政惡化的造因（2007年2月16日，《經濟日報》社論：〈爲什麼租稅優惠比較可愛？〉）。

租稅減免優惠是促進產業條例的基本精神，它自1991年實施迄今已17年時間，租稅減免優惠的成果不彰，受優惠的企業享受如此長久的減免待遇，而其科研成果並未達成如期的目標，況且該條例執行下來，受優惠的企業已養成依賴租稅優惠的慣性，以及如不繼續租稅優惠，便會遠走海外的思想。至於直接補貼，在履行WTO規範時，是否會成爲貿易對手國採取反傾銷稅的藉口？值得考慮，再如申請案件過多，審議費時冗長，也不利於投資決定。

八、開源 vs. 節流

古有名訓，租稅改革途徑，不外開源與節流，開源不易，節流也很困難。開源的對象爲納稅人，節流的對象爲政府。納稅人唯一武器是運用輿論去反對新稅目的增加和稅率的提高；而政府所依賴的是權力和執行力。就台灣的情況而言，不論用什麼方式增稅，其阻力都很大，尤其牽涉到工商界的利益時，所遭遇的阻力會更大。2006年，對能源稅（或碳稅，或汙染費）的爭論，可以見到工商界對徵能源稅的爭議有多強。從全球化的觀點，降低二氧化碳排放量，本是每個國家，或每個人應盡的義務，台灣卻由1996年（京都議定書簽訂年）二氧化碳排放量的1896億噸增加到

2003年的2679億噸，共成長41.3%，從而成為亞州第2名，世界第22名。台灣雖非京都議定書的簽訂國，但地球只有一個，增強暖化效應，危害人類安全，台灣豈不也成為製造災難的兇手？

再從節流方面來看，目前已呈現維持龐大軍備支出和建立社會保障制度的「魚與熊掌不可兼得」的困局。由於全球化的普遍性，很多國家漸形成貧與富兩極化現象，中間階級正在流失中。為糾正這一趨勢的變本加厲，政府最重要的職能是建立一個社會保障制度，使貧窮的階級有生存的權利。如果不能開源，節流是唯一的途徑。如果既不能開源，又不能節流，只有增加公債發行，也就是加重後代子孫的債務負擔。如果後代子孫拒絕負擔，則政府的存在就難以維持了。

時代潮流不斷在演變，賦稅制度也會跟著變動，至於哪一種稅制是最理想的稅制，很難下個定論。無論如何，政府的存在是必要的，不管是大政府或小政府，而徵稅充實財政收入也是必要的。儘管量能納稅是至理，但一般社會大眾並不全然服膺這個至理。為了能從有所得的人身上取得稅收，在人民為主的時代，一般政府會傾向簡易、方便、有效率的徵稅方式去發展。

九、減稅的功能問題

最後，所要談的是減稅的功能問題。賦稅對業者而言，是種成本，如果將此成本減少，必會提高產品的競爭力，事實是否產生此效果，答案是不一定。

近年來，減稅成為鼓勵投資的必要條件。站在企業界的立場，稅率愈低愈好，最好是無稅；站在政府立場，租稅是維持政府功能的必要條件。問題是稅率能低到什麼程度為最合理？那就

要看政府能為人民做多少事。以減稅鼓勵投資固然很重要，但投資環境比減稅還重要。如果稅率很低，行政效率也很低，尤其在政局不穩，社會運動如火如荼，而治安條件敗壞，人民生活不受保障的環境下，即使是無稅天堂，也無人敢來投資。稅率的高低也要看國家經濟發展程度是否很低或很高。如果他們的營所稅率介於15%至20%，台灣的營所稅率自然不宜高於20%，如此可在稅率的比較上，使業者無可指責。除此，還要看投資環境的優良程度（目前營所稅率：台灣為25%，香港為17.5%，新加坡為20%，中國大陸為25%）。如果投資環境不及其他國家，外資也會望而卻步[2]。

第五節　賦稅優待與外人投資

從1960年代起，引進外資成為推動經濟發展的核心力量。對一般開發中國家而言，多不缺乏人力資源，所缺乏的是資本。因為貧窮、儲蓄率就相對的低，要啟動經濟發展幾乎不可能。如果能從國際金融機構貸到資金，也是一個啟動經濟發展的重要途徑，但因為經濟落後，國家的債信力不足，國際金融機構也興趣缺缺，於是想到：如能引進外人投資，不僅可解決資金缺乏問題，而且生產設備及技術也有了著落。在勞力充沛而低廉的條件下，所生產的產品及勞務就會有比較優勢（comparative advantage），在國際市場上也就有了競爭力。

2　香港政府對企業無租稅的優惠待遇，而台灣企業享受各種租稅的優惠待遇，故事實上，台灣的營所稅較香港就輕得多。

　　這並不是一般開發中國家一廂情願的想法，利用這個策略去吸引外人投資，而已開發國家也歡迎外人投資。外國企業之肯來投資，僅低廉的勞力資源還是不夠的，必須在其他方面，提供優惠待遇，才能使外資業者動心。於是除提供完備的基本設施外，更要提供免稅或減稅的待遇。外資業者除享受低廉的勞工外，又享受到免稅或減稅的待遇。像台灣1966年所創立的加工出口區，當時能夠吸引外資進入，就是憑藉這些優惠。到1980年新竹科學園區的設置，也運用了這些優惠，使外資不斷的投入。外資進入國內，不僅帶來新的機器設備，企業管理技術，也提供了外銷管道，尤其外銷管道對發展對外貿易十分重要；而對外貿易的發展往往成為許多國家經濟發展的主導力量。東亞的新興工業化國家之經濟發展大放光彩，主要是靠對外貿易的拓展。當中國大陸在1978年著手經濟改革與對外開放，首先是設立六個經濟特區[3]，用以引進外資，而其所用的策略中，都是以優惠待遇方式獎勵外人投資的。

　　台灣的獎勵投資條例始於1960年，以10年為限，在該條例中，有五年(四年)免稅及加速折舊規定；當新創立者產品免稅屆滿時，增資擴展產品均享免稅待遇；為更新機器設備，亦准予加速折舊以降低生產成本。獎勵投資條例由1970年延長至1980年，復又由1980年延至1990年。在每次延長時，免稅規定都有些變更。到1990年，基於社會輿論的反映，對獎勵投資條例，政府不再延長，而改以「促進產業升級條例」代之。此條件強調對研發的獎勵，以及對購買汙染設備的獎勵，以迄於2006年。

3　如深圳、珠海、汕頭、廈門、廣州和上海。

事實上，獎勵投資條例之功效是在少數國家應用時，它才能顯示出它對增強「比較優勢」有幫助；一旦所有從事經濟發展的國家都運用「獎勵投資條例」來吸引外資，它的功效就有限了。我們可以簡述一般獎勵投資條例的構成為：

1. 賦稅獎勵：各國都大同小異，漸不具吸引力。
2. 勞工低廉：勞工的素質須不斷提高，技職條件佳，無強力的工會組織。
3. 公共設施現代化：各國都在加強此一條件。
4. 政府行政效率：各國政府也在加強此一條件。
5. 當地潛在購買力：取決於當地市場的潛在購買力，有些國家因人口不多，難以構成強大的潛在購買力。

今後吸引外資條件，除1、3、4外之外，還有勞工素質之差別及當地市場潛在購買力的大小，這兩個條件有高低差別之分，對增強「比較優勢」尚有加強的餘地。

第六節　金融經濟時代衍生的新稅種

自進入21世紀，台灣經濟也就進入以金融業為經濟主流的時代。在這個時代，金融營業稅就變得相當複雜。金融業包括銀行業、保險業、信託投資業、證券業、期貨業、票券業及典當業。所謂金融服務業，它可分為主要金融服務和次要金融服務。前者包括信用借貸、存款帳戶操作，以及貨幣(外匯)、股票、債券、保險等交易；後者包括諮詢顧問、保管箱及不動產出租等。

　　關於金融營業稅之課徵，台灣金融業之營業稅係採總額課稅方式，其中，主要業務稅率較輕（2%），次要業務稅率較重（5%）。金融服務應否課稅，在租稅理論上一直是個被爭議的課題：即金融服務應否課稅，又如何課稅。問題在於對企業性金融服務與消費性金融服務之區分並不容易，因此，世界各國對於金融業大都採取免稅的態度（2006年9月26日《工商時報》社論：〈我國金融營業稅率應該調高嗎？〉）。

　　由於金融業的迅速發展，於是產生了衍生性金融商品課稅問題。衍生性金融商品包括遠期契約（forward contract）、期貨（future）、選擇權（option）與交換（swap）等，對衍生性金融商品課營業稅確實是件棘手問題，到底是按這些金融商品的交易課稅，還是按其獲利（所得）課稅，對學術界而言，迄無定論。尤其是期貨之發展令人難以捉摸，如利率是種期貨，匯率也是一種期貨。它們不像傳統期貨是有形的，而這些衍生性金融商品卻是無形的。陳聽安教授曾對期貨商品之特性，作了有趣的描述：（1）可以「以小博大」，期貨商品的買進與賣出無須交割本金，僅需交少額保證金，即可從事數倍或數十倍於保證金的交易。這種「以小博大」的交易無疑是一種財務槓桿操作，獲利大，風險亦大。（2）是「分身」不是「本尊」：衍生性金融商品是以金融商品為基礎，進而發展而成的買賣；例如股價、匯率、利率等金融商品，由於其價格波動幅度較大，為避免價格波動的風險，須先設定標的物、數量、交易條件等，簽訂契約，以契約進行買賣。（3）先買（賣）或先賣（買）：對於期貨，多為先買先賣或先賣先買。期貨之所以先買先賣，是為了避險，套利或投機。（4）賣出又買進或買進又賣出：對於期貨商，估計在一定時間內會波動，乃事先賣

出或買入。若在期貨到期前，標的商品價格上升，期貨價格便下跌，此時可用較低價格購入先前賣出之期貨。此種反向操作，目的在求期貨交易獲取的利益，能抵銷標的價格上升的損失。(5)集中買賣：為安心從事期貨交易，辦理結算，合法的期貨交易均集中在期貨交易所完成。

期貨交易既如此複雜，也使對期貨交易有島內與島外之分，故對其課稅變得相當複雜。目前，台灣現行期貨課稅分交易稅和所得稅之徵課均分島內與島外，因此其稅率就有了不同（陳聽安，2006）。

第七節　全球化衝擊下的稅收

到了21世紀，全球化潮流的衝擊已在世界各地產生了效應。其實自1980年代以來，所謂跨國企業、策略聯盟、區域經濟組織已在世界各地形成，尤其世界貿易組織（WTO）成員的不斷增加，與自由貿易協定在各國進行，可說為全球化鋪砌了一條較平坦的路。

當人力可自由移動，資金可自由移轉，甚至技術也可自由移轉時，國界便變得模糊了。哪裡有就業機會或較高的待遇，有能力的人就有移動的自由；當資金可自由移轉時，海外投資便成為業者自由選擇的項目。一國公民在海外工作，對其所得課稅就是個難以掌握的稅源；一國企業到他國投資設廠生產或開商店，就會產生營利事業所得稅與貨物稅稽徵問題。出國工作及海外經商的人數愈多，他們的母國就很難收到他們需付的稅。

關鍵問題就出在：國內投資環境的好壞問題。如果國內投資

環境優良，不僅國內業者及有能力的國人不會到海外求發展，而外國業者及有能力的個人也會到我們的國家來求發展。處在這種情況，就無虞稅源之流失。這並不是一廂情願的想法，而且有例可借鑒，如東南亞的新加坡，北歐的芬蘭、瑞典、荷蘭及中歐的瑞士。他們的國家雖小，但投資環境相當優良。他們所依賴的不是廉價的勞力，而是日新月異的科技發展；也無免稅或減稅的優惠，而是稅率低，稅基廣，而且人民對納稅有正確的認識，對賦稅的功能也有信心。他們相信他們的政府在稅收的支持下，能為他們構建一個安全、和諧、美好的環境，所以不會想盡辦法逃稅、漏稅或避稅。全體國民在「有錢出錢，有力出力」的信念下，為自己及子孫建立一個安居樂業的環境。

　　全球化浪潮不限於對一般開發中國家、新興工業化國家的衝擊，即使進步的已開發國家也難免受其波及，國強民富如美國者又何嘗能避免全球化的肆虐？美國也歡迎外人投資及投資移民，目的在增加美國人的就業；就業就有所得，而所得稅的稅基就會擴大，而非流失。美國又用課傾銷稅的方式，對待廉價的進口物資；課以傾銷稅，一方面可挽救失去競爭力的企業，另方面可使其維持生產，在受保護的國內市場銷售，維持營利事業所得稅與貨物稅的徵收。無論如何，凡能增加就業機會的投資就會擴大稅基，充裕國庫。兩者關係是密切的。

　　全球化的潮流是阻擋不住的，為使稅基不被流失，除健全社會大眾的賦稅觀念外，更重要的是：政府對賦稅的運用是為社會大眾建立一個安康的生活環境和優良的投資環境，而不是成為政府官員貪腐的溫床。

第八節　本書的架構

　　本書的目的是在探討過去60年來台灣賦稅體制演變的過程以及其演變的來龍去脈。國內經濟發展的程度，經濟國際化的幅度，以及政府財政需要程度，都會使許多舊稅消失，許多新稅誕生。台灣賦稅體制也因此隨著時代之遞嬗而不斷地演變。針對我們探討的目的，在敘述的結構上作了如下的安排。

　　本書在架構上可分四部分：第一部分為導論，主要敘述一般人對賦稅的認識，賦稅在現階段的重要性，徵稅的環境條件，稅制觀念的演變，賦稅優待與外人投資，金融經濟時代衍生的新稅種，以及全球化衝擊下的稅收。第二部分闡釋台灣賦稅制度之演變，包括賦稅結構變化，財政收支劃分，所得稅、財產稅、消費稅以及證券交易之稅制。第三部分探討賦稅與經濟發展的關係，包括賦稅與對外貿易，租稅獎勵與產業發展，賦稅改革與其貢獻，財政赤字問題，稅政與逃漏稅，以及公營事業盈利繳庫的賦稅性質。第四部分為結論與建議，也就是撰寫本書的心得及對賦稅發展的看法。同時對政府在賦稅改革方面，也提出我們的看法。是否適當，尚祈同道惠予指正。

第二章

賦稅結構的演變

第一節　賦稅的收入結構

一、賦稅收入的走勢

　　財政爲庶政之母。政府爲了達成建設國家、繁榮經濟、安定社會與增進全民福祉等目的，務必推動許多政務；而這些政務的推動，需要資源與錢財支援。政府的錢財主要來自賦稅收入[1]，它是政府利用公權力，強制性地取之於民而用之於民的一項作爲；也因如此，賦稅就成爲必要的「惡」，這個「惡」是指強制性地將人民的資源轉移到政府手中；而這種資源的移轉會造成更大社會福利的無謂損失（deadweight loss）。在台灣，由於在1950年之前，曾經歷一場惡性通貨膨脹，因而穩健的財政政策被視爲施政圭臬。在財政上本著量入爲出原則，除了在1950年代初期台

---

[1] 政府財政收入的來源，除賦稅收入外，還有營業盈餘與事業收入、公債收入、經建借款收入、及其他收入如財產孳息收入與捐獻及贈與收入等；但這些收入遠不如賦稅收入。在台灣，歷年賦稅收入通常占70%以上。

灣經濟發展剛起步而財政拮据外，直到1990年代止，幾乎各會計年度都有盈餘。1990年政府債務餘額占GNP的比例還不及5%，可見政府財政是穩健的。1991年後，政府年度預算常出現短絀，債務餘額才開始快速爬升。

一般而言，隨著經濟發展，政府的職能會擴大，政府支出也會隨之增加，這就是所謂的「Wagner公共支出擴大」現象。政府要想達到財政收支平衡的穩健目的，賦稅收入與財政支出需相互配合。在學理上，由於賦稅收入是所得之增函數，即經濟增長，所得會增加，賦稅收入也會跟著所得增加而增加。在台灣，幾乎各年度賦稅收入呈穩定增長[2]；直到1998年度之後，就呈停滯現象（見圖2.1到圖2.3）。這三個圖是以年份增加方式來表示其一貫性，圖中所示年度賦稅收入增長快速，從1950年度起，1962年度賦稅收入越過100億元，1976年越過1000億元，1988年越過5000億元，1998年達最高額1.4兆元；之後便趨下降，到2005年為1.38兆元。從1950年到1998年的49年期間，台灣年度賦稅收入是呈長期走高格局。若以學理來解釋賦稅收入高增長之理由，那就是由於台灣經濟為高增長。台灣經濟處於高度成長階段，為自1960年代到1980年代，大約每4-7年，賦稅收入即增加一倍。關於年度賦稅收入，1950年度為8.7億元，2005年度為1.38兆元。在這56年度期間，年度賦稅收入共增長1585倍。

2　政府年度預算曾在曆年制與七月制之間更迭。曆年制的年度期間是從該年的1月到12月，而七月制是從7月到次年6月。1950年到1953年為曆年制，1954年政府預算年度改為七月制，因而1954年度期間只有上半年，1955年度到2000年度都為七月制。由於在2001年又改回曆年制，因而2000年度的期間從1999年7月到2000年12月，為一年半的期間。

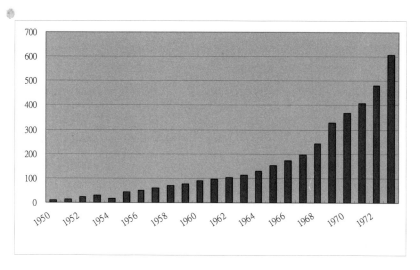

圖2.1　賦稅收入（一）

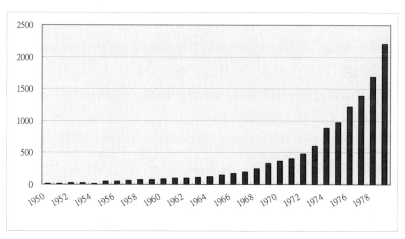

圖2.2　賦稅收入（二）

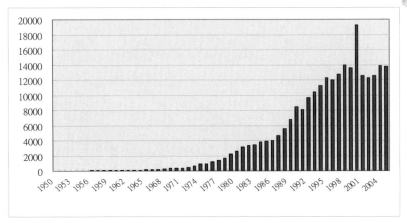

図2.3　賦稅收入（三）

　　賦稅收入的增加受經濟增長之影響，然在追求經濟發展之財政政策下，政府消費支出的增加，在短期會使國民所得增加；而公共設施投資的增加，在長期也會使國民所得增加。政府對公共設施的投資，不但可削除民間經濟活動所遭遇的瓶頸，且可增加國家整體競爭力。賦稅收入與經濟增長的關係是相互的。國民生產影響賦稅收入，而賦稅收入也會影響國民生產。

　　再以十年為一個期間，觀察賦稅收入的增長情形（如表2.1所示）。1950年代，由於基期低，因而有較高的增長率（408.98%）；而1970年代恰處於台灣出口快速擴張期間，致使賦稅收入增長率在各期間中為最高，達492.1%。之後，各年代的實質增長率逐期下降，1980年代為131.73%，1990年代為31.07%，21世紀初為6.22% [3]。

　　3　各期間實質賦稅增長率約等於以名目賦稅收入增長率減物價增長率。

表2.1　賦稅收入

單位：億元，%

年	賦稅收入與其增長				經濟增長率	賦稅份額
	收入總額	名目增長率	物價增長率	實質增長率		
1951	14.2					11.50
1961	95.5	574.07	165.09	408.98	114.33	13.64
1971	406.9	325.83	41.89	283.94	165.31	15.43
1981	3150.5	674.36	182.26	492.10	138.34	17.76
1991	8086.2	156.66	24.93	131.73	117.07	17.85
2001	12578.4	55.55	24.48	31.07	98.73	12.75
2005	13796.6	9.68	3.46	6.22	13.76	12.43

資料來源：財政部財政統計年報與賦稅統計年報，及主計處國民所得。

　　賦稅增長率與經濟增長率相比較，在1980年代之前，前者都高於後者，因而賦稅份額節節攀升，即由1951年的11.5%上升到1991年的17.85% [4]。1990年代與21世紀初，由於賦稅實質收入增長率低於經濟增長率，相對地賦稅份額就開始下滑，2001年為12.75%，2005年為12.43%。

二、賦稅收入的結構變化

　　賦稅收入是各個稅目收入的總和。賦稅總收入的增長或停滯，並不代表各個稅目的增長或停滯，而是各稅目有其自我的走勢與表現。

　　賦稅收入包括稅捐收入與公賣利益收入，而稅捐收入為各個稅目收入的總和。在台灣，稅目的種類頗多，至少有20種以上，

4　賦稅份額是指賦稅收入占GNP之比例，亦即在一年中，國民所創造出的所得中，有多少比例被政府徵收。

計有以所得爲稅基的稅種,如所得稅又分爲營利事業所得稅與個人綜合所得稅;以財產爲稅基的稅種,有土地稅、房屋稅、契稅、遺產及贈與稅、證券交易稅、期貨交易稅、礦區稅等,其中土地稅包括田賦、地價稅與土地增值稅;以消費或營業爲稅基的稅種,有鹽稅、關稅、貨物稅、營業稅、印花稅、菸酒稅、娛樂稅、筵席稅及牌照使用稅等;另還有戶稅;以及以上述稅目爲基礎而附加徵收的防衛捐、臨時捐與教育捐。從1950年以來,賦稅收入結構因社經環境之變遷,某些稅目或功成身退,或託以重任,因而某些稅目之份額上揚,另些則份額下降。在時序軌跡上,各稅目收入所占比例會發生變化。有關各稅目收入的變化情形,於此做扼要陳述。

1. 稅捐收入與公賣利益收入之結構變化

在台灣,公賣是指政府對菸與酒兩項產品的專賣[5]。因專賣,而使「台灣省菸酒公賣局」處於獨占地位,所獲利益爲獨占經濟利潤,而公賣利益悉由公賣局繳庫,故對公賣局不課徵營利事業所得稅,對其所銷售的產品也不課徵貨物稅,因而公賣利益可視爲菸酒貨物稅、營利事業所得稅與公賣局稅後盈餘三項之結合,有別於一般的稅收。

公賣利益收入在台灣賦稅總收入中的地位,1971年度後曾發生結構性的變化。1950年代與1960年代,公賣利益收入在台灣省政府財政收入中占極重要地位,約占賦稅收入比例20%以上。在當時收入地位與之相當者,只有關稅可媲美。由於經濟發展,國民所得增加,稅基擴大,稅捐收入大增,致使公賣利益收入所占比例於1970年代開始與時遞減,1970年代前期降到13.05%,1980

---

5 其實,到1968年止,公賣局才停止樟腦專賣業務。

年代後期便落到10%以下，21世紀初只爲0.92%。

表2.2　按稅捐與公賣利益分之賦稅結構

單位：%

年度	合計	稅捐	公賣利益
1951-1955	100.00	79.93	20.03
1956-1960	100.00	79.03	20.97
1961-1965	100.00	75.90	24.10
1966-1970	100.00	80.86	19.14
1971-1975	100.00	86.95	13.05
1976-1980	100.00	89.14	10.86
1981-1985	100.00	89.08	10.92
1986-1990	100.00	91.45	8.55
1991-1995	100.00	93.97	6.03
1996-2000	100.00	95.71	4.29
2001-2005	100.00	99.08	0.92

資料來源：依據1974年及2004年賦稅統計年報算計而得。

　　2002年菸酒公賣制度走入歷史，政府於該年元月公布實施「菸酒稅法」，依法對菸與酒課稅，同時對菸品也另徵健康福利捐，正式將其課稅收入併入稅捐；而於該年七月「台灣省菸酒公賣局」改制爲「台灣菸酒股份有限公司」，菸與酒之產品不再是專賣項目，民間亦可生產製造，參與市場競爭。自2002年起，公賣利益收入一詞不再出現。

2. 直接稅與間接稅收入之結構變化

　　依納稅人能否將稅負轉嫁，賦稅可分爲直接稅與間接稅，前者不能轉嫁，後者可轉嫁給他人。根據財政部對稅目性質的劃分標準，凡所得與財產性質的稅目屬直接稅，有營業及消費性質者爲間接稅。依此標準，直接稅包括所得稅、礦區稅、土地稅、戶

稅、遺產及贈與稅、房屋稅、契稅、證券交易稅、期貨交易稅及上述稅捐附徵之防衛捐、教育捐等；其他各稅及公賣利益均屬間接稅[6]。從圖2.4得知，直接稅占賦稅收入比重之走勢，先遞減，而後遞增，反轉年度在1967年。直接稅比重由1950年度20.7%上升到1953年度30.2%，之後反轉持續下滑，1967年為最低點，比例是19.5%。1967年度後，直接稅比重持續爬升，1977年度超過30%，1987年度超過40%，1989年度起都在50%以上。

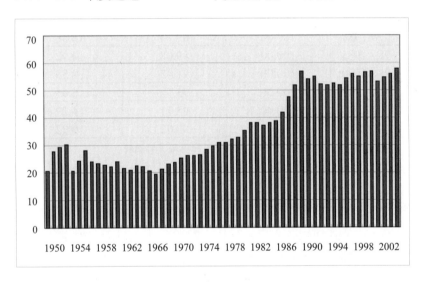

圖2.4　歷年直接稅比重之走勢

6　依租稅理論，各個稅目的稅負很難絕對不轉嫁，因而以轉嫁與否為標準
而將稅目歸類，在傳統分析上，只是常為引用的一種方式而已。在上述
劃分下，將房屋稅視為直接稅，若將房屋出租或營業，亦有可能將其稅
負轉嫁出去，而具有間接稅之性質。另者，使用牌照稅依政府劃分標準
而列為間接稅，亦有可能自用於上下班作為自我交通工具之摩托車與小
轎車難於轉嫁稅負，而具有直接稅之性質。

　　台灣在經濟發展初期階段，人民所得低，而財產也少，政府財政收入主要仰賴於關稅與公賣利益；在此期間，曾多次賦稅改革，尤其是在1968-70年由劉大中院士所主持的賦稅改革（見劉大中，1970），改以所得稅為政府收入之主體。後經經濟持續發展，所得快速提高，個人也累積許多財富，因而直接稅的稅基得以擴大，稅源得以擴充，到1989年度間接稅與直接稅的賓主易位，直接稅收入比重終於凌駕間接稅之上，為台灣主體之賦稅收入。

3. 各稅目間收入之結構變化

　　在台灣，稅目類別有20餘種，如所得稅、礦區稅、土地稅、房屋稅、遺產及贈與稅、契稅、證券交易稅、期貨交易稅、關稅、貨物稅、營業稅、印花稅、菸酒稅、娛樂稅與筵席稅等。在發展早期，政府為了因應國防與軍事的龐大經費支出，除對上述稅目附徵防衛捐與臨時捐外，對電力電燈也開徵臨時捐，一直到1969年度為止；並於1969年度起，對洋菇、香蕉、蘆筍等產品外銷徵收外銷臨時捐，及對電話電報徵收臨時稅，直到1974年度止。政府於1968年將國民義務教育延長到九年，為因應教育經費支出之增加，也對上述稅目附徵教育捐，目前仍在實施中 [7]。

　　觀察半個多世紀台灣賦稅，這些稅目因社經環境的變遷而有所更迭，即一些稅目收入比重持續上升，另一些持續下降；一些不合時宜的稅目，被淘汰出局。同時，也開徵一些新稅目。政府停徵的稅目，如：於1968年1月1日起停徵戶稅，1977年7月1日起停徵鹽稅，1980年7月1日起停徵筵席稅，1987年4月26日起停徵屠宰稅，1987年第二期田賦停徵。稅目名稱更改部分，如：1968

7　有關防衛捐與教育捐的稅收變化，我們分別在後續二節中論述。

年1月1日起將房捐更名為房屋稅；1981年10月將港工捐更名為商港建設費，而1991會計年度起又將其改列稅課外收入。在新稅目開徵方面，如：證券交易稅雖從1956年開徵，因稅收低，便於1961年停徵。政府於1962年建立證券市場，開啓集中交易制度，1966年起復徵證券交易稅。1973年起開徵贈與稅。1998設立期貨市場，隨之開徵期貨交易稅。政府實施菸酒稅來替代公賣利益收入，同時附徵健康福利捐。

(1)收入比重較大的五種稅目

從稅捐收入立場分析，在賦稅收入中貢獻程度較大的稅目包括關稅、所得稅、貨物稅、營業稅與土地稅五種。這五種合計收入占歷年賦稅收入比例從50%增到80%左右。若將公賣利益收入剔除，這五種稅目合計收入之比例至少在60%。到1990年代前期達最高比例，為85.23%；之後，稍顯下降，21世紀初仍占有78.95%。

這五種最重要稅目的稅捐收入走勢不是同起同落，而是隨時間而有不同的變化。關稅原本是最主要的稅收來源，在1980年代以前，收入所占比例皆在20%以上。政府首先取消其附加徵收的防衛捐，由於在1980年代政府推動經濟自由化，1990年代申請加入WTO，乃持續調降關稅稅率，因而其稅收比重開始持續滑落，到21世紀初降為6.52%，成為這五種稅目中收入所占比例最低者，也顯示關稅在政府收入來源中的地位，已今非昔比。

貨物稅的收入比重，由1950年代前期的6.08%，持續攀升到1970年代前期的16.63%，之後比重開始下降，到21世紀初降為11.41%。貨物稅收入在政府收入來源中的地位，在1960年代僅次於關稅，為台灣第二大稅捐，重要性居營業稅之上。政府於1986年4月實施加值型營業稅後，貨物稅與營業稅收入比重地位互

換。自此之後，營業稅收入比重就高於貨物稅比重。之後，營業稅在政府賦稅收入中的地位愈顯重要，其比重由1950年代前期的4.87%持續上升到21世紀初的17.62%，僅次於所得稅的地位。

在這五種稅目中，所得稅的結構變化為最大。起初，其收入比重呈下降走勢，於1960年代後期降到7.82%的最低點，之後持續攀升，21世紀初升到34.17%，為台灣全部稅目中收入比重最高之稅目。所得稅為台灣第一稅目，始於1980年代前期，在台灣賦稅收入中居首要地位已有20餘年。

土地稅的地位如同所得稅與營業稅般，也是與時遞增，其比重由1950年代前期的6.20%持續上升到1990年代前期的18.56%；後因資產泡沫化，市場交易趨淡。政府為提振房地產市場，於21世紀初實施土地增值稅減半措施，致使其收入比重下降為8.51%。這些變化與經濟發展密切相關。

（2）稅收比重較低的稅目

房屋稅、印花稅、使用牌照稅、契稅、娛樂稅與遺產及贈與稅六種稅目的稅收比重，歷年都不及5%。它們在政府賦稅收入來源中，都是稅收比重偏低之稅目。這六種稅目稅收比重雖偏低，但合計之後皆在10%上下，對政府收入仍會發生或多或少之影響。更甚者，這些稅目大都屬於地方稅，因地方政府財源原本就不豐富，它們對地方政府收入的重要性都很重要。

在觀察期間，這六種稅收比重也發生結構變化。房屋稅的收入比重大都維持在3%至4%之間；契約大都維持在1%上下；印花稅與娛樂稅呈走低格局，分別從1950年代前期的4.32%與1.11%持續下降到21世紀初的0.57%與0.13%；相對地，使用牌照稅與遺產贈與稅則呈走高格局，分別由1.57%與0.05%持續上升到3.66%與2.11%。

表2.3　賦稅結構與各稅目收入所占比例（含防衛捐及教育捐）（一）

單位：%

年度	稅捐	關稅	所得稅	貨物稅	營業稅	土地稅	小計	比例
1951-1955	79.93	22.43	10.58	6.08	4.87	6.20	50.17	62.77
1956-1960	79.03	20.91	10.08	9.95	5.14	6.43	52.52	66.45
1961-1965	75.90	20.43	8.57	12.33	5.98	6.27	53.58	70.59
1966-1970	80.86	23.16	7.82	15.65	5.32	7.52	59.46	73.54
1971-1975	86.95	24.17	13.82	16.63	6.55	7.14	68.31	78.57
1976-1980	89.14	23.36	16.19	14.70	7.38	9.88	71.51	80.23
1981-1985	89.08	17.16	18.76	14.39	9.12	11.91	71.34	80.08
1986-1990	91.45	13.87	22.29	11.44	12.55	14.56	74.71	81.70
1991-1995	93.97	9.40	23.71	12.17	16.26	18.56	80.09	85.23
1996-2000	95.71	8.16	29.70	11.46	17.71	12.30	79.33	82.88
2001-2005	99.08	6.52	34.17	11.41	17.62	8.51	78.23	78.95

資料來源：依據1974年及2004年賦稅統計年報計算而得。

表2.3　賦稅結構與各稅目收入所占比例（含防衛捐及教育捐）（二）

單位：%

年度	稅捐	房屋稅	印花稅	使用牌照稅	契稅	娛樂稅	遺產及贈與稅	小計	合計	比例
1951-1955	79.93	3.18	4.32	1.57	0.92	1.11	0.05	11.17	61.34	76.74
1956-1960	79.03	2.75	4.59	1.11	0.86	1.34	0.06	10.71	63.23	80.00
1961-1965	75.90	2.96	3.46	1.09	1.05	1.19	0.09	9.84	63.42	83.55
1966-1970	80.86	3.47	3.11	0.99	1.44	1.18	0.14	10.33	69.79	86.31
1971-1975	86.95	3.67	3.44	1.10	1.72	0.52	0.18	10.64	78.96	90.81
1976-1980	89.14	3.07	3.74	1.19	1.74	0.43	0.33	10.50	82.01	92.00
1981-1985	89.08	4.34	4.06	1.88	1.49	0.38	0.63	12.78	84.12	94.43
1986-1990	91.45	4.21	1.16	2.12	1.52	0.18	0.80	9.98	84.70	92.62
1991-1995	93.97	3.31	0.53	2.35	1.41	0.10	1.37	9.06	89.16	94.88
1996-2000	95.71	3.31	0.55	2.94	1.09	0.13	1.88	9.90	89.23	93.23
2001-2005	99.08	3.72	0.57	3.66	0.83	0.13	2.11	11.02	89.25	90.08

資料來源：同表2.3。

表2.3　賦稅結構與各稅目收入所占比例（含防衛捐及教育捐）（三）

單位：%

年度	戶稅	屠宰稅	筵席稅	礦區稅	鹽稅	商港建設費	證券交易稅	期貨交易稅	菸酒稅	健康福利捐	其他稅捐
1951-1955	5.77	4.90	0.42	0.04	1.96	2.50					3.00
1956-1960	3.89	4.22	0.43	0.02	1.82	2.27					3.17
1961-1965	3.26	3.79	0.40	0.01	1.28	2.43					1.30
1966-1970	1.26	3.52	0.52	0.01	0.70	3.27	0.04				1.74
1971-1975		2.20	0.55	0.01	0.31	4.48	0.09				0.36
1976-1980		1.83	0.53	0.01	0.06	4.48	0.22				
1981-1985		0.96		0.01		3.76	0.22				
1986-1990		0.25				2.49	4.01				
1991-1995							4.81				
1996-2000							6.44	0.04			
2001-2005							5.98	0.40	2.88	0.58	

資料來源：同表2.3。

(3)稅目增減與稅收比重

戰後，台灣近60年的經濟發展，許多事與物都會發生物換星移現象，當然稅目也不例外。前曾提及戶稅、屠宰稅、筵席稅、鹽稅都已停徵，這些稅目在台灣賦稅史上曾占有重要地位，對戰後台灣政府收入也為重要財源之一，尤其是戶稅與屠宰稅，對地方政府財政之貢獻尤大。

證券交易稅與期貨交易稅都因證券市場與期貨市場的建立而開徵，為中央政府所新增的稅源。期貨交易市場建制較晚，其交易稅的稅收自然就不如證券交易稅。證券交易稅收比重與時遞增，1980年代後期之後，其比重皆在4%以上，已為政府重要稅源之一。

政府於2002年開徵菸酒稅與健康福利捐，其稅收比重分別為

2.88%與0.58%。礦區稅雖存在,但其稅收只及百萬元,已不具重要性。商港建設費的收入在稅收比重中,曾高達4.48%,後因會計課目的更改,未再將其視爲稅捐而予以排除。至於其他所包含的電力電燈之臨時捐,包含在洋菇、香蕉、蘆荀等產品之外銷臨時捐、及電話電報之臨時稅等,都因不合時宜,分別於1969年及1974年取消。

第二節　戰時稅捐收入結構

　　國民政府於1949年撤守台灣,爲固守台灣作爲復興基地,國防支出便成爲中央政府歲出中的大項,1950年的比例高達90%。在兩岸長期軍事對峙期間,國防支出爲國民重大負擔。爲籌措財源,乃有防衛捐之臨時稅課。到期後又一延再延[8],長達25年之久。

　　防衛捐爲在特定時間,特定地區,針對特定事項,應特定支付,就特定稅捐或特定物品所附加之一種臨時性的捐課。因而,防衛捐之課徵有一定期限,不具長久性。在台灣,持續課徵長達25年之久,實質上已不具臨時稅捐性質,反而對原所附加課徵之稅目,具有變相提高稅率之嫌。

　　關於防衛捐之起源,1950年初,台灣省政府奉東南軍政長官公署令,爲應付當時軍事上緊急需要,統籌防衛經費,而制訂「台灣省防衛捐徵收辦法」,並於1950年1月20日公布實施,此爲行

8　防衛捐開徵時,暫訂實施三個月。三個月到後,因軍事上防衛之需求依然未減,仍再實施三個月。1950年6月屆滿時,省府認爲防衛捐爲加強地方防衛力量之主要財源,不能遽停,將延期期限延到六個月。在統一稽徵條例實施後數年,延長期限改爲一年。

政命令之暫時性措施。同年台灣省政府進行稅制改革，核准施行
「戡亂期間台灣省內各項稅捐統一稽徵暫行辦法」，而防衛捐就
為其稅捐之一；該暫行辦法於1951年6月立法通過，更名為「台
灣省內中央及地方各項稅捐統一稽徵條例」（簡稱統一稽徵條
例），自此始，防衛捐便為具有法律基礎之臨時稅課。

一、防衛捐之種類及捐率 [9]

　　依照上述所提徵收辦法，各稅目帶徵防衛捐百分數為30%、
特種營業稅為100%、營業稅為30%、娛樂稅為200%、筵席稅為
200%、契稅為50%、房捐為30%、戶稅為50%、特別戶稅為50%、
電燈費為100%、公賣品及核准進口菸酒教育建設捐為50%，汽油
每加侖帶徵1元等。至防衛捐種類，有以特定稅捐為載體者，如
營利所得稅、營業稅、娛樂稅、筵席稅、契稅、房捐等；有以特
定物品為載體者，如公賣品、電燈費、汽油等。1950年5月修正
防衛捐種類及其帶捐率，將娛樂稅與筵席稅稅額帶捐率下降為
100%，同時增加煤油轉口每加侖帶徵防衛捐1元。1951年，由於
稅制有些變動，因而防衛捐種類也跟著變動，除營利事業所得稅
外，財產租賃所得稅、一時所得稅、綜合所得稅都按稅額帶徵
30%；土地稅30%，使用牌照稅100%。

　　防衛捐的種類與其捐率，由於不是統一稽徵條例法案之一部
分，故可以行政命令方式加以變動。1952年恢復電燈費附加防衛
捐之同時，將其擴及到電力費；1953年9月，為彌補政府預算，

9　有關防衛捐之種類與捐率，可參考台灣銀行季刊在第2卷與3卷中所列之
　　經濟法規，以及陸國慶（1962）。

核定若干進口結匯附加防衛捐20%，1954年5月擴及於匯出結匯，7月又擴及於國際航空票價。1958年4月12日起，停徵結匯附加防衛捐，改由進口關稅替補。在特定物品附加捐課方面，汽油附加捐費，1952年起，每加侖為新台幣3.5元；1958年起，每公升為新台幣1元。1954年2月開徵輕柴油附加防衛捐，每一公噸為新台幣200元。1957年起，防衛捐之種類與捐率，在統一稽徵條例中各項稅捐需一一列舉，不再以行政命令方式來變動種類與捐率。

1960年底，立法院審議統一稽徵條例時，行政部門就將所得稅、使用牌照稅、娛樂稅、戶稅及煤油轉口五項稅目與物品，從1961年起停徵所附加的防衛捐。這是實施防衛捐以來，第一次所停徵的部分。由於來年政府預算有盈餘，同時為配合獎勵投資條例的實施及減輕國民稅負，對有防衛捐之稅目，便逐一停徵，1965年停徵地價稅之防衛捐，1966年營業稅，1968年房捐及契稅，1971年關稅也先後停徵防衛捐。在台灣，由於稅制的變動，防衛捐便隨統一稽徵條例之廢止而結束。

1965年6月，政府公布「電力電燈費臨時捐徵收條例」，徵收暫以一年為限，必要時經立法院議決得延長之；然而，該條例數次延長徵收期限，直至1968年止。電力電燈費臨時捐徵收條例終止後，政府於該年6月又公布兩項條例，一為「電話電報臨時捐徵收條例」，自1968年7月1日施行，為期一年，屆滿再修法延長，直至1974年6月底徵期屆滿後，不再徵收；至香蕉、洋菇、蘆筍外銷臨時捐，直至1970年下半年起才停徵。

二、防衛捐收入及其結構

防衛捐收入金額由1950年的1.5億元新台幣持續增加到1956

年以後的8億元以上，1965年後躍升到10億元以上，1969年後在20億元以上。防衛捐收入也隨經濟增長而增加。1971年後，因大多數稅目之附加防衛捐已停徵，防衛捐收入從1971年的21億元遽降到1972年的8億元；1974年對物品所附加的臨時捐，也不再課徵，防衛捐收入大幅減少，不及千萬元。

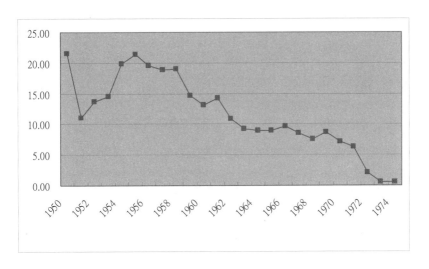

圖2.5　防衛捐與臨時捐占稅捐收入之比例

防衛捐收入的重要性可從相對地位上去呈現。圖2.5為防衛捐收入占全國總稅捐收入之比例。圖中，防衛捐收入在1950年代前期的比例，從1951年的10.97%持續上升到1955年的最高點，21.33%，之後開始持續下滑，1961年之前，仍維持在14%以上；1963年降落到10%以內，1971年只及2%。稅捐收入比重下降，顯示國家在經濟發展上，稅基已擴大，稅源已增加，防衛捐收入已

不重要。無論如何,防衛捐到底為臨時性質的稅源,當經濟步入正軌發展之時,自然就會遭到淘汰出局的命運。

　　表2.4列出歷年防衛捐收入與其種類在收入上所占比例。從種類比例的變動得知,在不同時期,不同特定稅目或特定物品為防衛捐收入的主要來源。在1950年代前期,帶徵防衛捐之種類多達十餘種,但從收入重要性分析,卻落在能源類之物品上的比重為最高,如汽油、輕柴油、電力與電燈費、與煤油轉口等物品上,其次為所得稅,再次者為營業稅與戶稅,而契稅與使用牌照稅的收入重要性最低,比重不及4%。1954年關稅加入帶徵體系後,就具鰲頭地位;所得稅因稅制調整而使稅基擴大,稅源加寬,因而帶徵防衛捐收入也跟著提高,而能凌駕能源類物品之上。1961年起停徵所得稅、使用牌照稅、娛樂稅、戶稅及煤油轉口五項稅目與物品之附加防衛捐;相對地,加重防衛捐在關稅、營業稅與地價稅之捐課地位,而其他能源類如汽油、輕柴油、電力與電燈之帶徵地位也提升。到1965年,停徵地價稅之防衛捐,1966年停徵營業稅之防衛捐,1968年停徵房捐及契稅之防衛捐,1971年停徵關稅之防衛捐。與此同時,政府便開徵電話電報與香蕉、洋菇、蘆筍外銷的臨時捐,成為1969年到1974年防衛捐收入的主要來源。

　　綜觀防衛捐收入的主要來源更迭,但關稅所附徵的防衛捐收入,在為期19年,為最大收入來源,且有10年的比重超過半數。由此可見,關稅附徵防衛捐為總防衛捐收入中最主要收入來源。

表2.4　歷年防衛捐與臨時捐收入與其結構

年	防衛捐與臨時捐收入(千元)	各稅目結構比(%)										
		關稅	所得稅	營業稅	地價稅	使用牌照稅	房屋稅	娛樂稅	契稅	戶稅	電力電燈	其他
1950	152,090		8.61	5.73	2.12	1.28	2.29	0.00	1.66	1.37	76.94	
1951	125,571		33.10	12.28	3.37	3.20	7.88	4.39	0.33	14.40	21.06	
1952	266,144		21.86	12.75	3.89	3.31	5.34	4.49	3.13	8.28	36.94	
1953	345,181		18.38	9.96	6.16	2.24	6.99	4.96	2.51	13.05	35.75	
1954	269,921	43.42	11.82	6.87	0.29	2.53	5.13	3.75	1.36	9.62	15.23	
1955	737,581	50.97	8.81	5.49	2.32	1.39	3.05	4.23	1.15	7.44	15.17	
1956	815,855	43.47	11.36	6.22	6.63	1.25	4.08	4.54	1.90	7.37	13.18	
1957	858,586	43.29	14.44	7.70	5.36	1.52	4.33	4.82	1.21	5.65	11.68	
1958	1,055,438	44.31	13.39	7.84	4.76	1.46	4.39	4.50	1.01	5.07	13.27	
1959	858,976	27.87	19.95	11.34	2.59	2.08	5.60	5.87	1.58	6.40	16.71	
1960	905,088	29.17	23.08	12.80	2.39	2.38	5.58	5.52	1.70	7.51	10.97	
1961	1,032,181	28.13	20.72	12.60	2.31	1.09	5.86	3.02	1.83	6.77	17.67	
1962	806,542	39.95	3.00	17.79	2.67	0.01	8.90		2.64	0.89	24.15	
1963	769,542	48.13	1.14	20.09	2.76		10.11		2.96	0.36	14.45	
1964	895,445	50.09	0.65	19.37	2.49		10.31		4.54	0.25	12.29	
1965	1,077,441	53.82	0.40	18.90	1.29		9.54		3.98	0.20	11.89	
1966	1,306,522	52.33	0.13	10.63	0.29		9.05		3.25	0.10	24.22	
1967	1,309,384	56.54	0.09	0.15	0.18		9.76		3.35	0.04	29.67	
1968	1,486,544	63.28	0.13	0.09	0.14		5.19		2.43	0.03	28.71	
1969	2,348,504	66.72	0.05	0.04	0.10		0.05		0.04		19.51	13.47
1970	2,177,858	87.01		0.05	0.09		0.05		0.07			12.73
1971	2,153,815	91.98		0.03	0.05		0.03		0.04			7.87
1972	852,364	75.10		0.04	0.08		0.04		0.06			24.68
1973	288,220			0.06	0.12		0.06		0.09			99.67
1974	408,343			0.04	0.08		0.04		0.06			99.77

資料來源：依據1974年及2004年賦稅統計年報算計而得。

附　　註：其他係指電話電報臨時捐與香蕉、洋菇、蘆筍外銷臨時捐。

第三節　教育捐收入結構

除防衛捐與臨時捐之外，還有一種附加稅捐，即教育捐。在台灣，中央政府興辦大學，省級政府興辦高中（職），國民教育則由地方縣級政府負責，因而地方政府需籌措經費興辦國民教育。自1968年起，國民義務教育延長為九年，而國民教育的經費地方政府需負全責。在地方財源原不充裕的情況下，國民義務教育的延長，勢必加重地方財政的負擔。為籌措國民義務教育延長所需經費，政府採取兩種措施，一為中央政府的補助款[10]，另一為對地方稅目附加開徵教育捐。

根據1965年政府公布的財政收支劃分辦法，1967年就有15個縣市開徵教育捐；而附徵教育捐之稅目，計有田賦、房屋稅、營業稅、屠宰稅、娛樂稅、筵席稅與契稅等。有關教育捐的附徵，應優先適用「國民教育法」的規定；而立法院於1999年1月修正「國民教育法」中有關教育捐附徵的規定，內容為：「直轄市或縣（市）政府，得依財政收支劃分法第十八條第一項但書之規定，優先籌措辦理國民教育所需經費。」惟財政收支劃分法第18條但書又規定「直轄市政府、縣（市）政府得依地方稅法通則規定附加

---

10 教育補助款，可分為計畫性補助型與一般性補助型兩種。臺灣省政府對各縣市的教育經費補助，屬於計劃型者如「發展與改進國民教育計畫」、「促進城鄉教育均衡發展計畫」等，屬於一般性補助型者如「國民教育經費補助」等。精省後，改由中央政府對地方縣市政府予以補助，補助計畫計有「教育部補助地方整建國民中小學教育設施計畫」、「教育優先區計畫」、「教育基本法」與「教育經費編列與管理法」等。

徵收。」當時因「地方稅法通則」尚未完成立法，致使教育捐的
徵收因喪失法源依據，於1999年停徵。

地方政府開徵教育捐後，教育捐收入開始逐年攀升。1966年
教育捐收入只有300萬餘元，1967年隨著開徵稅目的增加，稅捐
收入增為1億餘元；1969年又增加田賦與營業稅的附徵，稅捐收
入攀增為7.6億元，較上一個年度增長1.8倍。之後，教育捐收入
持續攀升；1979年為57.44億元；1985年為最高，達116.33億元。
1986年實施加值型營業稅，停徵附加教育捐，使教育捐收入由
1986年109.17億元遽降為42.06億元。40多億元的教育捐收入，持
續達12年之久，於1999年停徵。目前在地方稅法通則、財政收支
劃分法與國民教育法中雖有教育捐附加開徵之法律規定，各地方
政府可有依據而開徵，然就教育捐收入金額觀察，從1999年停徵
後，並沒再課徵。

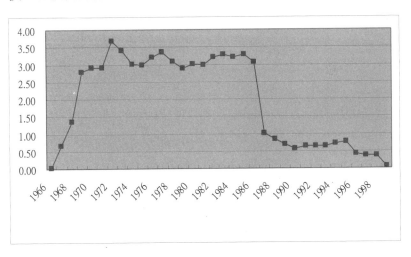

圖2.6　教育捐占稅捐收入之比例

　　教育捐收入的規模，遠不及防衛捐與臨時捐收入。教育捐收入占全國稅捐總收入的比例，最高時不及4%，相較防衛捐之比重高達21.33%相差太遠。圖2.6所示，在1969年到1986年期間，教育捐收入比重就在3%上下，1987年以後降到1%以下。教育捐收入對地方縣級政府的財政是重要的，但從全國稅捐總收入的立場，教育捐收入所占的地位卻微不足道。

　　教育捐收入是附加開徵於各類地方稅目而來的，其類別計有田賦、營業稅、屠宰稅、娛樂稅、房屋稅與契稅等。這些稅目的教育捐收入比例（見表2.5），較重要者有營業稅、房屋稅與屠宰稅三種。自營業稅開徵附加教育捐以來，其所占比例由1969年的21.47%，持續攀升到1981年的60%以上，為教育捐附加徵收最主要的來源，且其重要性與時俱增。而房屋稅與屠宰稅的教育捐收入比例之走勢，卻與營業稅相反，是走低的。屠宰稅教育捐收入比例由1969年的23.93%下降到1983年以後的8%以下，1987年停徵屠宰稅，其所附加的教育捐自然也消失。房屋稅教育捐收入比例由1969年的27.53%下降到1980年的12.75%，之後開始回升到17%左右；營業稅停徵教育捐後，房屋稅的教育捐收入反而成為最重要者，其所占比例變為最高。筵席稅於1980年7月起停徵，因而也失去附加徵收教育捐之依據。筵席稅的教育捐收入比例不高，在開徵期間，比重最高者不及5%。在營業稅停徵教育捐之前，契稅的教育捐比重介於8%到15%之間，1995年起契稅也停徵教育捐。

第四節　國民租稅負擔

　　表示國民租稅負擔，通常用兩個指標：一為賦稅份額（賦稅

表2.5 歷年教育捐收入結構

年	教育捐（千元）	各稅目結構比(%)						
		田賦	營業稅	房屋稅	屠宰稅	娛樂稅	筵席稅	契稅
1966	3,388			100.00				
1967	102,803			8.71	61.79	10.72	4.50	14.28
1968	267,751			13.89	48.15	8.32	3.44	26.20
1969	764,661	3.22	21.43	27.53	23.93	6.27	2.76	14.87
1970	896,413	2.74	24.98	27.76	23.78	5.88	2.76	12.10
1971	994,589	2.84	26.48	28.00	23.81	4.44	2.59	11.84
1972	1,512,340	1.94	39.57	26.06	18.62	2.03	2.08	9.69
1973	1,802,571	1.11	41.28	25.51	16.88	1.58	1.78	11.86
1974	2,430,279	0.04	46.58	22.69	15.42	1.44	1.57	12.26
1975	2,528,847	0.04	56.67	17.13	12.11	1.66	1.72	10.68
1976	3,433,335	0.03	51.20	14.05	16.73	2.41	2.88	12.69
1977	4,131,824	0.02	49.94	12.90	17.23	3.54	4.41	11.95
1978	4,592,282	0.01	52.31	13.15	15.87	3.65	4.60	10.41
1979	5,744,365		53.96	13.54	13.87	3.69	4.55	10.38
1980	7,149,710		56.85	12.75	12.29	3.55	4.44	10.12
1981	8,367,241		62.81	14.83	9.27	3.46	0.06	9.57
1982	9,660,138		61.63	16.43	8.45	3.42		10.07
1983	9,914,654		62.51	17.85	7.65	3.37		8.62
1984	11,030,714		64.14	17.29	7.41	2.79		8.37
1985	11,632,907		64.82	17.55	6.93	2.40		8.31
1986	10,917,073		61.70	20.39	7.05	2.60		8.27
1987	4,205,501		-1.10	57.28	12.10	5.95		25.76
1988	4,274,193		0.29	64.40	-0.07	4.83		30.54
1989	4,419,467		0.31	61.35		3.45		34.89
1990	4,577,376		0.15	63.89		3.24		32.72
1991	4,827,696		0.05	64.92		2.99		32.04
1992	5,740,163		0.01	60.35		3.14		36.50
1993	6,243,109		0.01	56.88		3.94		39.17
1994	7,717,420		0.04	52.78		3.83		43.35
1995	8,907,261		0.02	48.60		4.08		47.30
1996	4,733,287			86.55		8.87		4.58
1997	4,623,576			92.07		7.86		0.07
1998	4,888,519			92.09		7.94		-0.02
1999	489,262			38.96		61.13		-0.09
2000	87,704			91.55		8.67		-0.23
2001	25,149			96.03		5.34		-1.37
2002	23,359			97.38		5.34		-2.72
2003	17,887			92.85		8.08		-0.93
2004	8,626			90.33		10.11		-0.44

資料來源：依據1974年及2004年賦稅統計年報算計而得。

收入占國民生產毛額〔GNP〕之比例），另一為人均租稅負擔額（賦
稅收入除以全國人口）。由於人均租稅負擔額所表示的為名目指
標，內含物價波動在內，因而可將物價因素剔除，以實質變數來
表示，或以人均所得租稅負擔比例（人均租稅負擔占人均所得之
比例）來表示。

一、賦稅份額

在台灣，賦稅份額的走勢如圖2.7所示，由1980年的19.6%續
降到1987年的14.7%；之後回升，於1990年達最高比例20.1%後，
就呈持續下滑走勢，於2002年達11.7%，2004年回升到12.4%。由
賦稅份額顯示，進入1990年代以來，國民生產的租稅負擔，一年
比一年輕。

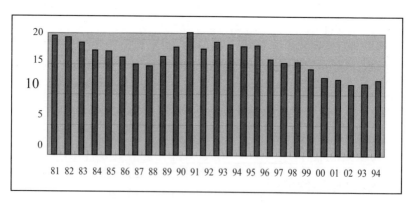

圖2.7　賦稅收入占GNP之比例

與其他國家相比（見表2.6），台灣賦稅份額雖由1965年的14.2%
持續攀升到1990年的20.1%，在走勢上與日本同。就1990年的數

表2.6 各國賦稅負擔率(不含社會安全捐)

單位:%

年	中華民國	澳大利亞	加拿大	法國	德國	日本	韓國	新加坡	英國	美國
1965	14.2	21.7	24.2	22.7	23.1	14.2	0	0	25.7	21.4
1970	17.2	22.1	27.8	21.5	22.5	15.3	0	0	31.9	22.7
1975	17.3	26.5	28.7	21.1	23.3	14.8	14.9	0	29.1	20.3
1980	19.2	27.3	27.7	23.1	24.6	18.0	17.1	0	29.3	20.6
1985	16.0	29.1	28.1	24.0	23.6	19.1	16.1	17.4	31.0	19.1
1990	20.1	29.3	31.5	23.6	22.3	21.4	17.9	15.7	30.3	20.5
1995	17.7	29.8	30.6	24.5	22.7	17.7	18.1	16.5	28.9	20.9
2000	12.9	32.1	30.8	28.4	22.7	17.2	19.6	15.8	31.1	23.0
2003	12.1	31.6	28.6	27.0	21.1	15.6	20.4	12.8	29.0	18.8

資料來源:《財政部賦稅統計年報》,2005年。

據資料,台灣賦稅份額不但低於日本,也低於歐美之美國、英國、德國、法國與加拿大等國,卻高於新加坡與韓國。1990年後,台灣賦稅份額快速下降,2003年為12.1%,遠低於歐美國家及澳大利亞,由於韓國賦稅份額呈上揚走勢,2003年台灣賦稅份額反而低於韓國。1990年後,日本與新加坡賦稅份額之走勢雖與台灣同,但降幅低於台灣,使得台灣2003年賦稅份額反而成為最低者。台灣賦稅份額,在年度上與其他國家相比,雖曾高過;就2003年的資料,在國民生產上,台灣為賦稅負擔較輕之國家。

二、人均租稅負擔額

在台灣,人均賦稅負擔額(見圖2.8),由1980年1.5萬元持續上升到1998年6.4萬元,之後就不再增長,2004年為6.1萬元。從人均所得租稅負擔比例看,1980年代也是先降後升,由1981年的19.69%降到1986年的15.12%,再攀升到1990年的最高點,

21.15%。自此之後,其比例一路走低,21世紀初在15%以下。由此顯示,個人所得之租稅負擔,如同國民生產之租稅負擔,自進入1990年代,一年比一年輕。

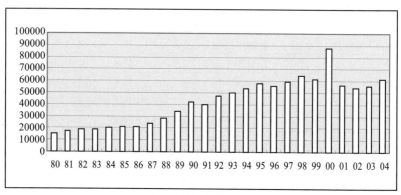

圖2.8 人均賦稅負擔金額

1990年後,台灣賦稅份額與人均所得租稅負擔比例,皆持續下降,表示賦稅收入的增長低於GNP的增長,也低於人均所得的增長。這種現象的產生,除政府於1960年起推行「獎勵投資條例」以減免稅為獎勵手段;1990年起,又改採「促進產業升級條例」也是以減免稅為獎勵手段外,政府近年來採取若干租稅減免措施,不但某些租稅項目的稅率下降,同時也侵蝕稅基。如政府為了推動經濟自由化與國際化,就逐年調降關稅。1984年關稅稅率[11] 平均為30.8%,到1993年變為8.9%。1985年起陸續調降所得稅率,營利事業所得稅的最高邊際稅率由35%降到25%,綜合所得稅由60%

---

11 該欄為優惠國家所適用的。

降為40%，同時增加如子女教育、房租等支出的扣抵項目，而1998
年又將營利事業所得稅與個人綜合所得稅「兩稅合一」。1987年
停徵田賦；為協助中小企業發展，1991年頒布「中小企業發展條
例」而給予租稅優惠；為因應1998年來企業財務危機，金融業的
營業稅稅率由5%下降到2%；2002年為刺激房地產，將土地稅減
半。這些稅率的發布，都影響稅基與稅收，進而降低政府賦稅收
入。然而，這些稅制上的改革與調整，不完全基於效率與公平性
的考量，更多屬於政黨爭取選票的考量，而減稅措施成為爭取選
民好感的手段。

第三章
賦稅之政府歸屬與政府間移轉

第一節　稅目之政府歸屬

　　一般而言，政府可分為中央政府與地方政府，而地方政府再分為省政府或直轄市府、縣政府或省轄市府、及鄉鎮公所，共四級政府。各級政府為了政務之推動與執行，都需財源，而賦稅收入為各級政府最主要收入來源。在台灣，稅目的政府歸屬，是由中央政府來規定的，這是中央政府財政集權的一項表徵。稅目因歸屬於不同級之政府，因而就有國稅、省稅與縣市稅之分。1950年12月台灣省政府公布「戡亂期間台灣省內各項稅捐統一稽徵暫行辦法」，1951年6月政府不但公布「台灣省內中央及地方各項稅捐統一稽徵條例」，同時也制定「財政收支劃分法」，對14種稅目之政府歸屬予以規定。財政收支劃分法便是界定中央與地方財政關係之基本大法，旨在於規範各級政府財政收支之劃分與調劑，因而也確定了稅目之政府歸屬。

一、國稅與地方稅

　　政府制定財政收支劃分法後,因應政經環境與社會變遷而有十多次的修訂,其中在1981年與1999年的修訂尤為重要,使部分稅目在政府間不但歸屬發生變動,稅目收入分配比例也加以調整。1981年前,劃歸為國稅之稅目,計有關稅、鹽稅、礦區稅、營利事業所得稅、個人綜合所得稅、遺產稅、貨物稅、印花稅與證券交易稅;劃歸為省稅者,計有土地稅(包括田賦、地價稅與土地增值稅)、營業稅、使用牌照稅與港工捐;劃歸為縣市稅者,計有房屋稅、屠宰稅、娛樂稅、筵席稅、戶稅與契稅。1981年的修訂,仍維持三級政府之稅制,但在稅目歸屬上稍作調整,將印花稅改為省稅,將原屬於省之土地稅改歸於縣市。1999年因精省,稅目在歸屬上起了變化,將營業稅劃歸中央,將印花稅與使用牌照稅劃歸縣市。2006年,稅目為國稅者,計有關稅、礦區稅、營利事業所得稅、個人綜合所得稅、遺產暨贈與稅、貨物稅、營業稅、菸酒稅、證券交易稅與期貨交易稅;稅目歸屬地方政府者,計有土地稅(包括田賦、地價稅與土地增值稅)、印花稅、使用牌照稅、房屋稅、娛樂稅與契稅。

　　依政府別稅目歸屬來觀察賦稅結構之變化,如表3.1所示,國稅所占比例由1950年代前期之48.45%上升到1970年代後期之58.60%,省稅由15.16%上升到22.94%,而縣市稅之比重則由16.31%下降到7.60%,呈現出國稅與省稅比重相對走高而縣市稅走低之格局。造成如此現象的原因可解釋為:在台灣經濟快速發展期間,屬於國稅的關稅與所得稅,與屬於省稅的營業稅、地價稅、土地增值稅與使用牌照稅之稅收皆有較高的成長,它們的所得彈性都大於1;而歸屬縣市政府的稅目,其收入增長緩慢。在這期間,國稅收入以關稅、貨物稅與所得稅為大宗,省稅收入以

土地增值稅、營業稅與商港建設費爲大宗，縣市稅以屠宰稅與房屋稅爲大宗。

表3.1　賦稅收入結構

單位：%

年度	合計	國稅	省稅	縣市稅
1951-1955	79.93	48.45	15.16	16.31
1956-1960	79.03	50.59	14.95	13.49
1961-1965	75.90	47.48	15.77	12.65
1966-1970	80.86	52.37	17.10	11.39
1971-1975	86.95	59.01	19.27	8.67
1976-1980	89.14	58.60	22.94	7.60
1981-1985	89.08	51.97	20.31	16.80
1986-1990	91.45	52.42	18.32	20.71
1991-1995	93.97	51.46	19.13	23.38
1996-2000	95.71	61.04	17.24	17.43
2001-2005	99.08	81.65	0.00	17.43

資料來源：依據1974年及2004年賦稅統計年報算計而得。

　　進入1980年代，國稅比重開始下滑，在1980年代後期與1990年代前期，其比重維持在51%左右，1990年代後期提升到61.04%，精省後進入21世紀初，其比重又提高到80%以上，顯示中央政府不但集權，同時也集財。國稅比重在1980年代後的走勢，呈先降後升格局，主要受關稅比重下降趨緩與所得稅比重上升趨急所致。省稅比重持續走低，由1970年代後期的最高比例22.94%，降到1990年代後期的17.24%。省稅比重之所以呈走低格局，是因將具增長性的土地稅從1981年起改歸給縣市府。縣市稅因土地稅的歸入，使比重呈跳躍式的增加，由1970年代後期的

7.60%躍升到1980年代前期之16.8%，足足增加9個百分點。之後，其比重仍呈上升格局，於1990年代前期達23.38%。

精省後，因沒了省稅，稅目重新調整，分為國稅與縣市稅二級，國稅收入比重在八成以上，而有23個直轄市與縣市的地方政府之稅收比重反而不及二成。從國稅與地方稅收比重上的顯著差異論述，也許中央政府為調整地區間「財政水平不均」而實施均等化政策，經由統籌分配款與補助款之手段來執行，國稅或可給予比較高之比重，但所呈現出有四倍大之差距，難免有「財政垂直不均」之嫌。中央政府掌有稅目劃歸之決定權，地方政府無置喙之餘地。中央政府如此集權的獨有性，導致聚財之事實。

二、地方稅法通則

對於稅目之劃歸，地方政府雖可表述意見，但決定權仍在於中央政府。1999年修訂的財政收支劃分法，賦與地方政府依「地方稅法通則」之稅課立法權，而該稅法通則於2002年11月才經立法院通過後實施。

在租稅立法權方面，地方政府可自行課稅，使地方政府在財政上更具自主性，其課稅種類包括特別稅課、臨時稅課與附加稅課。有了課稅之法源依據，過去地方政府因開徵所謂「鎮長稅」，或者「觀光通行費」與「環保稅」等而觸法，現經由合法程序，便可免除過去所引發之爭議。

地方政府的租稅立法權，就地方稅徵收率可在30%的範圍內予以調高。地方政府不得開徵者，計有轄區以外的交易、流通至轄區外之天然資源或礦產品等、經營範圍跨越轄區之公用事業、以及損及國家整體利益或其他地方公共利益者四項。此外，特別

稅課不得對已課徵貨物稅或菸酒稅之貨物為課徵對象。

地方政府有了稅法通則之立法權法律依據，在財政開源方面形式上已擺脫中央政府之牽制，在學理上可使地方政府有更寬廣的財政自主。地方政府是否已利用其租稅立法權來解決財政窘境，因該通則實施期間不長，目前仍不易看出其效益。但從另一角度論述，在目前政治生態下，民選地方縣市長與民代，在選票的壓力下，各候選人為求勝選，對開徵稅目與提高稅率等議題皆不輕易碰觸，反而地方政府可自行調整稅率，大都採取低率方式以討好選民。在1999年，因「地方稅法通則」未立法而停徵之教育捐，該通則立法實施後也未見復徵，便是最佳之寫照。

第二節　稅目收入在政府間之分配

稅目是有其政府歸屬的，但歸屬並不代表其稅收悉數擁有。有些稅目有獨立稅源，其稅收悉數歸入所歸屬之政府；有些稅目稅收，是採分成制，雖為國稅，但稅收的某個百分比須分配給稽徵的地方政府，或提撥出某個百分比作為區域間之統籌分配。省稅之稅目也存有政府間收入分配之規定；縣市稅之稅目，除具有政府間之強制分配外，也有縣統籌之運作[1]。

一、1981年前稅目稅收之政府分配

1951年制訂財政收支劃分法時，不但明訂稅目之政府歸屬，

---

1 所說的政府間，包括了四級政府，即中央政府、直轄市府（省府）、縣市府與鄉鎮公所。

稅目稅收在府際間之分配也予以規定。俟後的多次修訂，皆圍繞在稅目歸屬、稅收分配與府際間調劑上。1951年制訂該法時，歸於國稅之關稅、鹽稅、礦區稅與貨物稅皆爲獨立稅源，其稅收悉數歸國庫；縣市稅之使用牌照稅、房屋稅、屠宰稅、娛樂及筵席稅與戶稅，也爲獨立稅源，悉數歸稽徵所在縣市府。國稅中的所得稅、遺產稅與印花稅、省稅之土地稅（包括田賦、地價稅與土地增值稅）與營業稅的稅收皆爲府際間之分成制。所得稅稅收之分配，80%歸中央政府，10%歸省府，10%歸稽徵所在之縣市府。遺產稅稅收的府際分配，20%歸中央政府，30%歸省府，50%歸稽徵所在之縣市府。印花稅部分，50%歸中央政府，20%歸省府，30%歸稽徵所在之縣市府。土地稅：30%歸省府，20%歸省統籌，50%歸稽徵所在之縣市府。營業稅：50%歸省府，10%歸省統籌，40%歸稽徵所在之縣市府（見表3.2）。

1954年修訂財政收支劃分法，縣市府原有的所得稅與印花稅之分配爲：各撥出一半：5%的所得稅與15%的印花稅爲省統籌。省稅中土地稅20%爲省統籌，營業稅的省統籌增爲20%，而縣市府的分配比例減爲30%。另者，屠宰稅也提撥20%爲省統籌。由上述對各稅目的分配調整，可知修訂的重點在於省統籌分配稅款上，同時明訂統籌款需分配給所屬的縣市。

省統籌分配稅款的來源爲：所得稅收的5%、印花稅收的15%、土地稅收的20%、營業稅收的20%與屠宰稅收的20%。統籌稅款原屬於縣市庫，爲了調劑同級政府間之財政，因而繳由上一級政府來調配。創設統籌分配機制之原意，在於矯正縣市地方財源不足與縣市府際不均的現象，以及均衡縣市發展。此外，國庫與省庫的稅收在此次修訂中並未變動，稅課收入並未減少。

表3.2　在台灣省稽徵之稅目稅收分配

單位：%

政府別	中央政府			省府			省統籌			縣府		
年	1951	1954	1965	1951	1954	1965	1951	1954	1965	1951	1954	1965
國稅												
關稅	100	100	100									
鹽稅	100	100	100									
礦區稅	100	100	100									
所得稅	80	80	80	10	10	10		5	5	10	5	5
遺產稅	20	20	20	30	30	20				50	50	60
貨物稅	100	100	100									
證券交易稅	100	100	100									
印花稅	50	50	50	20	20	20		15	15	30	15	15
省稅												
土地稅				30	30	20	20	20	20	50	50	60
營業稅				50	50	50	10	20	20	40	30	30
使用牌照稅*						10			30	100	100	60
縣市稅												
房屋稅										100	100	100
屠宰稅								20	10	100	80	90
娛樂及筵席稅										100	100	100
戶稅										100	100	100
契稅										100	100	100

資源來源：歷年財政收支劃分法。

*使用牌照稅於1965年由縣市稅改歸省稅。

1965年也對財政收支劃分法的稅收分配稍做調整，遺產稅劃歸省府的成分減為20%，縣市府增為60%，其他不變。土地稅的省統籌分配比例不變，但省府的分配比例減少10%，縣市府增為60%。使用牌照稅改歸省稅，稅收的分配：省府10%，省統籌30%，縣市府60%。使用牌照稅府際歸屬的轉換，實際上縣市府的稅收只減少10%。屠宰稅的省統籌減少10%，縣市府的稅收提增到90%。此次修訂，無疑，在於省庫與縣市庫稅收分配的調整，重點在於提高縣市庫的稅課收入。

然而，1967年10月修訂的「自治綱要」，將部分縣的稅課收入劃歸鄉鎮（市）收入，此對稅制產生結構性的變化。契稅全歸鄉鎮公所，使用牌照稅乙種車輛部分收入的60%歸鄉鎮；遺產稅60%歸鄉鎮；田賦與地價稅的30%歸鄉鎮；筵席及娛樂稅收入中的30%得由縣統籌分配所屬之鄉鎮（市）；屠宰稅的10%歸鄉鎮，10%得由縣統籌分配之；房捐的10%歸鄉鎮，10%得由縣統籌分配之。

二、財政收支劃分法：1981年修訂

由於縣市財源不足，地方政府財政差異也大，1981年財政收支劃分法在各級政府間之稅源劃分作大幅的修訂，除了調整稅目之政府歸屬外，各稅目收入在政府間之分配比例也加以變動，同時增訂中央統籌分配比例[2]，詳如表3.3。

---

2 統籌分配的概念在1954年財政收支劃分法時就確立了，當時是省府對其所屬之縣市進行調配，為使縣市間財政均等化。

表3.3　1981年各級政府劃分之賦稅收入

單位：％

	在台灣省							在直轄市		
	中央政府	省府	省統籌	省轄市	縣府	縣統籌	鄉鎮	中央政府	中央統籌	市府
國稅										
關稅	100							100		
礦區稅	100							100		
營所稅	100							100		
綜所稅	100							100		
遺產及贈與稅	10	10		80			80	50		50
貨物稅	100							100		
證券交易稅	100							100		
省稅										
營業稅		50	50						50	50
印花稅		50	50						50	50
使用牌照稅		50		50	50					100
商港建設費		100								
縣市稅										
田賦				100		100				100
地價稅				100	50	20	30			100
土地增值稅		20	20	60	60					100
房屋稅				100	40	20	40			100
屠宰稅			10	90	70		20			100
娛樂稅				100		100				100
契稅				100		20	80			100
公賣利益	65	35								

資料來源：財政部統計處，1982年賦稅年報。

　　1981年修正之財政收支劃分法，稅目於政府間之分配比例，與修法前變異頗大。稅目稅收悉數歸國庫者，計有關稅、所得稅、貨物稅與證券交易稅四種，其中所得稅之政府間分配修法上發生變動，將原本由省府統籌、縣市府與直轄市府的分成部分予以取消，悉數全歸國庫；遺產及贈與稅之分配變動也大，若稽徵屬於省轄市者，省轄市可自留80%；若稽徵屬於縣之鄉鎮者，鄉鎮公所可分配80%，而不是縣府，其餘的20%均分給中央政府與省府；若稽徵在直轄市者，中央政府與直轄市府均分稅收。

　　在省稅中，如同修法前般，只有商港建設費全歸省庫。使用牌照稅，提高省庫的分配比例，由10%調高到50%，縣市政府可分配50%；若稽徵在直轄市者，也不再上繳30%，悉數歸入直轄市庫。產生結構性變動者為營業稅與由國稅歸入之印花稅，營業稅若稽徵在省者，50%歸省庫，其餘50%不再為縣市庫，而是省統籌分配款；若稽徵在直轄市者，直轄市可保留50%，餘者50%為中央統籌，此為1981年修法時所新增之項目。從此，開啟中央政府以統籌分配款對下級政府的財政採行均等化策略。印花稅之分配，與營業稅同。

　　1981年修訂之縣市稅目與分配比例，與修法前相比，具有結構性之變動，其稅收除分配給省庫、縣市庫與鄉鎮庫外，還有省統籌與縣統籌之部分。稅目除原有的房屋稅、屠宰稅、娛樂稅與契稅外，土地稅也歸縣市。田賦若稽徵在直轄市與省轄市者，其稅收全歸該市庫；若稽徵在縣者，則悉數歸屬所稽徵之鄉鎮。地價稅若稽徵在直轄市與省轄市者，其稅收也全歸該市庫；若稽徵在縣者，50%歸縣庫，20%為縣統籌，另30%歸所稽徵之鄉鎮。土地增值稅稅收60%歸所稽徵之縣市，20%分配給省府，餘者20%

為省統籌。由此得知，修法前後之土地稅，在府際間的分配成分，大相逕庭。

關於房屋稅，若稽徵在直轄市與省轄市者，其稅收全歸該市庫；若稽徵在縣者，40%歸縣庫，20%為縣統籌，另40%歸所稽徵之鄉鎮。屠宰稅若稽徵在直轄市者，悉數歸市庫；若稽徵在省轄市者，10%為省統籌，省轄市留90%；若稽徵在縣者，也要提10%之省統籌，縣府分配70%，餘者20%歸所稽徵之鄉鎮。娛樂稅若稽徵在直轄市與省轄市者，其稅收全歸該市庫；若稽徵在縣者，悉數歸所稽徵之鄉鎮，不歸屬縣府，也不分配給縣府。契稅若稽徵在直轄市與省轄市者，其稅收全歸該市庫；若稽徵在縣者，20%為縣統籌，80%歸所稽徵之鄉鎮。

1981年財政收支劃分法修正的目的，主要為平衡政府間之財政，使地方政府的財政能達平衡，尤其是縣市政府。林華德、李顯峰(1989)曾針對修法前後各五年之地方歲入資料，以財政自主性指標分析[3]，發現省府財政惡化了，直轄市府財政改善了；21個縣市平均財政自主性提高10.5%，顯示修法對地方政府財政自主性有顯著改善。修法後，地方政府稅捐收入確實增加，但仍無法消弭財政短絀現象。

三、財政收支劃分法：1999年修訂

1999年因精省，乃修訂財政收支劃分法。精省後，原本歸屬省稅之稅目須重新劃分，稅收分配給省庫與省統籌之部分也須加

3　林華德與李顯峰(1989)所定義的財政自主性指標，為稅捐收入加其他補助款以外之收入占總收入之比重。

以調整。1999年的修訂特色，在於強化中央統籌在稅收上之分配地位(見表3.4)。

表3.4　1999年各級政府劃分之賦稅收入

單位：%

	在縣市及鄉鎮						在直轄市		
	中央政府	中央統籌	省轄市	縣府	縣統籌	鄉鎮	中央政府	中央統籌	市府
國稅									
關稅	100						100		
礦區稅	100						100		
營所稅	90	10					90	10	
綜所稅	90	10					90	10	
遺產及贈與稅	20		80			80	50		50
貨物稅	90	10					90	10	
菸酒稅	80		*	*			80		*
證券交易稅	100						100		
期貨交易稅	100						100		
營業稅	100-A	A					100-A	A	
直轄市及縣市稅									
田賦			100			100			100
地價稅			100	50	20	30			100
土地增值稅		20	80	80					100
房屋稅			100	40	20	40			100
使用牌照稅			100	100					100
契稅			100		20	80			100
印花稅			100	100					100
娛樂稅			100			100			100

　資料來源：財政部統計處，2000年賦稅年報。

　*表按人口比例的分配。

　　原為省稅之營業稅改歸國稅，使用牌照稅與印花稅改歸縣市

稅，而縣市稅中的屠宰稅已停徵。縣市稅之稅收分配有異動者，為印花稅、使用牌照稅與土地增值稅。印花稅原本要提撥50%為統籌分配款，修訂後悉數歸稽徵所在的直轄市府與縣市府，使用牌照稅也是全歸地方直轄市與縣市府。修訂後的土地增值稅，若稽徵在直轄市者，悉數歸市府；若稽徵在縣市者，須提20%為中央統籌，餘者80%歸縣市庫。

　　在國稅方面，將遺產與贈與稅原分配給省府10%之稅收再歸入中央政府，修訂後中央政府對省轄區內的稽徵可獲得20%之稅收分配；在直轄市之分配比例，並無修訂。國稅稅收劃分修訂的最大特色在於中央統籌的部分，所得稅與貨物稅之稅收，原本全歸國庫，修訂後要提撥10%作為中央統籌分配之用；改歸入國稅之營業稅，須提撥營業稅收入淨額（稅收減依法提撥之統一發票給獎獎金）之40%，在「表3.4」中的A可資說明。

　　2002年公賣制度結束，公賣利益由菸酒稅來替代。菸酒稅為國稅之一種，但須提20%分配給地方政府，其中18%按人口比例分配給直轄市及台灣省各縣市，2%按人口比例分配給金門與連江二縣。

　　由於面臨稅源開展不易與支出易於膨脹之問題，中央政府與地方政府都遭受財政短絀之窘境。在此情境下，稅目再如何重新劃分，稅收分配比例再如何加以調整，各級政府財政短絀問題依然存在。

第三節　中央統籌分配款

　　統籌分配稅款制度，是將部分稅目稅收歸上級政府；上級政

府再依比率分配給下級政府的一種財政調劑制度。該制度設計的
目的在於均等化同級政府間財政收支不均現象，以期增加地方政
府財政自主權，縮短城鄉差距，平衡地方發展。

中央統籌分配始自於1981年修訂之財政收支劃分法。在此之
前，已有統籌分配制度。省統籌分配制始於1954年，而縣統籌分
配制始於1967年。1981年修法時，規定直轄市須將其營業稅與印
花稅稅收之50%提撥歸入中央統籌分配。這筆款項如何分配，在
法律上未明定，因而行政院訂定「中央統籌分配稅款平衡省市預
算基金收支保管及運用辦法」作為分配之依據，其應用範圍為：
平衡省、直轄市政府預算；補助省、直轄市政府辦理中央指定之
重大經建工程；依規定提撥之徵收費及統一發票獎金；省、市地
方天然災害或重大事件報經行政院核定之支出等四項。從上述所
規定應用範圍得知，這筆款項具有中央政府指定用途之性質，地
方政府對中央統籌分配款缺乏自主權。

配合精省，所修訂之財政收支劃分法擴大了中央統籌分配稅
款的規模，將國稅中的所得稅與貨物稅稅收之10%、營業稅收淨
額之40%與土地增值稅稅收之20%為中央統籌分配款之來源。省
府對所屬之縣市原本就有統籌分配[4]，這是縣市政府在財源上重
要的仰賴；再加上原為省稅之營業稅，在直轄市稽徵時可自留
50%，因調劑變為統籌款項更加劇直轄市府對該款之爭取；除此，

---

4 精省前，省府的統籌分配稅款，每年省府會保留10%，以備經濟景氣差、
稅收不足之時動用之。這筆款項並未列入省府預算，是由省主席於每年
巡視各級政府時，視地方建設不足或財源缺乏時，給予經費補助，俗稱
「小口袋」。精省後，省府之統籌分配併入中央，再由中央政府主導分
配，這筆款項如何分配，就成為眾所矚目的焦點。

地方政府財源不足，積極向中央爭取該款，如此種種，使中央統籌分配款之分配，自始就爭議不休。財政收支劃分法之修訂，也明定對該款分配須透明化與公式化，但該法並未明訂公式，而是授權行政院訂定。爲此，行政院乃訂定「中央統籌分配款分配辦法」。

一、統籌款之來源、種類與對象

　　統籌款的財源主要有三：一爲國稅之部分，包括所得稅總收入10%、營業稅總收入減除依法提撥之統一發票給獎獎金後之40%、與貨物稅總收入10%；二爲縣市稅部分，即土地增值稅在縣(市)起徵收入之20%；三爲稅款專戶存儲之孳息收入與其他收入。

　　國稅部分之統籌款，又分爲特別統籌分配款與普通統籌分配款二種，前者比例爲6%，後者爲94%。特別統籌分配稅款爲中央保留用以支應地方緊急及重大需求之用，由行政院依實際情形分配之。普通統籌分配稅款，按透明化公式分配給直轄市、縣市與鄉鎮公所。縣市稅之統籌款全爲普通統籌分配款，分配對象只有縣市，不包括直轄市與鄉鎮。統籌款專戶存儲之孳息收入亦納入普通統籌分配款，按比例分配給直轄市、縣市與鄉鎮。

二、分配比例與其考量因素

　　中央統籌分配款在各級政府間之分配比例，1999年與2000年爲：直轄市47%、各縣市35%、鄉鎮市2%，並將6%特別統籌分配稅款全數撥予各縣市。2001年各級政府的分配比例發生變動，直轄市由47%調降爲43%，其下降的部分全數給縣市，使得各

縣市分配比例由35%提高為39%；鄉鎮市維持不變，仍為12%；而6%特別統籌分配稅款，應為支應地方政府緊急及其他重大事項所需經費，由行政院依實際情形分配之。此種分配比例到2007年仍維持不變。

直轄市就其所得分配款如何再分配，決定於四個因素，分別為以前年度營利事業營業額、財政能力[5]、轄區內人口及土地面積，其權數（2007年）依序為50%、10%、20%與20%。各年度間，考量的因素不變，但各因素的權數會變動。

縣市就其所得分配款之再分配，分配方式有二，一為可供分配款項85%，另為可供分配款項15%。前者決定分配的考量因素，為近三年度受分配縣（市）之基準財政需要額減基準財政收入額之差的平均值，來算定各縣（市）間應分配之比率，且三年檢討調整一次；後者分配之考量因素，為依各縣（市）轄區內營利事業營業額，算定各縣（市）間應分配之比率。基準財政需要額包含三項，分別為正式編制人員人事費、基本辦公費、警政及消防人員超勤加班費，全民健保、農保、中低收入老人生活津貼應由縣市政府負擔之社會福利支出，與基本建設經費[6]。

鄉鎮市就其所得分配款之再分配，應參酌鄉鎮市正式編制人

---

5 財政能力的計算方式為：各該直轄市財政能力＝（各該直轄市轄區內之人口數×全部直轄市每人自有財源平均數÷各該直轄市每人自有財源）÷全部直轄市依前述括弧內算定數之合計數。

6 基本建設經費分配全部縣市總額＝〔（營業稅減統一發票獎金40%＋所得稅10%＋貨物稅10%）×39%＋土地增值稅全部縣（市）實徵數20%〕×85%×20%。基本建設經費之分配指標及權數為：（1）人口比例35%，（2）土地面積比例35%，（3）農林漁牧從事人口比例15%，（4）工業人口比例15%。

員人事費及基本建設需求情形分配之。正式編制人員人事費分配部分，占可分配總額50％；基本建設需求分配部分，其中可分配總額的30％，再平均分配給各鄉鎮市；可分配總額10％係依最近一年底轄區人口百分比分配之；另10％係依土地面積百分比分配之。對於後二項的分配，離島鄉鎮市依其百分比加重二倍計算。

三、稅款規模

自1981年修法有中央統籌分配稅款以來，其稅額逐年攀升，由1981年度的107.89億元，升到1998年度的685.27億元，增長5倍餘。

1999年配合精省之修法，擴大中央統籌分配稅款的來源與規模，稅額呈跳躍式增加。1999年下半年與2000年的稅額就有2592.94億元，2001年有1665.93億元。最近國庫署公布中央統籌分配稅款，2003年為1410.85億元，2004年為1635.91億元，2005年為1829.89億元，2006年為1831.79億元，從2003年到2006年增長30.26％。以2005年為例，全國稅捐總額為1.53兆元，中央統籌分配稅款為1828.35億元，占全國稅捐總額的比例為11.95％；縣市及直轄市稅額為2617.34億元，其占縣市及直轄市稅額的比例為69.91％。從地方政府財源立場，中央統籌分配款的分配額是地方財政之重要稅課收入。向中央政府極力爭取，仍是應作為之事。

四、評析

中央統籌分配款原為地方政府應有的稅課收入，在平衡同級政府間財政不均是其為何要建制之主要理由：其功能在於彌平地方財政不均，減縮城鄉差距，而以透明化的公式統籌分配之。其

立意雖美,卻爭議不休。在執行層面,有關各級政府之分配比例,以及同級政府在公式中指標的權數,都不易以學理或科學方式處理,仍爲政治運作下的產物,此爲爭議之所在;因權數的變動,攸關各地方政府分配額度,因而就不得不爭。

其實,導致各地方政府爭錢的最大原因,仍是地方政府財政收入不足,連一向被視爲最富裕的台北市,也需舉債過日。如何將財政收入的餅做大,至少有部分地方政府財政年度有盈餘;然後,以有盈餘之地方政府財政經統籌稅款彌補有短絀者,才是健全的財政。這不是單就中央統籌稅款制度修訂可以完成,仍是整個稅制之改革問題。

第四節　補助款與地方財政自足問題

各級政府間之財政存有垂直或水平不平衡的現象。地區間不宜因資源的不足,使某一地方政府連最基本的公共服務都無法提供,因而有補助款的建制。台灣地區如台東縣、花蓮縣、澎湖縣、屏東縣、南投縣等與福建省之連江縣,即使將轄區內所稽徵的全部稅課收入用於縣政支出,仍爲不足,故需靠上級政府的財政移轉。

補助款是指上級政府對下級政府的一種財務移轉支付,如中央政府對直轄市與縣府之補助。在台灣,中央政府爲謀全國與各地方之均衡發展,可視直轄市與縣市政府財政收支狀況,或對財力較差之地方政府酌予財政資助。因而國庫補助款制度,可爲中央政府對地方政府實施行政統治的一種有力策略;在調整地方政府財政上,爲中央政府與地方政府財政關係的重要樞紐,其功

能：可改善財政上的垂直與水平不平衡，使各地方政府都能對其
國民提供最基本的公共服務，均衡地區發展，使其享有區域間外
溢效果，並防止地方租稅過度偏高。

　　補助款的性質是有類別的。補助款按其是否有用途限制，以
及是否有附帶條件，可分為特定補助（specific grants）與一般補助
（general grants）。特定補助有用途別之要求，僅能用於上級政府
所指定的某特定事項支出上，可降低地方政府財政自主性，這
種補助通常為計畫型（project）補助；配合補助（matching grants）
為特定補助之一種，地方政府需附帶某個比例的自有資金，才
予以配合補助，如上級政府負擔2/3，而地方政府配合款1/3。配
合補助金又可分為無限額補助（open-ended grants）與限額補助
（close-ended grants），前者地方政府提出符合項目的補助，上級
政府就按一定比例給予補助；後者的補助額有一個限度，在此
限度內，上級政府按比例補助，超過部分不再補助。

　　一般補助是指上級政府將一定數額的錢財無條件移轉給下
級政府，受補助的地方政府可自由支配，不受限制，也無需配
合款，財政自主性十足。一般補助款動支的性質，與上節論述
的統籌分配稅款相近，對地方政府言，一個為補助收入，另一
個為稅課收入，在動支上無差異，差異只在於收入的來源而已。
統籌分配稅款來自於行政院財政部，而一般補助款則來自於行
政院主計處。一般補助實施的目的，為求均等化地區間的所得
分配，減少地方政府因財力不同而產生基本公共服務水準的差
異。實際上，一般補助會讓地方政府增加一筆可觀收入，在學
理上會產生排擠地方政府財政努力之效果，也會造成地方政府
支出效率的降低。因而，在決定一般補助的對象及額度時，除

考量受補助者之每人所得、人口、土地面積、稅課收入外,通常也會將稅收努力的績效納入考量。台灣的補助款制度,是特定補助與一般補助同時實施之雙軌制度。

在台灣,上級政府對下級政府,以補助款方式,對地方財政之調劑與補充。在法律位階上,具上級政府應為之約束與下級政府應得之保障。憲法第147條規定:中央為謀省與省間之經濟平衡發展,對於貧瘠之省,應酌予補助。省為謀縣與縣間之經濟平衡發展,對於貧瘠之縣,應酌予補助。又憲法第163條規定:國家應注重各地區教育之均衡發展,並推行社會教育,以提高一般國民之文化水準,偏遠及貧瘠地區之教育文化經費,由國庫補助之。重要之教育文化事業,得由中央辦理或補助之。此為在憲法上規範中央政府對地方政府補助之基本原則,應以均等化地方政府財政為主要調整目標。

精省後,因地方制度法的制訂,財政收支劃分法亦大幅修訂。依地方制度法第69條規定:各上級政府為謀地方均衡發展,對於財力較差之地方政府應酌予補助;對於財力較優之地方政府,得取得協助金。各級地方政府有依法得徵收之財源而不徵收時,其上級政府得酌減其補助款;對於努力開闢財源具有績效者,其上級政府得酌增其補助款。補助須明定補助項目、補助對象、補助比率及處理原則;補助辦法,分別由行政院或縣定之。財政收支劃分法第30條規定:中央為謀全國之經濟平衡發展,得酌予補助地方政府。但以下列事項為限:(一)計畫效益涵蓋面廣,且具整體性之計畫項目;(二)跨越直轄市、縣市或二個以上縣市之建設計畫;(三)具有示範性作用之重大建設計畫;(四)因應中央重大政策或建設,需由地方政府配合辦理

之事項。依上述法規所訂條文內容得知，地方制度法上所訂的補助，較具一般補助之性質；而財政收支劃分法上所訂的補助，較具特定補助之性質。精省後，中央政府為落實地方自治與財政收支劃分法之精神，訂定「中央對直轄市及縣市政府補助辦法」，以作為補助款編列與執行的依據。

一、中央對直轄市及縣市政府補助辦法

　　該辦法對地方政府酌予補助之事項，分一般性補助款與計畫性補助款：一般性補助款補助事項，包括縣(市)基本財政收支差短與定額設算之教育、社會福利及基本設施等補助經費；計畫性補助款之補助範圍，以下列事項為限：(一)計畫效益涵蓋面廣，且具整體性之計畫項目。(二)跨越直轄市、縣(市)或二以上縣(市)之建設計畫。(三)具有示範性作用之重大建設計畫。(四)因應中央重大政策或建設，需由直轄市或縣(市)政府配合辦理之事項。中央政府對縣(市)基本財政收支差短，應優先補助。

　　從上述得知，中央政府對直轄市及台灣省各縣市一般性補助款，可分為三大部分，一為補助各縣市基本財政收支差短，另為設算各縣市教育、社會福利及基本設施等補助，三為配合中央政策增列或待撥之補助。

　　基本財政收支差短之補助，是指基本財政支出扣除基本財政收入後之數額；而基本財政支出是由下列四款金額之合計數，即(1)正式編制人員人事費，(2)正式編制警政、消防人員超勤加班費，(3)依全民健康保險法、農民健康保險條例及中低收入老人生活津貼發給辦法之相關規定，應由各縣(市)政府負擔之社會保險及社會福利費用，(4)基本辦公費及員警服裝費。而基本財政

收入是指稅課收入扣除依地方稅法通則徵收之稅課收入後之數額。中央政府補助縣市地方政府之基本財政收支差短,便為基本財政收入,加獲配之中央統籌分配稅款,減基本財政支出。

對教育、社會福利及基本設施經費之補助,在教育經費補助方面,設算考量指標主要以各縣市財政能力、學生人數及班級數為主,另再考量部分縣市設有中途學校(或班級),且學生有跨縣市就讀之情形,就其設置班級數加計權數計算。社會福利經費之補助,設算考量指標主要以各縣市財政能力與殘障、低收入、老人、幼兒及婦女等人數為主,另加計役男、傷殘退伍軍人生活扶助等。基本設施經費之補助,設算考量指標主要以各縣市人口、土地面積及道路面積等為主;另為彰顯政府照顧原住民與回應基隆市有關商港建設費收入減收,及五個省轄市轄區結構、經費負擔與縣有所不同等因素,就前述各項依其性質分別加計權數計算。配合中央政策增列或待撥之補助,因每年度內容不同或有更迭,因而年度間補助會有差異。就2001年度言,政策增列補助為配合警政署保安警力移撥、軍公教員工待遇調整、及鼓勵縣市政府積極償還積欠台灣銀行退休公教員工優惠存款利息差額等相關經費;待撥補助款,主要為補助各縣市土地增值稅如有短收超過行政院核定徵起數5%以上部分,以及依「中央對直轄市及縣市政府補助辦法」第5條規定,各縣市政府施政計畫執行效能、預算執行情形及相關開源節流績效等之考核結果,按各縣市原分配基本設施經費比率加權考核成績後再予增撥之補助款(方建興,2001)。

計畫性補助是作為支援地方政府特定計畫與發展所提撥之補助,其主管機關為行政院各主管部會。中央對直轄市、縣(市)

政府之計畫型補助款，訂有酌予補助事項、依各縣市政府財力之最高補助比率、計畫評比標準及相關程序等處理原則。

二、地方政府財政的自足程度

在台灣，地方政府財源不足，且日益惡化。因此各地方政府對中央統籌分配稅款爭議不休，同時也極力爭取中央對地方之補助款。

就2004年資料觀察(表3.5)，中央政府對各地方政府全給予補助，並無地方政府反過來對中央給予協助金。各地方政府縣市庫收入中，補助收入所占比例，台北市為10.31%，高雄市為28.01%，台灣省為38.54%，補助收入比例最低者為台北市。在台灣省中，其比例最低者為台中市(21.95%)，比例在30%以下者，還有台南市(22.99%)、新竹市(25.90%)與桃園縣(25.9%)。補助收入占縣市庫收入越過一半之縣市，計有屏東縣、台東縣、花蓮縣、澎湖縣與基隆市，這些縣市主要仰賴中央政府的補助得以維持運作；尤其是澎湖縣，其比例高達74.6%。補助收入比例越過稅課收入之縣市，除先前所提補助收入占縣市庫收入越過一半之縣市，如屏東縣等五個縣市外，還包括宜蘭縣、新竹縣、苗栗縣、彰化縣、南投縣、雲林縣、嘉義縣、台南縣與高雄縣等九個縣，合計有14個縣市之稅課收入不如中央政府所給予之補助收入。台灣省大部分縣市政府自有財政收入是不足的，其支出有很大比例需仰賴中央政府的補助。

從2004年資料分析得知，地方政府財政拮据已是一件普遍現象，可見政府間財政水平不平衡問題是嚴重的；但在中央集權又集財下，各級政府間之財政垂直不平衡更為嚴重。

表3.5　2004年地方政府縣市庫收入及補助收入比例

單位：百萬元，%

	縣市庫收入	稅課收入	補助收入	稅課比	補助比
台北市	166,433	108,930	17,159	65.45	10.31
高雄市	81,694	39,477	22,881	48.32	28.01
台灣省	548,963	209,352	211,559	38.14	38.54
台北縣	86,287	37,046	27,076	42.93	31.38
宜蘭縣	21,060	4,991	8,757	23.70	41.58
桃園縣	46,834	22,181	12,128	47.36	25.90
新竹縣	17,837	5,560	6,735	31.17	37.76
苗栗縣	20,418	6,347	7,987	31.09	39.12
台中縣	37,862	15,580	14,088	41.15	37.21
彰化縣	33,779	12,198	13,428	36.11	39.75
南投縣	19,895	6,259	9,380	31.46	47.15
雲林縣	23,387	7,081	11,587	30.28	49.54
嘉義縣	24,618	5,371	10,076	21.82	40.93
台南縣	31,524	11,464	13,879	36.37	44.03
高雄縣	33,316	12,854	14,339	38.58	43.04
屏東縣	26,582	8,862	14,286	33.34	53.74
台東縣	11,101	3,139	6,858	28.28	61.78
花蓮縣	15,768	4,413	7,988	27.99	50.66
澎湖縣	7,151	1,376	5,335	19.24	74.60
基隆市	13,789	4,930	7,585	35.75	55.01
新竹市	16,538	6,896	4,284	41.70	25.90
台中市	27,521	16,578	6,040	60.24	21.95
嘉義市	9,452	4,522	4,141	47.84	43.81
台南市	24,237	11,697	5,572	48.26	22.99

資料來源：2004年《財政統計年報》。

第四章
所得稅制之演變

　　台灣所得稅法，自始就將營利事業所得稅與個人所得稅合併於同一稅法中。1997年之前，採法人實在說，對營利事業所得課稅後，將其稅後盈餘分配股東，計入綜合所得，再課一次稅。同一稅源，二次課稅，產生重複課稅現象；之後，改採法人虛擬說，對營利事業所課之所得稅，於盈餘分配給股東後，其所課之營利事業所得稅在個人綜合所得稅額中可扣抵，營利所得變為「兩稅合一」制。無論法人在稅法上採何種學說之立場，在台灣，營利事業所得稅與個人綜合所得稅都在同一稅法上：所得稅法。於此，對所得稅制演變的討論，除分別論述個人所得稅制與營利事業所得稅制外，我們還討論所得最低稅負制。

第一節　個人所得稅制之演變

　　國家對個人或企業之強制行為，是以法律訂定之；而租稅行為就是一種強制行為，需訂定租稅法才能將國民或企業的資源(如所得、收入、收益、營業額等)移轉到政府。稅法或採綜合立法，或採分稅立法。在台灣，原則上採分稅立法制，一稅一法，而所得稅

法是將個人綜合所得稅法與企業營利事業所得稅法合併立法。所得稅的課稅主體為人，包含自然人與法人兩類；客體為所得。

所得稅在台灣已成為重要的稅目。就所得稅的發展言，已從臨時稅性質發展成經常稅，從比例稅率制進展為累進稅率制，高所得課徵高稅額，實踐量能課稅，追求稅賦公平。就所得稅制類別言，有分類、綜合與分類綜合三種型態，台灣是實施綜合所得稅制之社會。綜合所得稅就是將納稅義務人之各類所得合併加總，減除免稅額與扣除額等後之淨額，以示納稅能力，並按不同稅率課稅，通常所得愈高者，適用稅率愈高，而稅率是累進的，以符合量能課稅之原則。

一、國民政府在大陸時期之所得稅

中華民國所得稅濫觴於1914年所制定的「所得稅條例」，1916年公布施行細則，1920年財政部根據該條例，特設「所得稅籌備處」，並撤回施行細則，改訂先行徵收稅目規程。1928年國民政府召開第一次財政會議，於1929年修正原先之所得稅條例及施行細則。該條例制定後，因內戰頻仍，課稅斷斷續續。所得稅條例制訂後，大都無法執行，徒具形式而已。

1934年國民政府召開第二次財政會議，又興起創辦新稅制的構想而提議案，財政部擬訂所得稅條例，經立法院通過後公布實行，並於1937年將「直接稅籌備處」改組為「所得稅事務處」，並頒布徵收須知，先就營利事業所得、薪給報酬所得、證券存款所得徵稅，皆採累進稅率。後因抗日戰爭，稅源難以掌握；對商人因囤積而獲暴利者，加徵過分利得稅。1943年，通貨膨脹日益嚴重，為籌措戰時財源，乃廢止所得稅條例，另頒「所得稅法」

及「財產租賃及出賣所得稅法」，採分類所得稅制。

　　抗戰勝利後，重修所得稅法，於1946年4月16日公布，廢除「財產租賃及出賣所得稅法」，並將財產租賃所得列為修正後所得稅法的第四類所得，將原列為第一類所得的一時營利所得改列為第五類；最為重要的，對個人所得超過60萬元者，開徵綜合所得稅。這為中華民國所得稅制從分類稅制邁入分類綜合所得稅制，以實踐量能課稅。台灣光復後所實施的所得稅制，就是採用這部稅法，直到1955年止。由於此部稅法曾在台灣實施過，特扼要陳述課稅主體與客體。

1. 課稅主體：凡在中華民國境內有所得，在中華民國境內有住所而在國外有所得者，為課徵對象，採屬人及屬地主義。
2. 課稅客體：分分類所得與綜合所得，分類所得共有五類，分別為：
   (1) 營利事業所得，以公司組織別訂定起徵標準，按累進稅率計徵，由4%至30%，共分11級；製造業減徵10%。
   (2) 業務及技藝報酬，所得額15萬元為起徵點，按累進稅率計徵，稅率由3%至20%，共分10級。薪資所得5萬元為起徵點，累進稅率由0.7%至10%，共分10級。
   (3) 證券存款所得，採比例稅率，按10%計徵。
   (4) 租賃所得，所得額5萬元為起徵點，按累進稅率計徵，稅率由3%至25%，共分12級。
   (5) 一時所得，1萬元為起徵點，按累進稅率計徵，稅率由6%至30%，共分9級。

　　在綜合所得稅方面，個人綜合所得淨額超過60萬元者，按累進稅率計徵，稅率由5%累進至50%，共分12級；所得總額中可

減除扶養親屬扣除額、學生就學扣除額、及已繳納之分類所得稅
及土地稅。

二、1955年所得稅在台灣之獨立建制

　　光復後與國民政府播遷來台之初期，台灣仍引用實施國民政
府在1946年所頒布的所得稅法，在當時稅制應急狀況下，所得稅
竟成爲地方戶稅之附庸 [1]。基於量能課稅之考量，以及經濟發展
租稅獎勵投資，期以建立以直接稅爲中心之稅制目標，政府便著
手全面修正所得稅法，於1955年12月經立法院通過，於1956年台
灣實施全新的單一式所得稅制，獨立建制，不再與戶稅掛鉤。

　　1955年制定實施之所得稅法，爲台灣所得稅建制之始，以後
縱使有所修正，仍基於此次稅法之結構上。該稅法開啓台灣綜合
所得稅制，不再實施分類所得稅與分類綜合所得稅制。所謂個人
所得稅者，係以家庭爲課稅之單位；同時將個人綜合所得稅法與
企業營利事業所得稅法合併於同一稅法中。

　　所得稅課稅客體，包括七類所得，如營利所得、執行業務所
得、薪資所得、利息所得、租賃所得、自力耕作漁牧林礦之所得、
與其他所得等。納稅義務人應將全年度各類所得合併綜合，再減
除免稅額、寬減額、扣除額等之後的所得淨額，按累進稅率申報
繳納稅額，其中扣除額包括稅捐、捐贈、保險費、醫藥及生育費、
婚嫁費、喪葬費與災害等七項。爲掌握稅源與調節國庫收入，對
部分類別所得採就源扣繳，實施現時徵繳，俟年終申報時再行扣
抵，如：薪資所得、利息所得、租賃所得等，在稽徵上爲兼採就

---

　1 參閱本書第十章第一節。

源扣繳法與自動申報法兩種制度。如此，可分期繳納，不易造成因一次繳納而產生的較重負擔。

　　稅法上的所得，除上述所提的扣除額外，可分為「計入」與「不計入」二種。所謂不計入者，就是免稅所得，這些所得不計入個人綜合所得總額中，共有下列10項：

1. 公教軍警人員因公傷亡之卹金，
2. 現役軍人之薪餉，
3. 托兒所、幼稚園、國民學校及小學校教職員薪資，
4. 公教軍警人員及勞工所領之實物配給及其代金，
5. 公教軍警人員及勞工所領之交通費及房租津貼，
6. 殘廢者勞工及無力生活者之撫卹金、養老金、贍養費、傷害賠償金、及薪資收入之傷害殘廢生育死亡老年疾病失業保險給付，
7. 外國使領館及其附屬機關內享有外交待遇人員及不享受外交官待遇之其他各該國國籍職員，在職務上之所得，
8. 各級政府機關存款之利息及財產租賃之所得，
9. 公教軍警人員及勞工，依法令規定具有強制性質之儲蓄存款之利息，
10. 各級政府、國際機構及其他公共組織，為獎勵學術研究或發明所給予之獎金。

　　從上述對免稅所得的列舉中得知，台灣在建制所得稅時，因鑑於當時軍教人員薪資所得相對偏低而給予租稅優惠，在稅法上形成因身分不同所造成的租稅不公現象，往後即使對軍教人員大

幅提升其所得,也難於取消其優惠待遇。

稅率與課稅級距,並未直接明訂於稅法中。所得稅法第11條規定,綜合所得稅免稅額、寬減額、扣除額、累進稅率及其課稅級距,於每年度開始徵繳申報前經立法程序制定公布之,是項規定具法律彈性。因而行政部門每年視經濟情況與財政需求另行提出稅率法案。1956年的所得稅率從5%到85%,淨額在5000元以下者為5%;每5000元一級,每級增加1%稅率;5萬元起,稅率為16%,每增加1萬元,增加2%稅率;10萬元起,稅率為27%,每增加5萬元,增加3%稅率;50萬元起,稅率為54%,每增加10萬元,增加6%稅率;100萬元以上,稅率為85%(張果為,1976)。如此高的稅率,再加上防衛捐,個人所得淨額在90萬元以上就會產生邊際稅額超過所得之不合理現象。

三、所得稅之歷年修正

所得稅法實施後,因政經環境的改變,條文也多次進行修正,從建制起迄今,已修正逾30次,修正相當頻繁。現按年代別分述修正內容。至於稅率與課稅級距的歷年變化,則在後面論述。

1. 1960年代

在1960年代,有二次重大修正,分別在1963年與1968年。1963年的修正,更動60多條條文;而1968年就是由劉大中院士所主持的第一次全國賦稅改革之始。1960年代,台灣經濟發展由農業為主流之經濟體系轉為以工業為主流,發展策略由進口替代轉為出口擴張,美元援助也在這年代停止,如何提高儲蓄,將社會資源導入投資與經濟發展行列,成為財經上重要議題,而政府可採取租稅上的獎勵政策來激勵;在另一方面,如何健全稅制,且以直接稅

為中心之賦稅體系，強化所得稅在稅收的比重，為賦改的方向。

　　1963年修正的重點在於：1.明定課稅範圍，採屬地主義，凡有中華民國來源所得者，皆為課稅範圍，而免除因住所認定所產生的困擾。2.簡化申報，對非中華民國境內居住之個人採就源扣繳方式，廢除委託代理人之規定。3.增訂標準扣除額，對扣除額無法舉證之納稅義務人可採用。4.配合經濟發展，擴大獎勵減免範圍，如增訂股份有限公司股票及公司債收益免稅、二年期以上之儲蓄利息免稅、技術合作人員外國給付之薪資免稅等。

　　1968年修正的目的在於強化所得在總稅收的比重與稅負之公平，修正主要內容為：1.為落實公平負擔，提高最低扣除額。2.調整稅率級距與起徵點，稅率由原先的3%至52%，調整為6%至60%，起徵點也提高至3萬元。3.加強執行業務者記帳制度之規定，由原先僅止於日記帳之規範，修正為設帳之強制性規定，並訂有罰則與之配合。4.改進財產所得計算之規定，以仿效英國之課稅精神，規定低報租金收入者，稅務機關得以最低租金標準核課。

2. 1970年代

　　1970年代為台灣歷經能源危機與快速經濟發展時期，於此時期，所得稅法修正次數最多，分別發生在1972年、1974年、1977年、1979年與1980年。1972年修正的主要內容為：1.擴大儲蓄存款利息所得免稅之範圍，擴大至一年期以上之零存整付之利息所得等。2.放寬捐贈之限制，個人一般捐贈之扣除，仍不得超過綜合所得總額之20%，但對國防、勞軍及政府之捐贈，不在此限。3.改進租賃收入中關於財產出租或出典之押金或典價之計算辦法，規定出租人或出典人能確實證明押金或典價，免依規定推計租金收入。4.改進稽徵程序，修訂年度中死亡及離境者之申報程

序，也修正小額稅款免徵免退之規定等。

1974年台灣因能源危機而發生嚴重的通貨膨脹，為因應經濟情勢及物價波動，乃提高減免額，減輕國民之稅負，尤其是薪資階級之納稅義務人。修正重點為：1. 除提高寬減額、免稅額與扣除額外，同時增訂薪資特別扣除額。2. 放寬扶養親屬寬減額及扣除額之適用限制。

1977年為因應社會變遷之需求，及配合稅捐稽徵法之修正，對所得稅法也大幅修正。主要修正內容為：1. 增訂免稅所得項目，如增列公、教、軍、警人員及勞工所領政府發給的特支費、公費、實物配給或其代金及房租津貼；個人稿費、樂譜、作曲、編劇、漫畫、演講之鐘點費等收入；政府機關辦理各種考試及學校辦理入學考試，所發給之各種工作費用等，均免納所得稅。2. 規定短期票券利息收入採分離課稅，依法就源扣繳，免併入綜合所得總額。3. 修正扣除項目，如醫藥及生育補助以付與公立醫院或經財政部認定其會計記錄正確之醫院為限；薪資所得特別扣除額，有薪資所得者均可列報。

1979年基於簡化稽徵程序與減輕薪資所得者之稅負，同時考量通貨膨脹的影響，再次修正所得稅法，其內容為：1. 提高薪資特別扣除額，由原先10%提高為20%。2. 將加班費列入免稅所得之範圍。3. 配合九年義務教育，增列國中教職員薪資所得免稅。4. 彩券中獎獎金所得改為就源扣繳。而1980年所得稅之修正，仍基於1979年修正之精神，考量通貨膨脹之影響，以減輕薪資所得者之稅負，修正內容為：1. 提高免稅額及扣除額。2. 配合獎勵投資條例修正利息所得免稅辦法，將原來免稅之規定取消，改為儲蓄投資特別扣除額，納稅義務人之存款利息、儲蓄性質信託

資金之收益、與上市記名股票之股利,合計在36萬元內免稅,也就是說儲蓄投資特別扣除額為36萬元。

3. 1980年代

在1980年代,所得稅法修之重點仍延續1970年代後期,著眼於稅負減輕與免稅優惠上,共進行三次修正,分別在1982年、1983年與1985年。有關歷年修正重點予以扼要陳述。1982年的修正重點為:1. 提高薪資特別扣除額之限額。2. 提高標準扣除額之上下限。3. 個人稿費、演講之鐘點費等收入改採定額免稅。4. 增列依國家賠償法取得之賠償金、公教軍警及勞工殘廢與無謀生能力者之資遣費等之免稅規定。5. 配合人口政策,對扶養親屬寬減額之人數限制為二人。6. 自由捐贈之限額以綜合所得額20%為上限,以杜絕高所得者之逃漏。1983年修正重點為:1. 明訂個人稿費、演講之鐘點費等之收入屬於執行業務所得。2. 將財產借與他人使用,應參照當地一般租金,計算租賃收入,繳納所得稅。3. 申報列舉醫藥及生育費扣除之醫院範圍,將公務人員、勞工保險特約醫院所納入。1985年修正內容為:1. 增訂個人及營利事業出售土地免稅。2. 所得稅之免稅額、寬減額、累進稅率及其課稅級距,均於每年度開始前,經立法程序制定公布之。3. 新增出售自用住宅重購退稅之規定。

4. 1990年代

在1990年代,可謂所得稅法修正次數最多的一個年代,修正內容或為行政簡化、或為國民減輕稅負、或因重複課稅而「兩稅合一」,內容不一而足。

1991年修正內容為:1. 為減輕稅負,將免稅額提高新臺幣一萬元。2. 為健全稅制,避免物價上漲而造成納稅義務人之更多稅

負，並使免稅額及課稅級距金額之調整能制度化起見，採行物價指數連動法調整之，同時於稅法中，明訂調整公告之時間、負責公告之機關、與消費者物價指數計算之依據。1993年修正，是補充1991年修正之不足，而增訂扣除額隨物價指數調整之規定。1995年的修正，將原先在1977年把公費列爲免稅所得而予以取消，另爲降低婚姻懲罰之嫌，提高夫妻合併申報之標準扣除額。

　　1997年的修正，爲台灣所得稅法上重要里程碑，在理論與實務上爭議已久的營利所得之重複課稅問題，正式獲得解決，開始實施「兩稅合一」制。台灣長期以來，對所得稅均採獨立課稅制，也就是說，對營利事業所得課以營利事業所得稅後，其稅後分配時，復對獨資資本主、合夥人之分配盈餘及股東之股利所得課徵綜合所得稅，爲營利事業所得稅與個人綜合所得稅雙軌並行制，採用法人實在說之理論依據。因而同一稅源，二次課稅，產生重複課徵現象。因重複課稅，造成企業籌資之扭曲、公司藉保留盈餘來規避大股東之稅負，使得企業投資活動並非處於最適化。採用法人擬制說，公司法人爲法律之虛擬體，不具獨立納稅能力，所以公司階段之獲利與股東階段之股利，應僅課徵一次所得稅，這就是「兩稅合一」制。1997年修正重點就在「兩稅合一」制上，其內容爲：1.揭示兩稅合一制度，採完全設算扣抵，因而明訂營利事業所繳納之營利事業所得稅，得由獨資資本主、合夥人、公司股東，依規定扣抵其應納之綜合所得稅。2.明訂納稅義務人自1999年起取得公開發行並上市之記名股票之股利，排除在儲蓄投資特別扣除額之外。3.明訂所獲配股利或盈餘之可扣抵稅額，可自當年度結算應納稅額中減除。

　　1998年的修正，只是增加退職所得之課稅方式及其免稅的

標準。1999年的修正，提高購屋借款利息扣除額至30萬元，2000年增訂租屋租金支出之扣除額規定外，調高薪資所得特別扣除額，及滿70歲及以上之受扶養親屬免稅額加重50%。2000年因信託法實施而修正與信託利益有關之所得課稅規定。

5. 21世紀

21世紀的修法，主要為因信託法實施而於2001年修正與信託利益有關之所得課稅規定，結算申報月份也修改為次年5月。其餘的修正，併入下節對2007年現行所得稅內容中一起論述。

6. 稅率與課稅級距

調整稅率與課稅級距，對稅負影響是極大的。所得稅建制後，對稅率與課稅級距之修正調整至少已十餘次。在1990年代前，每年對免稅額、扣除額、稅率與課稅級距都制定條例公布實施；之後，明訂於稅法中，並與物價建立連動關係。鑑於早期高稅率與多級距之制訂方式，1960年將稅率調低，稅率從3%累進到60%，5萬元以下的稅率為3%，課稅級距分15級，200萬元以上的稅率為60%；1961又將最高稅率調降到40%，其所對應的所得淨額是在100萬元以上。

1965年，稅率與課稅級距又變動了，最高稅率調高到52%，適用於所得在200萬元以上之個人。1968年推動賦改，在以直接稅為政府財政之主體下，為因應政府支出之增加與落實公平負擔，除提高免稅額與扣除額外，稅率全面提高，從6%累進到60%，課稅級距又變為15級。如此的稅率結構持續到1985年，惟課稅級距的金額因所得增加及物價波動曾多次向上調升。

1986年，最高稅率調降到50%，課稅級距為13級。1990年，稅率與課稅級距大幅修正，最高稅率下降到40%，課稅級距也大

幅減少,變爲5級。所得淨額在30萬元以下者,稅率爲6%;所得超過30萬元而在80萬元以內者,稅率爲13%;所得超過80萬元而在160萬元以內者,稅率爲21%;所得超過160萬元而在300萬元以內者,稅率爲30%;所得超過300萬元以上者,稅率爲40%。如此的稅率結構,一直執行到如今,而課稅級距的金額卻隨物價而連動。

四、2007年所得稅內容與評述

2007年台灣的個人綜合所得稅制,就是從1955年建制後歷經不斷修正累積而成的一部稅制。稽徵程序爲自動結算申報與就源扣繳雙軌並行。依法要就源扣繳之所得,扣繳義務人對應扣繳所得,按政府規定之扣繳率,扣繳所得稅額,於隔年1月底前開立扣繳憑單與納稅義務人,而納稅義務人於隔年5月底前結算申報。

1. 稅基

談及綜合所得稅之內容,可從課稅主體到客體,從稅率、稽徵程序到罰則,然而首重者應在於稅基。爲什麼?在既定稅率下,稅基大,稅收就會多;在既定稅收目標下,稅基大,稅率就有調降空間。稅基的大小,除受經濟因素影響外,在租稅設計與規劃上也深具影響力。Simons所定義的所得,爲理論上的所得,稅務實務上的所得,著重能掌握與計算。綜合所得當然是各類所得之加總,並不是全部的各類所得都需加總,因而所得稅基是受應稅所得所包括類別範圍大小之影響,也受免稅所得、免稅額、扣除額與扣抵之影響,這些又受政經因素之影響。

台灣綜合所得稅,應稅的所得種類有10類,分別爲營利所得、執行業務所得、薪資所得、利息所得、租賃所得及權利金、自力耕作、漁、牧、林、礦之所得、財產交易所得、競技、競賽

及機會中獎之獎金或給予、退職所得、與其他所得。除這些所得外，還需加上變動所得[2]，與來自大陸地區之所得[3]。如此說來，稅基可謂大，其實不然。在應稅所得種類中，基於政策性與特定目的之考量，某些種類所得無須納入課稅所得課徵範圍，免稅所得項目或因職業身分、配合社會政策、基於重複課稅考量、配合國際慣例、獎勵研究發展、簡化行政目的、發展資本市場等而來者，原因頗多，所得稅法第4條就列有24種的免稅所得。

　　此外，免稅額與扣除額也會使稅基變小。免稅額與扣除額為課稅所得的調整，係基於對家庭狀況的考量。這些使稅基變小的因素含有生活成本與獲得所得的費用成分在內而調整所得，具社會正義。扣除額分標準扣除額、列舉扣除額與特別扣除額三種，而標準與列舉扣除額只能擇一。可列舉扣除之項目，包括捐贈、保險費、醫藥及生育費、災害損失、購屋借款利息、租屋租金支出等，而後二項有限額規定，捐贈也有最高比例之規定。特別扣除額包括財產交易損失、薪資特別扣除額、儲蓄投資扣除額、殘障特別扣除額與教育學費特別扣除額等。這些特別扣除額在年度上都有限額上的規定。

　　從上述分析得知，所得稅基的大小，與免稅所得、免稅額與

2　變動所得係指所得之發生或取得，具有不規則性，或者雖具有規則性，但須等待而集中於某一個時點方能獲得，如自力經營林業之所得、受僱從事遠洋漁業，於每次出海後一次分配之報酬、一次給付之撫卹金或死亡補償，超過第4條第4款規定之部分及因耕地出租人收回耕地，而依平均地權條例第77條規定，給予之補償等。依稅法規定，變動所得，得僅以半數作為當年度所得，其餘半數免稅。

3　依據「台灣地區與大陸地區人民關係條例」第24條規定，台灣地區人民若有來自大陸地區之所得，應併入台灣地區之所得申報綜合所得稅。

扣除額有關。在免稅所得中，有二項為社會爭議之焦點，分別為因發展資本市場與職業身分而來的免稅項目，前者就是指證券交易所得與期貨交易所得免稅之部分，這部分另闢專章討論（見第七章）。因職業身分而來的免稅所得項目，在稅法上計有：1. 現役軍人之薪餉，2.托兒所、幼稚園、國小、國中、私立小學及初中之教職員薪資（簡稱軍教人員所得）。就租稅公平言，不因職業身分而有租稅負擔差別，而以能力為考量，社會對取消這項免稅所得漸有共識，然在選舉的政治環境下問題反而變得複雜。由此可見，既得利益團體形成後，對制度的合理改革就會遭遇困難。

稅基的擴大，需檢討現行之免稅所得、免稅額與扣除額。因職業身分的軍教人員薪資所得應盡早取消免稅。在當今之工商社會裡，保險費與儲蓄投資之扣除是否有其必要，也應檢討。總之，稅基的擴大，為稅率調整的重要因素；而較低的稅率，又可誘發國民誠實繳稅，可進一步再使稅率調降。

2. 稅額抵減及扣抵

稅額抵減及扣抵，係指依稅法給予符合條件之納稅義務人，按某一比例或金額，在其應納稅額中扣抵或抵減，如此租稅優惠措施，在納稅義務人言，達到稅負減輕之目的；在政府稅收言，卻會造成嚴重的稅收侵蝕。稅額抵減及扣抵之目的有二：一為經由租稅優惠，以擴大投資，達經濟成長之目的；另為避免實質重複課稅的發生。現行綜合所得稅額可扣抵與抵減的內容，共計有四種，分別為：1.企業股利或盈餘中所含營利事業所得稅額之扣抵，2.自用住宅出售後重購，所得稅之退還，3.大陸已繳稅額之扣抵，與4.投資抵減。這四類中，前三類為避免重複課徵，最後一項旨在租稅獎勵之投資鼓勵。

依促進產業升級條例第8條規定，為鼓勵對經濟發展具重大效益、風險性高、且亟需扶植之新興重要策略性產業之創立或擴充，個人原始認股或應募屬該新興重要策略性產業之公司發行之記名股票，持有時間達三年以上者，得抵減其當年度應納之綜合所得稅額；當年度不足抵減時，得在以後四年度內抵減之。抵減額度為個人取得該股票之價款10%限度內，而每一年度之抵減額以不超過當年度應納稅額50%為上限；但最後年度之抵減額，不在此限。

綜合所得總額，經免稅所得、免稅額、扣除額後，所得總額會下降，適用較低稅率，應納所得也就跟著下降；應納稅額經由稅額抵減或扣抵後，實際所納稅額更低，或者產生高所得免稅負的結果。高所得者，有較好的節稅或避稅知識與規劃，進出股市所賺所得無需課稅，因它不計入綜合所得總額中；投資新興產業之股票發行，所繳股款部分可扣抵應納稅額，享有租稅優惠。而薪資所得者，所能享有的只不過為有限額之薪資特別扣除額，其金額與證券交易所得之免稅、及股款部分扣抵應納稅額者相比，實有天壤之別。綜合所得稅反而成為薪資階段之累退稅制，他們的薪資在稅負上連一毛錢也無法逃漏，而高所得之財產所得或逃漏、或免稅、或扣抵，致在稅負上，勞動所得何其重，而財產所得何其輕！綜合所得稅量能課稅的精神是受置疑的。

3. 納稅單位

綜合所得稅的納稅單位，美其名為「個人」，實質上是以「家庭」為單位。因以家庭為單位，家庭中成員的所得需合併計算申報，這就形成婚姻懲罰 [4]。現在稅法上考量夫妻合併所得而可產

---

4 家庭成員主要係指核心家庭，為夫妻所組成而包含其未成年子女。

生較高稅負,允許配偶薪資所得選擇分開計算稅額,如此雖可減輕懲罰,但並未落實「個人」為繳納單位。建議盡早修法實施夫妻個人所得可獨立申報之選擇。

第二節　營利事業所得稅制之演變

　　台灣自有稅收以來,營利事業所得就為課稅客體。1955年新制訂所得稅法時,雖與個人綜合所得稅在同一部稅法中,營利事業所得稅法就算已完備。所謂營利事業,係指公營、私營或公私合營以營利為目的具備營業牌號之獨資合夥公司及其他組織之工商、農林、漁牧、礦冶等營利事業。就上述內容言,重點應在「以營利為目的」上,也就是說,事業無論採取何種組織型態,無論經營何種項目,無論何種來源的經營資本,無論何種形式特徵之經營事業,只要以營利為目的,都為營利事業。營利事業之所得,要課徵營利事業所得稅,稅後所得分派給股東(投資者)再課徵綜合所得稅。同一稅源,重複課稅。為何會產生如此嚴重的重複課稅現象?問題就在於營利事業組織型態上。

　　企業營利所得課徵之性質,在採法人實在說時,法人與自然人是獨立的,因而產生同一稅源重複課稅的事實。法人若只指公司之組織型態,雖有爭議,但可接受。獨資或合夥經營之一般行號,硬歸為法人,那也就太過牽強,更何況台灣企業組織型態以獨資及合夥者為主,2003年的比例約占60%。獨資者之營利事業所得,含有較多經營者(也為投資者)之工資在內,有時工資與經營利潤常混合在一起,將其所得課稅二次,確有重複課稅之實。從上節論述已知,1998年起對營利事業所得的性質已採法人虛擬

說，解決營利事業所得重複課稅之問題，這在台灣稅制演變上為重要標竿。

　　1955年新制之所得稅法，在營利事業所得稅方面，從營利事業之定義、營利事業所得額之計算、公司未分配盈餘之課稅、資產估價，到稽徵程序之扣繳、暫繳與結算申報及查核、稅率與其租稅優惠等，都有條文明訂。然而，隨政經環境之變遷，在稅率、租稅優惠、未分配盈餘與稽徵程序上都曾有重大演變，此為我們論述之重點所在。

一、租稅優惠

　　企業之租稅優惠，種類繁多，較重要者如賦稅減免、租稅假期、加速折舊、投資抵減、稅負限額、稅率減徵、未分配盈餘從寬、國外投資損失準備、緩課等，不一而足。

　　營利事業所得稅制演變之內容，最為豐富者莫過於在租稅優惠上。台灣在經濟發展過程中，為鼓勵生產、投資與外銷，政府以租稅作為獎勵之手段，同時隨著發展階段之不同，其方法與手段也有所不同，我們將在第九章特別論述租稅獎勵與產業發展之關係。

　　1955年新制所訂之所得稅法之立法基本原則之一，就是以租稅為手段，來謀求經濟發展（楊必立，1964），如為公司組織型態之企業四年虧損通算，以快速折舊方法促進投資及資產漲價補償準備，對新創及增資事業免稅三年等。然而，從1960年代到1980年代，對營利事業租稅優惠影響最為重要者，莫過於「投資獎勵條例」。該條例，在1960年代以五年免稅及納稅限額為主，1970年代又增列加速折舊，1980年代改以投資抵減為主要促進投資手

段。1990年代以來,以「促進產業升級條例」替代「投資獎勵條例」,將營利事業租稅獎勵的對象,從以產品為主的獎勵模式改為功能導向型,凡為投資抵減項目的包括研究發展、人才培訓、自動化、建立國際品牌形象、汙染化及資源回收、重要科技及重要投資事業等。

除上述兩個條例對營利事業提供租稅優惠外,還有其他條例與法規也對營利事業提供租稅上之優惠措施,如中小企業發展條例、獎勵民間參與交通建設條例、新市鎮開發條例、科學工業園區設置管理條例、都市更新條例、加工出口區設置管理條例等。

政府提出租稅獎勵措施,旨在產生「養雞生蛋」之效益,但卻違反租稅公平,尤其是量能課稅之原則。這些條例對台灣企業稅負之影響程度既深又廣,使得某些受到優惠獎勵之產業與企業,不但不需繳稅,還可享有退稅額,產生稅後盈餘大於稅前盈餘之不合理現象,完全喪失量能課稅之精神。有鑑於此,為求企業之最低租稅負擔,追求公平,政府於2006年制訂所得基本稅額條例,也就是說,政府對企業或個人在生產與投資方面,無論給予何種程度之租稅優惠,所得超過某個水準,就應繳納最低賦稅,如此才有最起碼之社會正義可言。

二、稅率與級距

近50年來,營利事業所得稅率及課稅級距也隨台灣政經環境之變遷而有較大幅度之調整。1955年新所得稅法制訂後,1956年起營利事業所得稅率就分四級,第一級課稅所得在0.5萬元以下者免稅;0.5萬元到5萬元間之所得為第二級,就其超過0.5萬元之數額課徵5%稅率;第三級為5萬元到10萬元間之所得,就其超過5

萬元之數額課徵10%稅率；第四級為超過10萬元之數額課徵25%稅率。這種稅率與級距，執行三年後，進行第一次修正，但只將起徵額所得提高到1萬元；再執行二年後，在課稅級距不變下，將第二與第三級的稅率提高到6%與12%，第四級稅率反而調降，降為18%；又執行四年後，將第二與第三級的稅率再提高，其稅率變為8%與14%。上述稅率的調整，是將營利事業所得低於10萬元者，提高其邊際稅負；而所得高於10萬元者，其邊際稅負反而大幅下降。邊際稅負的調降，具有鼓勵繳稅與激勵投資生產之效果。

　　1967年後，稅率調整的方向與以前大不相同。1967年增加一個級距，第四級距為10萬元到25萬元間之課稅所得，其稅率為18%；第五級為超過25萬元之所得額課徵25%稅率，最高邊際稅率恢復到1956年最初之設制。這在台灣賦稅改革過程中，在賦稅結構方向上，稅收擬以直接稅為主軸，而其中又以所得稅為主體時，自然地將其理念反應在其稅率提高之作為上。往後稅率的調整，就是沿此理念而變動。1974年稅率與課稅級距都發生較大幅度變動，課稅所得在5萬元以下免稅，第二級為5萬元到10萬元間之所得，就其全部課稅所得額課徵15%，但其應納稅額不得超過第一級課稅所得額5萬元以上部分之半數。第三級為10萬元到50萬元間之所得，其稅率為25%，超過50萬元以上之所得額課徵35%稅率。此為台灣營利事業所得稅率最高之時代，維持11年之久。1985年將超過50萬元以上之所得數額之課徵邊際稅率調降為30%，隔年又取消一級最高級距，使得超過10萬元以上之所得數額之課徵邊際稅率調降為25%。

表4.1　營利事業所得稅率與課稅級距

單位：萬元，%

年期	第一級		第二級*		第三級		第四級	
	課稅級距	稅率	課稅級距	稅率	課稅級距	稅率	課稅級距	稅率
1956-58	0.5⁻	免	0.5-5	5	5-10	10	10	25
1959-60	1	免	1-5	5	5-10	10	10	25
1961-64	1	免	1-5	6	5-10	12	10	18
1965-66	1	免	1-5	8	5-10	14	10	18
1967-68	1	免	1-5	8	5-10	14	10-25(25)	18(25)
1969-73	2	免	2-5	8	5-10	14	10-25(25)	18(25)
1974-84	5	免	5-10	15	10-50	25	50	35
1985	5	免	5-10	15	10-50	25	50	30
1986-	5	免	5-10	15	10	25		

資料來源：歷年賦稅年報。

*自1969年起，第二級所課徵者改為全部課稅所得額，但其應納稅額不得超過第一級課稅所得額以上部分之半數。

　　1986年修正營利事業所得稅率以來，到2007年仍未調整。2006年在稅制上通過最低稅負制度，可部分糾正租稅優惠之扭曲與不公平。營利事業所得稅率是否可再調整，若在稅收額不變的前提下，應全盤性檢討不同條例與法規中的租稅優惠，或可全面降低稅率，營造一個更公平競爭的環境，來替代特殊獎勵之租稅優惠。

三、未分配盈餘

　　根據1955年新制所得稅法，為助長經濟發展，對公司盈餘不分配者僅納較輕之營利事業所得稅，以資獎勵企業為公司組織型態(楊必立，1964)。

在稅法上，單就未分配盈餘言，是一項較單純之事宜，不足以研討。然而，在台灣因營利事業所得與個人綜合所得為獨立課稅之緣故，1998年即使「兩稅合一」，因兩稅之最高邊際稅率不同，而綜合所得者之最高邊際稅率遠大於營利事業所得稅，致使未分配盈餘成為議題。

未分配盈餘，在性質上，可視為企業之一種儲蓄；而儲蓄是有正面功能的，如企業留為次期再投資擴廠，可使用未分配盈餘等。稅法上鼓勵家庭儲蓄，對企業儲蓄也應相同看待，然而，在台灣稅法規定上，企業保留太多的未分配盈餘而不運用，則會有逃避租稅之嫌。

1963年修法時，未分配盈餘在稅法上的修正內容為：公司組織之未分配盈餘，如滿三年，其累積數達該營利事業已收資本額四分之一以上者，應即辦理增資手續，其未經辦理增資者，稽徵機關應以其未分配盈餘之累積數，按每股份之應分配數歸戶，並依當年度稅率，課徵綜合所得稅。這條文的意涵，一方面對公司未分配盈餘給予最高限額，另一方面指出企業不能以未分配盈餘作為暫時豁免綜合所得稅之繳納，將之視為股東規避稅負之避難所。1977年修法時，將比例提高到二分之一。此一比例一直維持到現在，而且在獎勵投資條例中，對資本與技術密集等重要生產事業，放寬未分配盈餘到已收資本額。在促進產業升級條例中，除仍有放寬未分配盈餘到已收資本額之優惠外，政府指定之重要產業可提高到2倍。

此外，1997年修法將「兩稅合一」時，新規定：自1998年度起，營利事業當年度之盈餘未作分配者，就該未分配盈餘加徵10%營利事業所得稅，這也是因兩稅最高邊際稅率不同所導致。

四、稽徵程序

　　1955年新制訂稅法時，稽徵程序分估計、改正估計、結算申報、調查、扣繳與自繳六步驟，1963年修正時，將估計與改正估計合併為預估，採用自動報繳，其餘步驟不變。

　　1955新制訂稅法之立法基本原則之一，是採現時徵繳制（pay as you earn），而能體現此制度者，在個人綜合所得方面為就源扣繳，在營利事業所得方面為暫繳。1955年之規定，稽徵機關以上年度所得額，核計暫繳稅額，通知納稅人知照，依限繳納；上年度無所得者，自行預估；本年度因情況變更，所得額有1/3以上變動者，可改正估計。是項暫繳規定也經多次修正。1963年的修正幅度為最大，由稽徵機關通知暫繳稅額，改為由應納營利事業預估當年度所得額與應納稅額，而以其1/2為暫繳稅額。在期限內未預估申報者，稽徵機關依法定期限前，就上年度核定所得額或查估所得，計算暫繳稅額，並罰以逾期利息。1979年的修正，除預估年所得額外，增加以當年度前半年營業總收入，試算其前半年所得額，再依當年度稅率計算暫繳稅額。1989年之修正，完全推翻上述的辦法，改以上年度結算申報營利事業所得稅應納稅額之1/2為暫繳稅額。2002年又增加有條件的以當年度前半年營業收入總額，試算所得暫繳稅額。

　　從上述對暫繳稅額之程序規定得知，由稽徵機關通告改為由應納營利事業自行申報，其申報所依據者或以上年度已核計之所得、或查定所得、或以本年度前半年營業總收入試算等。不依法定期限申報，稽徵機關予以追繳通知外，另罰以逾期利息。

　　結算申報在稽徵程序中是重要的階段。1963年修正將營利事

業申報書，仿用日本方式改稱爲「藍色申報書」。在台灣，結算申報程序較爲穩定，歷來少有修正，營利事業所得稅結算申報書，共分三種。普通申報書者，一般營利事業適用之；藍色申報書者，凡經稽徵機關核准者適用之；簡易申報書者，小規模營利事業適用之。藍色申報書，指使用藍色紙張，依規定格式印製，專爲獎勵誠實申報之營利事業而設置的。

所得稅與地價稅或房屋稅不同，在於所得稅是納稅人自行申報的，因而稽徵機關接到結算申報書後，需調查其是否爲誠實申報，是否有重大逃漏，以核定其所得額及應納稅額。稽徵機關得視當地納稅義務人之多寡，採分業抽樣調查，核定各該業所得額之標準。

第三節　最低稅負制

在國家經濟發展優先的考量下，通常以租稅優惠作爲獎勵措施[5]，致使量能課稅的精神遭受嚴重衝擊，甚至演變爲累退性質。

---

5 在「所得基本稅額條例」下，投資抵減獎勵相關的法律規定，如
(1)促進產業升級條例第6條、第7條、第8條及第15條。(2)獎勵民間參與交通建設條例第29條及第33條。(3)促進民間參與公共建設法第37條及第40條。(4)企業併購法第37條。(5)新市鎮開發條例第14條及第24條。(6)都市更新條例第49條。(7)資源回收再利用法第23條。(8)發展觀光條例第50條。(9)電影法第39條之1。(10)科學工業園區設置管理條例第18條及中華民國90年1月20日修正公布前科學工業園區設置管理條例第15條。(11)中華民國95年2月4日廢止前「九二一震災重建暫行條例」第42條及中華民國89年11月29日修正公布前「九二一震災重建暫行條例」第41條。(12)其他有投資抵減規定之法律。

高所得的個人與獲利豐碩的企業，在獎勵措施下不用納稅，或納少許的稅，呈現嚴重租稅不公現象。有鑑於此，政府於2006年12月立法通過「所得基本稅額條例」，以維護租稅公平，確保國家稅收，建立營利事業及個人所得稅負擔對國家財政之基本貢獻，並自次年起開始實施。最低稅負制的精神，係在於使適用租稅減免規定而繳納較低之稅負、甚至不用繳稅的公司或高所得個人，在落實量能課稅之精神下，至少能負擔一定比例之所得稅。此稅制可兼顧既有產業或社會政策，並適度減緩過度適用租稅減免規定所造成的不公，彌補現制之不足。

　　最早實施最低稅負制的國家為美國，除美國外，還有加拿大、韓國及印度等國實施，台灣在實施時間上並不算早。最低稅負的課徵方式有二，分別為附加式與替代式二種[6]，而台灣是採取替代式最低稅負制來課徵，課徵對象為個人與營利事業。

一、營利事業的基本所得額、適用門檻與稅率

　　基本所得額為最低稅負之稅基，據此計算稅額。營利事業的基本所得額，係指依所得稅法規定計算之課稅所得額，加計應計入最低稅負稅基之免徵、免納或停徵營利事業所得稅之所得額後之合計數，其應加計之項目如下：

6　附加式者，除按現行綜合所得稅及營利事業所得稅計算稅額外，另外針對高所得者享受較多的特定租稅減免項目挑出，予以加總，若超過某一金額水準，就其超過部分加徵一定比率的補充性稅負；而替代式者，將高所得者享受較多的特定租稅減免，加回其課稅所得之中，還原成應納稅的稅基，再依據另設的免稅額與稅率級距等稅額計算公式，計算其最低應繳納的稅負。

基本所得額＝以所得稅法計算之課稅所得額

$\qquad$＋證券(期貨)交易所得額

$\qquad$－經核定前5年證券(期貨)交易損失

$\qquad$＋租稅獎勵產業或企業的免稅所得

$\qquad$＋(國際金融業務分行所得額－經核定前

$\qquad$　5年之損失)

$\qquad$＋其他經財政部公告之減免所得稅及不計

$\qquad$　入所得課稅之所得額

$\qquad$－其他經財政部公告之減免所得稅及不計

$\qquad$　入所得課稅之所得額發生之前5年損失

　　上述公式中,有關租稅獎勵產業或企業的免稅所得之法律,計有:

1. 在促進產業升級條例部分,如新興重要策略性產業、製造業及技術服務業、重要投資事業及重要科技事業之5年免稅所得、受讓後繼續適用之5年免稅所得、合併繼受租稅優惠之免稅所得、營運總部之免稅所得等;

2. 在獎勵民間參與交通建設條例部分,如參與交通建設受獎勵民間機構之5年免稅所得;

3. 在促進民間參與公共建設法部分,如參與公共建設受獎勵民間機構之5年免稅所得;

4. 在科學工業園區設置管理條例部分,如合併繼受租稅優惠之免稅所得、科學工業之特定年限免稅所得等;

5. 在企業併購法部分,如企業併購繼受租稅優惠之免稅所

得、企業償還併購時隨同移轉積欠銀行債務之特定年限免稅所得。

基本所得額的計算，最為重要者就是納入對特定對象或產業之企業之免稅所得。依據2002年度申報核定資料顯示，享受租稅獎勵最多之前50大公司，適用促進產業升級條例、獎勵民間參與交通建設條例、促進民間參與公共建設法及企業併購法等免稅所得，高達974億元，換算稅額約達244億元，為台灣所得稅稅基主要侵蝕原因之一。對此類產業或企業之免稅所得，雖有助產業發展，但在租稅上針對特定對象或特定產業予以優惠，會造成競爭上的不公，不利國家整體發展。將此類免稅所得納入基本所得額，課徵一定比例之稅負，對健全財政與落實租稅公平，均有正面意義。

將證券交易所得納入基本所得額，在實質內容上雖不等於對證券交易所得之復徵，但對因證券交易而有高所得者，使其所得併入基本所得額，已局部實踐對財產交易所得之課稅，符合量能課稅之原則。政府在基本所得額應將納入項目的考量上，將證券交易所得納入的基本考量因素為 [7]：

1. 符合租稅公平及量能課稅之原則。
2. 達成整體產業間租稅待遇之平衡。

---

7 所得基本稅額條例通過後，財政部經由網絡，提出「所得基本稅額條例疑義解答」，其中，曾對營利事業證券交易所得納入到基本所得額中予以說明，見該「疑義解答」頁17。

3. 部分導正此類所得免稅所造成之租稅扭曲，有助於落實未來對證券交易所得課稅問題之改革。
4. 僅課以基本稅負，相較全面恢復按一般稅制課稅，其稅負仍偏低，可減少對資本市場之衝擊。

營利事業基本所得額的起徵門檻設定在新台幣200萬元，也就是說，依法所計算出的營利事業基本所得額，扣除200萬元後，按行政院訂定之稅率，計算稅額。稅率介於10%到12%之間，由行政院視經濟環境定之。

二、個人基本所得額、適用門檻與稅率

個人的基本所得額，係指依所得稅法規定計算之綜合所得淨額，加計應計入最低稅負稅基之免徵、免納所得額或扣除金額後之合計數。依所得基本稅額條例，應計入個人基本所得額的項目如下：

1. 個人綜合所得稅的「綜合所得淨額」。
2. 海外所得[8]：指未計入綜合所得總額之非中華民國來源所得及香港澳門地區來源所得，但一申報戶全年合計數未達新臺幣100萬元者，免計入；越過者，全數計入。
3. 保險給付：係指受益人與要保人非屬同一人之人壽保險及年金保險給付，但死亡給付每一申報戶全年合計數在新臺

8　海外所得自98年才計入基本所得額，但行政院得視經濟發展情況於必要時延至99年納入。

幣3000萬元以下,免予計入;越過3000萬元者,越過部分
全數計入。

4. 未上市(上櫃、興櫃)股票及私募基金受益憑證之交易所得。

5. 個人綜合所得稅的「非現金部分之捐贈扣除額」。

6. 員工分紅配股,可處分日次日之時價超過股票面額之差額
部分。

7. 95年1月1日以後,各法律新增的減免綜合所得稅之所得額
或扣除額,經財政部公告應計入個人基本所得額者。

　　從上述對個人基本所得額的應計所得項目得知,所得來源擴
及到海外所得,課稅精神兼採屬地又屬人主義。將海外所得納入
課稅範圍,雖可適度減緩境內外所得之課稅差異,符合租稅公
平;但在稽徵上難度增加,稅捐機關如何能完全掌握海外所得來
源,需要有完整配套措施,也需強化個人自動申報,不然在執行
層面上會大打折扣。

　　證券交易所得納入基本所得額而課稅,僅及於未上市(櫃)之
股票及私募基金受益憑證。台灣產業結構轉向高科技產業的發
展,該類產業為腦力密集型產業。為吸引及留住人才,企業往往
採取員工分紅入股制,造就台灣為數眾多的「科技新貴」。員工
分紅股票之課稅基礎,改採市價與面額之差額入計,實為落實量
能課稅之精神。同時個人基本所得額的起徵門檻設定在新台幣
600萬元,也就是說,依法所計算出的個人基本所得額,扣除600
萬元後,按20%稅率,課徵基本稅額。

第五章
財產稅制之演變

　　財產的類別包括動產與不動產，動產係指銀行存款、有價證券等；不動產以土地及其定著物如房屋等為主。基本上，財產稅制是對財產本身或其收益所課徵之一種租稅制度，通常以不動產為主，在稅制上為歷史最悠久之一種稅制。在台灣，屬於財產稅之稅目計有土地稅、房屋稅、契稅、遺產與贈與稅；土地稅又分為地價稅、田賦及土地增值稅三稅目。在本章，先探討土地稅各稅目稅收結構之變化情形，進而論述土地稅制之演變。由於契稅已不再課徵土地增值稅之土地移轉部分，所課徵財產移轉的客體已窄化以房屋為主，所以與房屋稅同在第三節論述，最後一節探討遺產與贈與稅之演變。

第一節　土地稅稅收結構變化

　　對於土地稅制之演變，先從稅目收入在賦稅中的貢獻著手，以暸解其地位的變化。根據第二章稅目稅收比重之變化，土地稅稅收在全國賦稅中的地位與日俱增，其比重由1950年代前期之6.2%穩定提高到1970年代後期之9.88%；之後因土地價格的狂

漲,土地稅稅收的比重也跟著大幅提升,1990年代前期增爲18.56%,爲歷史上最高點;後因房地產市場的泡沫化,以及政府在21世紀初爲激勵市場活絡而採取土地增值稅減半之措施,稅收比重就大幅下降爲8.51%。

表5.1　各項土地稅收比重之變化

單位:%

年度	土地稅稅收占賦稅收入之比例				占土地稅收之比例		
	土地稅	田賦	地價稅	土地增值稅	田賦	地價稅	土地增值稅
1951-1955	6.20	5.06	1.14	0.00	81.60	18.40	0.00
1956-1960	6.43	3.79	2.17	0.47	58.90	33.73	7.37
1961-1965	6.27	4.33	1.05	0.89	69.07	16.76	14.16
1966-1970	7.52	3.47	2.59	1.47	46.07	34.42	19.51
1971-1975	7.14	2.28	2.25	2.60	31.96	31.55	36.49
1976-1980	9.88	1.12	3.29	5.47	11.35	33.32	55.33
1981-1985	11.91	0.33	3.03	8.55	2.76	25.41	71.82
1986-1990	14.56	0.12	2.44	12.00	0.84	16.77	82.39
1991-1995	18.56	0.00	3.24	15.32	0.00	17.46	82.54
1996-2000	12.30	0.00	3.67	8.63	0.00	29.81	70.19
2001-2005	8.51	0.00	3.94	4.57	0.00	46.29	53.71

資料來源:依據賦稅年報整理而得。

　　土地稅稅收是由其三個稅目的稅收加總而來:即田賦、地價稅與土地增值稅。從表5.1得知,這三個不同屬性之土地稅目,在稅收中的地位與走勢是不一樣的。在觀察的早期階段,土地稅的來源主要爲田賦,由於田賦的重要性日趨下降,而地價稅與土地增值稅的地位相對漸行提高。1970年代前期,這三個稅目的稅收比重大約相當,約在2.5%上下,往後地價稅與土地增值稅的稅收

就大大地超過田賦。田賦比重在1970年代前期已降為2.5%，同時政府財政依賴農業生產者相對減弱，稅源移向所得稅與稅源多元化之發展，考慮到農業生產力遠不及工商業，為減輕農民負擔，1977年起政府停徵第二期田賦，1988年起全面停徵田賦。此後，土地稅稅收中只為地價稅與土地增值稅兩項而已。

在經濟發展早期，田賦為政府重要的財源，到後期，停徵田賦，顯示農業在經濟發展中地位的變遷。政府對農業資源的態度與作為，由「以農業培養工業」時代，轉為「以工業支持農業」時代，不但對農業生產停徵賦稅，且對農民給予補償，反哺農業，可見一般。

地價稅在賦稅比重提高到3%之後，就呈穩定現象，到21世紀初的比重為3.94%。然而，土地增值稅的地位就不一樣了，其比重持續快速攀升，由1970年代前期的2.6%，到1990年代前期就攀升到15.32%，土地稅在全國賦稅中地位的提升，完全是由於土地增值稅地位的提升。1990年代後期，土地增值稅收的下降，係因房地產市場泡沫化所產生的影響，同時政府對其稅率的減半徵收也影響稅收規模。土地增值稅在土地稅收中的地位，1970年代後期就躍居首要地位，在稅收豐富期間其在土地稅中比重曾高居八成以上。

第二節　土地稅制之演變

土地稅有廣義與狹義之分，廣義的土地稅泛指以土地或土地改良物的財產價值或財產收益或自然增值為課稅客體所徵收的賦稅，而狹義的土地稅單指對土地課徵之稅，不包括土地改良物

在內。在台灣，依土地稅法第一條之規定，現行的土地稅分爲地價稅、田賦及土地增值稅。本節對土地稅制演變之論述，就是集中在田賦、地價稅與土地增值稅上。

一、田賦

田賦雖爲土地稅，然就性質言，更像農業稅，因其土地作農業用地，以其土地種植收益決定課稅高低。土地作爲農業用地，按其收穫課稅者，在稅制上爲最悠久之稅制。國民政府遷台，就屬行農業土地改革，實施「耕者有其田」政策，然在田賦稅制上，仍沿用日據時期在1944年公布的「台灣地租規則」（任廣福，1964）。

1950年代，在台灣業已辦理土地登記之土地，除實施都市平均地權區域內之土地課徵地價稅外，統按土地種植收益查定田賦。徵收田賦之土地，依土地稅法之規定，其範圍爲非都市土地依法編定之農業用地或未規定地價者；而都市土地合於下列規定者，也徵收田賦：

1. 依都市計畫編爲農業區及保護區，限作農業用地使用者。
2. 公共設施尚未完竣前，仍作農業用地使用者。
3. 依法限制建築，仍作農業用地使用者。
4. 依法不能建築，仍作農業用地使用者。
5. 依都市計畫編爲公共設施保留地，仍作農業用地使用者。

此外，農民團體與合作農場所有直接供農業使用之倉庫、冷凍(藏)庫、農機中心、蠶種製造(繁殖)場、集貨場、檢驗場、水

稻育苗用地、儲水池、農用溫室、農產品批發市場等用地，皆為農業用地，徵收田賦。

　　農地因地力的不同而有不同的收益，因而對田賦的徵收，依地力的高低決定課稅標準。田賦對課稅土地，先劃分地目，繼按收益多寡訂定等則，根據每一等則收益釐訂稅率，算定每種地目等則單位面積土地賦額，賦元為賦額之單位，田賦據以計徵實物以賦元為之。田賦徵收實物，就各地方生產稻穀或小麥徵收之。因台灣以生產稻穀為主，實物徵收就為稻穀；不產稻穀或小麥之土地及有特殊情形地方，得按應徵實物折徵當地生產雜糧或折徵代金。田賦徵收實物是依據「田賦徵收實物條例」，而徵收實物的地方，得辦理隨賦徵購實物，偏低的隨賦計徵購價格，實為一種變相的農業稅，也加重農民的負擔。徵收田賦之土地，因交通、水利、土壤及水土保持等因素改變或自然變遷，致其收益有增減時，應辦理地目等則調整。農業用地閒置不用，按應納田賦加徵一至三倍之荒地稅；經加徵荒地稅滿三年，仍不使用者，得照價收買。

　　如上所述，土地的地目等則不同，地力就不同，稅賦負擔也就不同，如一等則耕地每公頃田賦，每賦元為50.5元，十等則為16.19元，20等則為3.71元，26等則為1.24元[1]。每賦元折計徵稻穀的量會有變動，有時還要再加上如防衛捐、教育捐等。表5.2列出一般戶（自耕農）與三七五戶（指三七五減租土地之業戶）歷年每賦元折計徵稻穀公斤量的情形。1953年起將縣級公糧與防衛

1　見台灣省政府糧食處：《台灣百年糧政資料彙編》第二篇〈近百年來糧食統計資料〉，頁898。

表5.2　每賦元田賦實計徵量

單位：公斤

	一般戶				三七五戶	
	田賦實計徵	縣級公糧	防衛捐	水災、教育捐	田賦實計徵	教育捐
1950年一期至1951年二期	8.85	2.655	2.655			
1952年一、二期	8.85	2.650	2.650			
1953年一期至1959年一期	14.16					
1959年一期	14.16			5.664		
1960年一期至1961年二期	14.16					
1962年一期至1966年二期	19.37				14.16	
1967年一、二期	26.35				17.65	
1968年一期至1972年一期	26.35			0.650	17.65	0.65
1972年二期至1973年二期	26.35				17.65	
1974年一期至1976年二期	22.00				17.00	
1977年一期至1987年	13.00				10.00	

資料來源：台灣省政府糧食處，《台灣百年糧政資料彙編》，第二篇近百年來糧食統計資料；于宗先、王金利(2003)《一隻看得見的手》，頁149。

捐併入田賦實計徵，1962年重新規定每賦元實計徵為19.37公斤，1967年農地戶稅併入而調整為26.35公斤，1968年實施九年國民教育，每賦元附計徵0.65公斤的教育經費，合計為27公斤，已達條例第6條所定的最高標準。從1950年到1968年每賦元實計徵額增長90%，而每公頃稻穀產量從4920公斤增長到8477公斤，增長72%，實計徵稻穀的稅負超過地力的增長，致使每公頃耕地稅負應繳稻穀占收穫量的比例由4.7%上升到5.2%，再加上稻穀價格與生產成本如肥料等考量在內，田賦負擔確實偏高[2]。鑑於農業部

2　見毛育剛，《台灣糧政制度之研究》，頁5。

門生產力低於工業部門，政府乃於1973年起改弦易轍，將以農業培養工業的政策主軸，調頭改為以工業培養農業，除廢除肥料換穀辦法外，並於1977年起停徵第二期田賦，致使每賦元實計徵量降為13公斤，而隨賦徵購也依農民意願而行。自1988年起停徵田賦，田賦走入歷史，同時也不再課徵荒地稅。

二、地價稅與土地增值稅

繼「耕者有其田」政策實施成功，1954年政府決定積極實施都市土地改革。然而，不同於農地之以所有權重分配為改革重心，都市土地改革主要係透過「課稅」方式，來達成孫中山遺教所主張的「平均地權」。1954年立法通過「實施都市平均地權條例」，該條例規定：都市土地應規定地價，實行照價徵稅、照價收買與漲價歸公，而實施照價徵稅的方法就是課徵地價稅，實施漲價歸公的方法就是課徵土地增值稅[3]。通過「實施都市平均地權條例」之同時，也修正土地法中有關規定地價、課徵地價稅與土地增值稅之相關條文，務使兩種稅法之規定趨於一致。1956年1月台灣省政府頒布「實施都市平均地權條例台灣省實行細則」，並指定已實施都市計劃之59處都市地區，依規定辦理規定地價，並自1956年7月起開徵地價稅與土地增值稅[4]。

---

3 都市土地係指依都市計劃實施範圍內之土地，但都市區域內尚未實施都市計劃之土地，不在其內。

4 其實，在1949年政府就在人口聚居之都市地區，共88處，實行規定地價，並按地價徵收地價稅，而1956年實行的地區，已開計徵地價稅者有56處，新增者3處（鮑德徵，1964）。

1. 規定地價

地價稅與土地增值稅的課徵，須先建立地價資料，因而規定地價的實施為課徵地價稅與土地增值稅的先前重要工作。依「實施都市平均地權條例」第9條規定，先由主管機關調查土地市價或收益價格，劃分地價等級；查定各等級地價，提交都市地價評議委員會評議後，分區公告之；由土地所有權人於規定期限內申報地價，再逾期仍不申報者，以公告地價為其申報地價。為統一各都市地區地價等級之劃分，1956年台灣省政府民政廳根據各縣市地價情形，編訂統一地價等級表，而各縣市政府，對各轄區內的都市地區，分段調查土地市價後，參照統一地價等級表之規定，分別評定各地段地價等級及單位地價，提交都市地價評議委員會評定後公告之。

一般而言，各縣市公告評定之地段地價，均以最繁榮的商業地段為最高，住宅區居中，而以交通偏離地段為最低。舉台北市為例說明，位於商業最繁榮之衡陽路與成都路及其兩旁之地段，評定地價為3等級（每坪地價為1.2萬元）至1等級（每坪地價為1.425萬元）；普通住宅地段，評定地價為48等級（每坪地價為605元）至44等級（每坪地價為801元）；當時的六張犁地區，評定地價為70等級（每坪地價為50元）。各縣市規定地價辦理完竣後，編造地價冊及總歸戶冊送交台灣省政府財政廳，以作為課徵地價稅與土地增值稅之依據。

依條例，規定地價或重新規定地價屆滿二年後，原規定地價有50%以上增減時，應重新舉辦規定地價。1956年舉辦規定地價後，有些都市地段之地價已上漲數倍或十數倍者，於1960年代初期仍未重新舉辦（鮑德徵，1964）。這種現象後來愈來愈嚴重，尤

其在1980至2000年，使得公告現值與市值之間存有極大的差距。

　　1977年，為擴大平均地權實施範圍，將「實施都市平均地權條例」更名為「平均地權條例」，同時對未規定地價之土地全面舉辦；規定地價或重新規定地價後，每三年重新規定地價一次。該年也新制訂「土地稅法」，明文直接規定土地稅分為地價稅、田賦與土地增值稅。

2. 地價稅之演變

　　地價稅在台灣已實施近60年了，在稅制上當然會隨台灣整體社會經濟政治等環境的變遷而變動。為了分析集中起見，我們就課徵範圍、累進起點地價與稅率的變動上來論述。

(1) 課徵土地範圍

　　對都市土地，已規定地價者，課徵地價稅。1977年起全面實施平均地權，對已規定地價之土地，除農業用地外，課徵地價稅。台灣對土地課稅仍採雙軌並行制，農業用地徵收田賦。雖然1988年起農業用地已停徵田賦，但也不課徵地價稅。

(2) 累進起點地價

　　孫中山的遺教，對土地照價徵稅，雖未明定地價稅稅率，但曾提出「值百抽一」之看法；而平均地權條例上明訂之地價稅稅率，為超額累進稅率制，似乎非孫中山之主張。所謂超額累進稅率，就是按照土地所有權人所有土地之地價總額，分級累進，就其超額部分提高其稅率。地價稅率制度設計上為超額累進，因而就需訂定起點地價標準，以訂累進等級。

　　1947年，政府曾訂有「累進起點地價擬訂辦法」，以各縣市課徵地價稅之都市土地一市畝之平均地價為累進起點地價，一市畝折合為6.667公畝。1949年所開徵的地價稅，就是以此為累進起

點地價。1954年制訂「實施都市平均地權條例」，將累進起點地價標準降低，以各縣市都市土地5公畝之平均地價爲標準。1964年的修正，又將5公畝調高到7公畝，同時將農業用地及工廠用地等地價較低之土地排除在外，如此起點地價標準就更提高了，致使小地主超額累進的等級下降，同時對擁有多土地且地價總額高者之所有權人也減低負擔。

(3)稅率與優惠稅率

地價稅制之演變，重點在稅率的調整上。1954年平均地權實施以前，地價稅稅率是規定在土地法上的。當時土地法上的基本稅率爲1.5%，超過累進起點地價者，以每超過5倍爲一級距，第2級稅率比第1級累進0.2%，第3級比第2級又累進0.3%，第4級起每級累進稅率皆爲0.5%，直到第12級爲止。因而地價總額爲起點地價50倍以上者，超過部分按最高稅率6.5%課徵。

1954年平均地權條例所定稅率與1949年土地法所定者不同，級數不同，級距也不同，所對應的稅率自然就有差異。基本稅率雖同爲1.5%，但超過累進起點地價者，以每超過4倍爲一級距，每級累進稅率皆爲0.5%，直到第11級爲止。因而地價總額爲起點地價36倍以上者，超過部分按最高稅率6%課徵。實施二年後，1958年修正的稅率大幅下降，基本稅率調降爲0.7%，級距數從11級減少爲7級，累進稅率加大到1%，每級級距亦加大到5倍，因而地價總額爲起點地價25倍以上者，超過部分按最高稅率6.2%課徵。1964年不但起點地價標準提高，稅率也提高，基本稅率提高到1.5%，級數與累進稅率不變，因而同等級的稅率比1958年高出0.8%。如此，地價總額爲起點地價25倍以上者，超過部分按最高稅率7.0%課徵。如此的稅率結構，一直到1989年才又修正調

低，基本稅率調降0.5%，其稅率由1.5%變爲1.0%，而其他各級累
進稅率也跟著調降0.5%，同時將最高級數減少一級，因而地價總
額爲起點地價20倍以上者，超過部分按最高稅率5.5%課徵。

表5.3　1949-1989年地價稅稅率

單位：%

級＼年	1949	1954	1958	1964	1968	1972	1977	1989
第一級	1.5	1.5	0.7	1.5	1.5	1.5	1.5	1.0
第二級	1.7 (0-5)	2.0 (0-4)	1.2 (0-5)	2.0 (0-5)	2.0 (0-5)	2.0 (0-5)	2.0 (0-5)	1.5 (0-5)
第三級	2.0 (5-10)	2.5 (4-8)	2.2 (5-10)	3.0 (5-10)	3.0 (5-10)	3.0 (5-10)	3.0 (5-10)	2.5 (5-10)
第四級	2.5 (10-15)	3.0 (8-12)	3.2 (10-15)	4.0 (10-15)	4.0 (10-15)	4.0 (10-15)	4.0 (10-15)	3.5 (10-15)
第五級	3.0 (15-20)	3.5 (12-16)	4.2 (15-20)	5.0 (15-20)	5.0 (15-20)	5.0 (15-20)	5.0 (15-20)	4.5 (15-20)
第六級	3.5 (20-25)	4.0 (16-20)	5.2 (20-25)	6.0 (20-25)	6.0 (20-25)	6.0 (20-25)	6.0 (20-25)	5.5 (20^+)
第七級	4.0 (25-30)	4.5 (20-24)	6.2 (25^+)	7.0 (25^+)	7.0 (25^+)	7.0 (25^+)	7.0 (25^+)	
第八級	4.5 (30-35)	5.0 (24-28)						
第九級	5.0 (35-40)	5.5 (28-32)						
第十級	5.5 (40-45)	6.0 (32-36)						
第十一級	6.0 (45-50)	6.5 (36^+)						
第十二級	6.5 (50^+)							
自用住宅				1.0	0.7	0.7	0.5	0.2

資料來源：李承嘉(1998)之頁109與頁119，及平均地權條例與土地稅法。

附註：稅率下括號內之數字爲超過累進起點地價之倍數。

　　根據上述稅率調整，只在1964年將稅率提高，其他修正年份大都將稅率調低，以減輕納稅人稅負。其實1958年稅率的調降，即係降低土地所有權人之稅負，尤其是小地主的稅負，除地價稅本身稅負外，尚有附加於地價稅之附徵稅，如戶稅與防衛捐等，其稅負也不輕。1964年將稅率提高，表面上看，好像稅負加重了，其實不然。1964年修正稅率結構時，先將起點地價標準放寬，再取消原本附加於地價稅之其他附徵稅捐，同時又將級距擴大，使小土地所有權人有較多的比例適用較低稅率，以減輕小地主之稅負。

　　1958年修正平均地權條例時，就增加優惠稅率。自此，優惠稅率就常出現在平均地權條例與土地稅法中，其適用範圍呈擴大之勢。1958年的條例規定，供公共使用之公有土地，其地價稅統按基本稅率課徵，不再累進課徵；1977年修正為公有土地按基本稅率徵收地價稅，而公有土地供公共使用者免徵之。對自用住宅用地之地價稅，於1964年修正時也給予優惠，優惠稅率為1%，1968年調降為0.7%，1977年再降為0.5%，1989年又降為0.2%；但自用住宅用地地價稅優惠稅率有面積上的限制：即都市土地面積不得超過3公畝，非都市土地面積不得超過7公畝。1977年起，政府興建之國民住宅，自動工興建或取得所有權之日起，其用地之地價稅也可享受此等優惠稅率，1989年更將優惠稅率擴及到民間企業或公營事業興建之勞工宿舍上。

　　除自用住宅用地與公有土地公共使用者可享有地價稅優惠稅率外，對於其他用途之土地使用，如工業用地、礦業用地、私立公園、動物園、體育場所用地、寺廟、教堂用地、政府指定之名勝古蹟用地、供公眾使用之停車場用地等，都可按基本稅率課

徵，並享有部分優惠。對都市計畫公共設施保留地者，在保留期間仍為建築使用，除依自用住宅用地之規定優惠外，統按1%計徵地價稅，1989年調為0.6%；其未作任何使用並與使用中之土地隔離者，免徵地價稅。

　　地價稅除有優惠稅率外，也有懲罰稅率，而懲罰對象為對土地未加使用而閒置者，按該宗土地應納地價稅基本稅額加徵二至五倍之空地稅。對土地的利用，應有效利用，而非充分利用，才符合經濟原則。地主對土地是否要充分利用，政府不宜干預。

1. 土地增值稅之演變

　　土地增值為財產交易所得之一，理應併入財產交易所得，納入綜合所得而課徵。然而，為實踐孫中山之遺教，以達土地「漲價歸公」之地利共享與抑制地價上漲、減少土地投機之目的。在台灣推行「平均地權」，其辦法為規定地價、照價徵稅、照價收買與漲價歸公。以課徵土地增值稅來實踐漲價歸公之目的，將於本節中討論。

　　台灣所實施的土地增值稅，真能達成孫中山遺教之目的？就其實施辦法與執行成果言，不但不能達到漲價歸公、地利共享之目的，反而有助長土地投機之嫌，與理想背道而馳。台灣自開辦土地增值稅以來，其稅率結構的設計就未曾達到「漲價歸公」的目的，而在所謂「平均地權」的實踐下，對「土地增值」的財產交易所得，以分離課稅的方法，不包括在個人綜合所得稅之內，這為台灣特有之稅制。往後其稅率結構的調整與自然漲價之計算方式，與最初所要達成的理想目標愈來愈遠。

(1)課徵範圍

　　實施都市平均地權時，對都市土地已規定地價者，為土地增

值稅課徵之對象，此範圍與地價稅課徵者略同。1977年起，台灣全面實施平均地權，對已規定地價之土地，於移轉時課徵土地增值稅，其對土地課徵範圍比地價稅來得廣，且擴及到農業用地；但1986年對該條例修正時，又將農業用地排除在課徵範圍之外[5]。

與地價稅所課徵的土地範圍相比，土地增值稅所課徵者相對較小，因有一些特殊使用與性質之公有及私有土地在移轉時，可依法免徵或得申請免徵，如各級政府出售與因繼承而移轉之土地；1989年修正土地稅法時，又增加各級政府依法贈與之公有土地及受贈之私有土地、私人捐贈供興辦社會福利事業或依法設立私立學校使用之土地；1993年修正時，將被徵收土地的增值稅減徵40%或70%，統改為免徵；1997年修法時，增訂配偶相互贈與之土地，得申請不課徵；2001年修法時，增訂土地為信託財產者，於特定信託關係人間移轉所有權者不課徵，由此可見，免徵土地增值稅之土地範圍呈擴大之走勢。

(2)增值計算

土地一經規定地價，就確定其地價。所謂土地增值，係為移轉時地價與原地價之差額，而原地價為原規定地價或前次移轉時之地價；移轉時，地價為申報土地移轉時現值。然而，對現值的處理，納稅人與稽徵機關大都以公告現值為準，而公告現值與市價通常都存有一段頗大的差距，致使稅基變小。土地增值的計

---

5 1986年平均地權條例第45條規定之內容修正：農業用地在依法作農業使用時，移轉與自行耕作之農民繼續耕作者，免計徵土地增值稅。依前項規定免計徵土地增值稅之農業用地，於變更為非農業使用後再移轉時，應以前次權利變更之日當前之公告現值為原地價，計算漲價總數額，課計徵土地增值稅。

算，可用下列公式：

土地課稅增值額＝申報土地移轉現值
　　　　　　　　－原規定地價×物價指數/100
　　　　　　　　－土地改良費用
　　　　　　　　－工程受益費
　　　　　　　　－土地重劃負擔總費用

（3）稅率

　　土地增值稅的課徵時間，在實施都市平均地權時，就規定在土地所有權移轉時為之。在此之前，土地法上規定土地增值稅課徵時間有二：一、於規定地價後，土地所有權因絕賣、贈與或繼承而移轉時課徵；二、於規定地價後，土地所有權雖無移轉而屆滿10年時課徵，但在政府實施土地改良工程地區，於工程完成後屆滿5年時課徵。土地法上對客體利益未實現前就課徵會違反租稅課徵原則，因而該條文也在「實施都市平均地權條例」公布後予以刪除。

　　土地增值稅稅率結構為累進稅率制。如同地價稅，土地增值稅演變的重心也在稅率上。1954年都市平均地權未實施前，土地法就規定了土地增值稅率。當時土地法上的第一級稅率為20%，所謂第一級者，係指土地漲價總數額在原規定地價或前次移轉時核計土地增值稅之現值數額未達一倍者。以漲價總額每增加一倍，提高一級，直到第四級止，即超過三倍以上者；其累進稅率每級增加20%，因而第四級的稅率為80%。

　　1954年平均地權條例所定稅率與當時土地法所定者稍有不

同,級距一樣,級數增加一級,到第五級,即超過原規定地價四倍以上者;其所對應的稅率也有不同,同級者稅率多10%,而第五級的稅率為100%,也表示土地漲價總額超過四倍以上者,超過之部分全部歸公。然而,在實際社會中,土地增值申報有四倍以上者少之又少。1958年修正條例時,土地增值稅率未變動,1964年修正時,第一級到第四級的稅率都下降10%,第五級未變動。1968年修正時,將第五級取消,最高稅率為80%,表示土地漲價總額超過三倍以上者,超過之部分按80%課徵。在修正上為何調降稅率、減少級距?是對現實的妥協,是因稅重而逃稅者多。為了減少逃稅,因而修正稅率與級距。如此,與原初實施平均地權的理想似愈離愈遠。

表5.4 土地增值稅率

單位:%

年 級	1949	1954	1958	1964	1968	1972	1977	1989	2002	2005
第一級	20	30	30	20	20	20	40	40	20	20
第二級	40	50	50	40	40	40	50	50	25	30
第三級	60	70	70	60	60	60	60	60	30	40
第四級	80	90	90	80	80	80				
第五級		100	100	100						
自有住宅用地							10	10	10	10

資料來源:李承嘉(1998)之頁110與頁119,及平均地權條例與土地稅法。

1977年,新制訂土地稅法,土地增值稅在稅率與級距上都做大幅修正,稅率提高,級距減少到只有三級,其稅率分別為40%、50%與60%,稅率累進差距也縮小。如此的修正,使得原先地價

高與低之間的土地增值稅負縮小，可能對原先地價較低地區如農業區、山坡地、都市邊緣地產生轉用之租稅激勵效果。李承嘉（1998）認為在1980年代台灣各種土地轉用的壓力愈來愈大，此為重要因素之一，也為農地釋出之重要遠因。

1980年代，台灣房地產市場熱絡，土地價格狂漲，然而土地增值稅稅率卻一動也不動。1995年房地產市場的泡沫化，卻持續地蔓延者，政府為活絡房地產市場起見，2002年2月起，為期二年，土地增值稅減半徵收，後又延長一年。在減半徵收到期前，政府於2005年1月修法，將各等級土地增值稅率修正為20%、30%與40%。就目前土地增值稅稅率言，土地增值稅制已完全喪失「平均地權」之原有精神。

為減輕特定人之稅負，土地增值稅也有優惠稅率之訂定。我們知道，土地移轉愈頻繁，每次移轉所累積之土地增值就愈低，就可適用低稅率；而未曾移轉之土地，或移轉次數少，且間隔年份大，所累積的土地增值會高，就會適用高稅率。如此現象就會導致因流轉次數不同而產生稅負不公之問題。有鑑於此，2005年修法時，就將土地持有年份考量而給予優惠減徵，持有土地年限超過20年以上者，稅率減徵20%；30年以上者，減徵30%；40年以上者，減徵40%。

對自用住宅用地所有權移轉時，土地增值稅按10%課徵，其對象為土地面積範圍，在都市，未超過3公畝；非都市地區，未超過7公畝。然而，這項優惠稅率，一生僅有一次 [6]。這優惠條件

---

6 2007年8月政府在賦改方案中，擬將自用住宅用地之土地增值稅優惠稅率之一次限制，改為次數不受限制。

上之意涵，說明人的一生，若買賣自用住宅，其所用權也跟著移轉，無論其買賣發生次數多寡，一生中只能享有一次在土地增值稅繳交上之優惠。

土地重劃，因重劃可帶來較多利益，土地漲價愈多，稅負也就愈重。經重劃之土地，於重劃後第一次移轉時，政府在稅率上也給予優惠，其稅率減徵20%。1993年修正減徵40%。

政府為鼓勵土地之充分利用，因而有荒地稅與空地稅之設計。私有荒地或空地，經改良、利用或建築使用而移轉所有權者，就其應納土地增值稅額減徵20%。若購買荒地或空地，未經改良利用或建築使用即予出售者，此時不是獎勵，而是懲罰，就其應納土地增值稅額加徵10%。是項規定，真能達到土地充分利用之目的？其實不然。土地之利用，貴在有效利用，以符合經濟原則，是否充分利用，政府不宜置喙，因而荒地與空地之土地增值稅優惠與懲罰之規定，於1989年修法時予以刪除。

第三節　房屋稅與契稅之演變

房屋稅與契稅在性質上是截然不同的稅制，房屋稅是針對房屋現值所課徵之一種財產稅，與地價稅針對土地現值所課徵之財產稅類似之處。契稅為所有權移轉時依契價所課徵之一種租稅，它為流轉稅之性質。契稅係對所有權之移轉課徵，不包括課徵土地增值稅之土地在內，因而所能課徵所有權移轉之大宗財產，只剩房屋了。就是因於這種理由，我們將房屋稅與契稅放在同一節中論述。

一、房屋稅之演變

房屋稅的課稅客體為房屋，房屋係指固定於土地上之建築物，供營業、工作或住宅用者；而房屋稅係以附著於土地之各種房屋及有關增加該房屋使用價值之建築物，為課徵對象。原則上，房屋稅是向房屋所有人課徵；若其為典權者，向典權人課徵；若其為共有者，向共有人課徵。

台灣光復後，就開徵房屋稅，當時稱為房捐，係依據「房捐徵收條例」；而1947年8月台灣省政府頒布「台灣省各縣市房捐徵收細則」，以資遵循。1967年修法並更名為「房屋稅條例」，迄今該條例也歷經多次修正。

1. 免稅房屋

房屋稅屬於地方稅，是地方政府主要的財政來源。然對房屋課稅，無論公有或私有房屋，皆在稅法中訂有在何種使用情況下免稅之規定，因而影響地方稅收。公有房屋使用免稅者，如各級政府、地方自治與軍事機關部隊之辦公房屋及宿舍，監獄、看守所及其辦公房屋及員工宿舍，公立學校、醫院、社會教育學術研究機構及救濟機構之校院舍、辦公房屋及宿舍，工礦、農林、水利、漁牧事業機關之研究或試驗所所用之房屋，糧政、鹽務機關之糧倉、鹽倉，公賣事業及政府經營之自來水廠之廠房及辦公房屋，郵政、電信、鐵路、公路、航空、氣象、港務事業供本身業務所使用之房屋及宿舍，名勝古蹟及紀念先賢先烈之祠廟，政府配供貧民居住之房屋，與政府機關為輔導退除役官兵就業所舉辦事業使用之房屋等。私有房屋使用免稅者，如經立案之私立學校及學術研究機構，經立案不以營利為目的之私立慈善救濟事業，

專供祭祀用之宗祠、宗教團體供傳教布道之教堂及寺廟，無償供政府機關或軍隊公用者，經政府核准不以營利為目的之公益社團自有供辦公使用者，專供飼養禽畜之房舍、培植農產品之溫室、稻米育苗中心作業室、人工繁殖場、抽水機房舍，專供農民自用之燻菸房、稻穀及茶葉烘乾機房、存放農機具倉庫及堆肥舍等房屋，受重大災害毀損面積占整棟面積五成以上而須修復始能使用者，司法保護事業所有者，住家房屋現值在新臺幣10萬元以下者，農會所有之倉庫專供糧政機關儲存公糧者，經目的事業主管機關許可設立之公益信託而取得之房屋供辦理公益活動使用者，最後一項的免稅房屋為因信託法實施而於2001年所新增的項目。

上述所列房屋各項使用免稅之規定，仍有許多可議之處。郵政、電信與公賣事業已失政府行政之角色，與其他公營事業所使用的辦公房屋與宿舍一樣，宜取消免稅之規定。

此外，稅法中對某些類型之私有房屋訂有減半徵收之規定，如：政府平價配售之平民住宅，合法登記之工廠供直接生產使用之自有房屋，農會所有之自用倉庫及檢驗場，受重大災害毀損面積占整棟面積三成以上不及五成之房屋等。

2. 房屋現值與標準價格

在「房捐徵收條例」時代，房捐的稅基有二種，對自用者依房屋價值計算，對出租者按租金收益核課，而後者課徵所依稅基，使得稅課性質具收益稅之嫌。因而在1967年訂頒「房屋稅條例」時，廢除按房屋租金課徵，一律改按房屋價值課徵，並增訂房屋評價標準。

目前房屋稅之稅基為房屋現值。房屋現值之核計，是依據不動產評價委員會所評定之房屋標準價格，而其價格評定之依據為：

1. 按各種建造材料所建房屋，區分種類及等級。
2. 各類房屋之耐用年數及折舊標準。
3. 按房屋所處街道村里之商業交通情形及房屋之供求概況，並比較不同地段之房屋買賣價格減除地價部分，訂定標準。

因而，房屋現值的計算公式可表示如下：

房屋現值＝核定單價×(1－折舊經歷年數×折舊率)
×街路等級調整率×核定面積(m²)

而

核定單價＝標準單價×(1＋加減比率合計)
＋(樓板超高、偏低價)

1987年第二次賦改後，對房屋標準價格每三年重行評定一次，並應依其耐用年數予以折舊，按年遞減其價格。

各縣市不動產評價委員會，係由地方政府有關主管人員及建築技術專門人員組成之，其中由當地民意機關及有關人民團體推派代表參加，人數不得少於總額五分之二。

由上得知，房屋標準價格是按各種建造材料所建房屋，區分種類及等級，依其重建費用減除折舊，並比較房屋所在之不同地段予以評定，在理論面並無不妥，但在執行面須赴現場勘查認定，不但耗費人力，在辨識材料上也難以精準，且易有關說情事

之發生。自房屋稅條例制訂以來，台灣房屋評價制度歷經多次改革，1968年實施等級查定標準，1974年起實施房屋價格評點標準，1975年起實施台灣省公布之「房屋標準價格及評點標準實施要點」，1982年起實施「台灣省改進房屋現值評價作業要點」。1984年7月起財政部訂頒「簡化評定房屋標準價格及房屋現值作業要點」，對房屋現值之核定，以「房屋標準單價表」、「折舊率標準表」及「房屋坐落地段等級調整率評定表」為準參，而適用「房屋標準單價表」核計房屋現值時，對房屋之構造、用途、總數及面積等依建築管理機關核發之使用執照所載之資料為準，面積以地政機關核發之建物測量圖為準；未領使用執照或未辦保存登記之房屋，以現場勘定調查之資料為準。2003年5月財政部又頒布「簡化評定房屋標準價格及房屋現值作業之參考原則」，以作為各縣市政府自行訂定房屋評價制度之參考。

3. 稅率

　　1951年，政府頒布「統一稽徵」暫行辦法，對房捐，不分使用情形，一律按照房屋現值1%課徵，但只試行一年。1952年起，各縣市的房捐，全照房捐徵收條例所訂的最高捐率，分別課徵，如表5.5所示。

表5.5　房捐時代之房捐稅率

單位：%

	出租者	自用者
營業用房屋	26	20
住家用房屋	10	6

資料來源：依稅率整理。

附註：出租者稅率之稅基是指租金，而自用者是指房屋現值。

　　1967年起，新制訂的「房屋稅條例」開始實施，房屋稅率按房屋使用性質的不同而訂定不同的法定稅率，住家用者稅率最低，非營利使用者次之，最高稅率為營業用者，1990年以來如表5.6所示。法定稅率曾予以修正過，如住家用的最低稅率在1980年代曾為1.38%。法定稅率雖訂有高低之區間，然而實際徵收率是由各縣市政府在法定稅率區間內擬訂，提經當地民意機關通過後，層轉財政部備案實施。

表5.6　1990年代以來房屋稅稅率

單位：%

項　　　目	法定稅率		徵收率
	最低	最高	
住家用	1.2	2	1.2
營業用	3	5	3
私人醫院、診所、自由職業事務所及人民團體等非營業用者	1.5	2.5	2

資料來源：依稅率整理。

　　房屋同時作住家及非住家用者，應以實際使用面積，分別按住家用或非住家用稅率，課徵房屋稅；但非住家用者，課稅面積最低不得少於全部面積六分之一。

二、契稅之演變

　　契稅係因不動產所有權移轉而依契價所課徵之一種租稅。不動產係指土地及其定著物，而定著物則指固定附著於土地上之人工建物，包括房屋、橋樑與水井等在內。依契稅第二條規定，在開徵土地增值稅區域之土地免徵契稅，因而除開徵土地增值稅之

土地外，其他任何不動產所有權移轉均應課徵契稅，其移轉方式
計有買賣、承典、交換、贈與、分割與占有六種。

契稅條例制定於1940年，當時共有條文17條，1967年大幅修
正，條文增加到33條，之後曾有五次修正，1999年7月的修正幅
度為最大。契稅條文雖有修正，但其立稅精神與內容少有變動，
其稅基為契價，以契載不動產之價值或以估價為標準。納稅義務
人申報契價，未達申報時當地不動產評價委員會評定之標準價格
者，得依評定標準價格計課。有關各類契稅之稅率變動及納稅義
務人如表5.7所示。

表5.7 契稅種類、稅率與納稅義務人

單位：%

種類	稅率			納稅義務人
	1951	1991	2007	
買賣	6.0	7.5	6.0	買受人
承典	4.0	5.0	4.0	承典人
交換	2.0	2.5	2.0	交換人
贈與	6.0	7.5	6.0	受贈人
分割	2.0	2.5	2.0	分割人
占有	6.0	7.5	6.0	占有人

資料來源：本研究整理。

不動產所有權移轉而免徵契稅者，1973年修正時免稅項目計
有12種之多，而1999年修正時只剩下列5種：

1. 各級政府機關、地方自治團體、公立學校因公使用而取得
   之不動產。

2. 政府經營之郵政事業，因業務使用而取得之不動產。

3. 政府因公務需要，以公有不動產交換，或因土地重劃而交換不動產取得所有權者。

4. 建築物於建造完成前，變更起造人名義者。

5. 建築物於建造完成前，其興建中之建築工程讓與他人繼續建造未完工部分，因而變更起造人名義為受讓人，並以該受讓人為起造人名義取得使用執照者。

第四節　遺產與贈與稅之演變

基於社會財富均等化理念之實踐，與政府財政收入之目的，所得稅與遺產稅均為稅制中重要的稅目，所得稅的功能在求同代所得的均等化，而遺產稅強調代際間財富均等化。在台灣，有關遺產稅的演變過程，主要有下列五個階段：1952年的稅制建制、1973年贈與稅制增加之配合、1981年與1995年對課稅級距與稅率之調整修正、及2001年因財產信託而來的條文內容修正。

一、稅制建制

台灣光復後，曾引用在大陸所制訂的「遺產稅法」。由於當時台灣正遭受惡性通貨膨脹之肆虐，物價飛漲，政府進行幣制改革，對遺產稅也進行修正，修正重點在金額面，將起徵點與減免額提高，於1950年6月21日公布實施，當時遺產稅法無論在申報、估價與核稅等規定上均不嚴謹。為強化對稅源的控制及稽徵程序之合理，同時也為提高罰則，乃全面修正遺產稅法，經立法通過後，於1952年9月26日公布實施。

　　所建制的遺產稅法，共六章，分別為總則、減免、扣除、稅率、稽徵程序、罰則及附則，條文共計36條。稅制採取總遺產稅制[7]，遺產價值之計算，以繼承開始之時價為準，以國幣為單位，國幣與新台幣轉換比率為1比3。遺產淨值在2萬元以下免稅，被繼承人遺有配偶或第一與第二順位繼承人時，每人減除遺產總額5%免納；遺產中之土地為繼承人繼續自耕者，土地價值減半列入遺產總額；喪葬費以三千元核計扣除；被繼承人死亡前五年內贈與之財產視為遺產之一部，納入總額徵稅。稅率採超額累進制，從2萬元起徵，級距分23級，稅率由4%累進到70%，200萬元以上的稅率為70%。稅款的繳納，以一次繳清為原則，但可申請分期繳交，以五期為上限，或可實物代繳。

　　新制實施後，並未達成預期目標，反而稅收績效不彰，稅負更顯不公，考其原因，在於稅率過高，並無贈與稅制配合輔助，富人在死前就已著手避稅，致逃漏現象嚴重。再加上經濟發展，所得水準提高，因物價上漲，使得固定金額的減免稅額嚴重偏低；名目遺產淨額提高，累進稅率偏高等不合理現象。因而在遺產稅制中如何加入贈與稅制配合，調整減免稅額與稅率、檢討免徵範圍、提高罰則等議題，均需從稅制結構上作全盤檢討。

二、贈與稅制之配合

　　1958年政府成立「賦稅研究小組」，對稅法的實施進行檢討，就曾提出開徵贈與稅之建議；1968年賦稅改革委員會成立，該會通過「遺產與贈與稅法草案」，建議政府開徵贈與稅，以輔助遺

　　7　另一種稅制為分遺產稅制，或稱繼承稅制。

產稅。遺產與贈與稅法經立法院通過後，於1973年2月6日公布實施。

新建制的「遺產與贈與稅法」，共有六章，分別為總則、遺產稅之計算、贈與稅之計算、稽徵程序、獎懲與附則，條文共計57條，其最大特色就在於開徵贈與稅，使得富有人家無法在死前以贈與方式，規避稅負。於是贈與稅成為遺產稅之輔助稅制；另一特色就是輕稅重罰。因而，新制的遺產與贈與稅法對稅率、級距、減免額、估價與稽徵程序等都有一番修正。

遺產免稅額調高到20萬元、喪葬費扣除額為3萬元、配偶扣除額為20萬元、被繼承人受扶養的第一與第二順位繼承人每人3萬元、年度贈與免稅額為5萬元。遺產稅在15萬元以下的稅率為3%，級距分17級，累進到6000萬元以上的稅率為50%；贈與稅在15萬元以下的稅率為4%，級距分15級，累進到3000萬元以上的稅率為50%；在同金額下，贈與稅負高於遺產者，稅制如此設計的目的，藉由對贈與的更重稅負，使其發揮輔助之功效。納稅人可申請分期繳納，最高六期，也可實物抵繳，財產價值計算以公告地價為準。被繼承人死亡前三年內贈與之財產，納入總額徵稅。

與以前的遺產稅法相比，除考量物價因素而將減免額、扣除額、起徵點的金額大幅提高外，對課稅級距也作大幅變更，級距變少，稅率調降，符合輕稅重罰之精神。被繼承人受扶養的家屬[8]，可扣除的金額，由占遺產總額的比例方式改為定額方式，對配偶又加重扣除額，而不動產之土地價值直接明訂以公告地價為準。

---

8 指配偶與第一及第二順位的繼承人。

表5.8 遺產與贈與稅減免額、扣除額與課稅級距修正調整

項目 ＼ 年	1952	1973	1981	1995
遺產稅免稅額	6萬元	20萬元	200萬元	700萬元
配偶扣除額	5%之遺產總額	20萬元	200萬元	400萬元
第一與第二順序繼承人	5%之遺產總額	3萬元	25萬元	40萬元（100萬元）
未成年子女			25萬元	40萬元
受扶養之第三與第四順序繼承人			25萬元	40萬元
受扶養之未成年兄弟姊妹			25萬元	40萬元
喪葬費	9000元	3萬元	40萬元	100萬元
遺產淨額起徵點	6萬元	15萬元以下	30萬元以下	60萬元以下
遺產稅率	4%-70%	3%-50%	2%-60%	2%-50%
遺產級距	23	17	18	10
遺產最高累進稅率起徵點	600萬元	6000萬元	1.6億元	1億元
贈與稅免稅額		5萬元	45萬元	
贈與稅率		4%-50%	4%-60%	4%-50%
贈與稅起徵點		15萬元以下	30萬元以下	60萬元以下
贈與級距		15	17	10
贈與最高累進稅率起徵點		3000萬元	1.5億元	4500萬元

資料來源：本研究整理。

附註：括號內之金額為遺有父母者之每人扣除額。

三、1981年對課稅級距及稅率之調整修正

　　1970年代台灣經歷二次石油危機的衝擊，物價上漲頗多，以定額方式所明訂的減免額、扣除額與課稅級距金額都產生偏低現

象；再加上台灣經濟快速發展，國民所得不斷提高，人民也累積許多財富；同時台灣政治生態也發生變化，擴大辦理中央民代增補選，立法院注入民選新委員，影響立法院運作與生態。在原先所建制的稅制架構下，修正重點為：

1. 將國幣改為以新台幣為單位，以符合實情。

2. 在減免額方面，金額大幅提高，遺產稅免稅額提高到200萬元、配偶扣除額也為200萬元、第一、第二順序繼承人與受扶養之第三、第四順序繼承人每人25萬元、喪葬費40萬元、贈與稅免稅額45萬元，這些所調整的金額，與1973年相比，約有10倍的調幅，遠大於物價的漲幅。在減免項目中，又多增二項，一為對被繼承人未成年子女及受扶養的兄弟姊妹距屆滿20歲之前，每年每人加扣25萬元；另配合國家農業政策發展方向與農業發展條例，為防止農業用地因繼承而細分，增列農地由一人繼承或受贈而繼續經營農業生產者免稅。

3. 在稅率與課稅級距方面，遺產稅在30萬元以下的稅率為2%，級距分18級，累進到1.6億元以上的稅率為60%；贈與稅在30萬元以下的稅率為4%，級距分17級，累進到1.5億元以上的稅率為60%，在同金額下，贈與稅負仍高於遺產稅負。

四、1990年代遺產與贈與稅內容修正

　　1980年代，台灣經歷資產飛漲時代，並導致1990年代初期的資產泡沫，產生財富重分配，使得社會貧富差距擴大。遺產與贈

與稅中，以定額方式所訂的減免額、扣除額與課稅級距等，都因所得水準提高與物價上漲而產生偏低現象，因此需修法予以提高。再加上社會變遷與多元化，對社會福利與弱勢族群的照顧，尤為社會所關切，如此也影響到條文修正內容。1995年1月13日經立法院修正通過並公布的修正案，主要內容為：

1. 在減免額與扣除額方面，金額大幅提高，遺產稅免稅額提高到700萬元、配偶扣除額400萬元、直系血親卑親屬、受扶養之兄弟姊妹與祖父母每人40萬元、直系血親卑親屬與受扶養之兄弟姊妹距屆滿20歲之前每年每人加扣40萬元、遺有父母者每人100萬元、配偶與第一及第二順序繼承人如為身心障礙者每人加扣500萬元、喪葬費100萬元、贈與稅免稅額100萬元。這些所調整的金額，與1981年相比，約有倍數的調幅。

2. 在課稅級距與稅率方面，遺產稅課稅級距由18級簡化為10級，課稅起徵點修改為60萬元以下，稅率仍為2%，最高級距超過1億元者課徵50%。級距減少，最高稅率下降10%；贈與稅課稅級距由17級也簡化為10級，課稅起徵點修改為60萬元，稅率仍為4%，最高級距超過4500萬元者課徵50%。同樣也是級距減少，最高稅率下降10%，但最高級距起徵點的金額卻大幅下降，下降三分之二強。

3. 為避免因物價上漲而造成減免額、扣除額與課稅級距金額等產生實質下降現象，規定每遇消費者物價指數較上次調整之指數累計上漲達10%以上時，自次年起按上漲程度調整之。

4. 配偶相互贈與之財產，不計入贈與總額；婚嫁時受贈於父母之財物在100萬元以內者免稅；同時將三等親修正為二等親以內，親屬間財產之買賣，以贈與論，課徵贈與稅。

政府復於1998年6月修法，依農業發展條例的修正，修改農地遺產稅，不限由自耕一人免稅之規定，範圍擴大，繼承人與受贈人將作農業使用之農業用地及其地上農作物免稅，而五年內未繼續作農業使用者，追繳應納稅賦。另者，1985年民法修正，其中規範夫妻原有財產剩餘之分配，而財政部分別於1997年到1999年間對剩餘財產差額分配請求權之核課遺產稅相關作業，提出配合事宜後，才開始執行。1999年又修法，通過依法併入遺產總額課徵之贈與財產，被繼承人死亡前三年內贈與之財產修改為二年內，將已納之贈與稅與土地增值稅連同按郵政儲金匯業局一年期定期存款利率計算之利息，自應納遺產稅額內扣抵。

五、2001年因財產信託而來的條文內容修正

2000年7月「信託業法」公布實施，因財產信託在遺產與贈與稅法中所衍生的問題需釐清，以利執行，2001年6月增修遺產贈與稅法，其內容主要為：

1. 依遺囑成立之信託，其信託財產，於遺囑人死亡時，課徵之。信託關係存續中，受益人死亡時，應就其未領受信託利益之價值，課徵遺產稅。

2. 信託契約明定信託利益之全部或一部之受益人為非委託人者(即他益信託)，以訂定、變更信託契約之日為贈與行為

發生日，課徵委託人贈與稅。

3. 明定信託財產於信託關係人間之移轉或處分時，不課徵贈與稅。

4. 明定信託關係存續中受益人死亡時，其未領受信託利益部分之遺產價值及他益信託應課徵贈與稅之權利價值之計算基準。

5. 明定提供財產、捐贈或加入公益信託，該財產不計入遺產或贈與總額。

第六章
消費稅制之演變

　　按稅基性質之不同，課稅結構可分為所得稅、消費稅和財產稅三大體系。上二章已論述台灣的所得稅制與財產稅制，本章將討論台灣的消費稅制。顧名思義，消費稅係以消費為基礎，對商品銷售、或消費支出所課徵的一種租稅。在台灣，屬於這種性質的稅目計有內地稅的營業稅、貨物稅、印花稅、鹽稅、菸酒稅、娛樂稅、屠宰稅、筵席稅，與國境稅之關稅等。政府在1977年7月1日起停徵鹽稅，1980年7月1日起停徵筵席稅，1987年4月26日起停徵屠宰稅，公賣利益收入於2002年起走入歷史，以菸酒稅來替代，同時附徵健康福利捐。

　　最重要的消費稅是發生在商品購買或勞務提供時所課徵的銷售稅，而銷售稅又分為一般型與特種型兩類。特種銷售稅（specific sales tax）是選擇對某些商品或勞務課以差別稅率，如現行的貨物稅、菸酒稅與娛樂稅等屬之；一般銷售稅（general sales tax）就是對所有商品或勞務課以相同的稅率，如現行的營業稅。本章對消費稅制演變之論述，分別就營業稅、特種銷售稅與關稅等稅目進行討論。

第一節　營業稅之演變

　　台灣所實施的營業稅，就是一般銷售稅。一般銷售稅按產銷
階段課稅次數多寡之不同，可分單階段和多階段兩大類。根據
課稅階段之不同，單階段銷售稅（single-stage sales tax）又分為製
造稅、批發稅及零售稅三種；至於多階段銷售稅（multiple-stage
sales tax）則按租稅客體之不同，分為轉手稅（turnover tax）與加值
稅（value-added tax）兩種。所謂加值稅，就是對各產銷階段營業
人銷售貨物或勞務時，以所產生的加值額來課徵，最後並因轉
嫁而由消費者來負擔的一種間接稅，顯然不同於按營業總額課
徵之轉手稅。1986年起，台灣營業稅制結構有很大的改變，即
將其制度改以加值型為主，並兼採轉手型之多階段銷售稅，稅
法名稱仍為營業稅法。所以台灣營業稅之演變，主軸就在這新
舊制之營業稅上。

一、舊制營業稅

　　台灣營業稅濫觴於1931年之中華民國營業稅法，該法公布實
施後，課徵範圍僅限於一般工商業，同時將課徵標準分成營業總
收入額、營業資本額及營業純益額三類；1941年刪除營業純益
額，1947年也將營業資本額刪除，同時將營業總收入額分為營
業收入額與營業收益額二類，適用不同稅率，直到1955年才將
課徵標準一律改按營業額課徵。

1. 課稅產業與稅率

　　舊營業稅法的修正，歷次朝向擴大課稅範圍來發展，同時

將產業予以歸類，行差別稅率制，不同類別適用不同稅率；而同類別之稅率，採彈性處理。1955年的修正，係將產業分為三大類：第一類包括12種產業，如買賣業、製造業、包作業、印刷業、礦業、公用事業、新聞業、飲食業等，適用0.6%到1.5%之稅率；第二類包括9種產業，如運送業、修理業、加工業、旅宿業、租賃業、倉庫業、銀行業等，適用1.5%到3%之稅率；第三類包括5種產業，如信託公證業、保險業、典當業、行紀業、代辦業等，適用3%到6%之稅率。1965年對產業的歸類又大幅修正，類別分為四大類，適用的稅率依序為：第一類介於0.6%與1%之間；第二類介於0.7%與1.5%之間；第三類介於1.5%與3%之間；第四類介於3.5%與6%之間。1980年廢除筵席稅，將之併入營業稅課徵，並將原飲食業分出，單獨另列一類，為第四類，而原本所分的四大類別課稅產業予以合併歸入前三類，如此導致第一類包括15種產業，適用稅率為0.6%至1%；第二類包括13種產業，適用稅率為1.5%至3%；第三類包括8種產業，適用稅率為4%至6%；第四類為飲食業，分甲、乙、丙與丁四級，甲級指不兼營餐館業務之冰果店、麵食館、無女性陪侍之茶室等，適用稅率為0.6%至1%；乙級指飯店、餐館、無女性陪侍之酒吧、咖啡廳等，適用稅率為10%至12%；丙級指夜總會及其他有娛樂節目之飯店，適用稅率為30%至35%；丁級指酒家及有女性陪侍之茶室、咖啡廳等，適用稅率為40%至45%。

2. 免稅範圍

　　原則上，營業稅的課稅範圍涵蓋所有營利事業，但免不了會有一些特定因素而將某些事業給予免稅優惠。在建制之初，考量農業與農民特性，特將農業排除在課徵範圍外。1950年時，免稅

規定只有5款，1955年起，為配合政策目的、避免重複課稅、扶植文化事業、促進教育發展及考量稅務行政等理由，而擴大免稅範圍，到1980年修正後，已多達24款；且歷次修正多傾向新增，予以刪除者少，導致免稅項目有增無減之局面，詳情如表6.1所示。

表6.1　舊制營業稅中歷次有關免稅項目修正增減情形

1950	免稅項目： （1）已納交易所稅或交易所內交易稅者 （2）監獄工廠 （3）依法登記之慈善事業 （4）已納出廠稅或出產稅之工廠或出產人 （5）依法經營之消費合作社（1952年以合作社替代消費合作社） 另，有關國防及民生必需品之製造業，經行政院核准，才得減半徵收。
1955	新增免稅規定： （1）農民出售其收穫之農產品 （2）漁民出售其捕獲之魚類 （3）已納屠宰稅者 （4）政府經辦之郵電及專賣事業 （5）依法登記出版之報社、雜誌社、通訊社及廣播電台 （6）書局發售經政府審定之教科書 （7）肩挑負販、沿街叫售者 另取消對製造業減半徵收，改規定糧食業得按本法最低稅率減半徵收。
1965	新增免稅規定： （1）外銷 （2）專供過境旅客在機場碼頭設置之零售部，其憑護照所售貨物

	之營業額
	(3)已納鹽稅者
	(4)職業學校不對外營業之實習商店
	(5)政府經營不對外之員工福利社
	(6)代銷公賣品、郵票、印花之佣金等
	(7)非經常性固定資產之讓售
	(8)因合併改組等之存貨轉讓
	(9)非專營或兼營租賃業者之租金收入
	刪除：已納交易所稅或交易所內交易稅者
1970	新增免稅規定： 已納證券交易稅者
1980	新增免稅規定： (1)售予國際運輸事業使用之物品或提供之勞務 (2)保險業承辦政府軍公教人員保險等收入 (3)購買股票或投資企業所得股利 (4)各級政府機關賸餘或廢棄物資之標售

資料來源：本研究整理。

3. 統一發票辦法

　　營業稅之所以能課徵，貴在於對稅基的掌握，最理想的境界就是任一營業單位都有完善帳簿。如此的要求，即使在當今之台灣社會，也無法辦到，何況在1950年政府初遷來台之時。政府為了增加稅收、健全稅政、平均負擔與轉移風氣（萬晉年、陳長賢，1964），實施統一發票辦法，由政府統一印製發售，編定字號，領用商號因交易而開立發票後，以作為營業稅課徵依據，就可免除因發票開立而不申報或少報之逃稅現象。偽印統一發票者，按偽造文書罪移送究辦。為鼓勵消費者在消費時索取發票之激勵作用，政府設置中獎辦法，期初給獎方式與愛國

獎券聯繫，不另行開獎。

統一發票由台灣省財政廳統一印製，發交稅捐稽徵單位按成本發售，而營利事業應具專用印章領取「購票證」，按月憑購票證購買統一發票，以防冒領。營利事業發生營業行為，均應開立統一發票，載明品名、單價、數量、總額、日期與註明地址，並加蓋原印鑑之印章，存根應妥善保存；其上半月與下半月所開發票，應於本月18日與下月3日之前填送發票使用明細表，以替代營業額申報書，向當地稽徵機關申報。稽徵機關對營業事業統一發票使用情形派員稽核，發現有漏開者，除責令補開外，並依法罰鍰；而連續違反三次以上者，得停止營業。

為達統一發票推行使用之績效，除給予中獎辦法外，其工作列為1951年縣市長考績之一部分，各鄉鎮公所協助推行成效作為省府撥發補助費之參考，同時責令各縣市稅捐處長按月達成財政廳所擬營業總額之進度；而政府機關學校與公營事業均應憑統一發票核銷，人民團體費用支出也應憑統一發票核銷，否則停止補助；出口商申請結匯，需送驗統一發票。

統一發票推行實施後，頗具成效。而後隨政經環境的改變與複雜，對免用統一發票之範圍有所增減外，統一發票的種類也趨多元化。即使將營業稅制改為加值型營業稅，統一發票仍繼續使用。

二、營業稅的改制：加值型與非加值型營業稅

1. 為何要改制？

營業稅的改制，在台灣稅制上算是一個重要的里程碑。新制的營業稅，不但將舊制營業稅、部分貨物稅與隨營業發票課徵之

印花稅結合成一個完整之稅制，且將原本基於多階段銷售之各階
段營業總額爲稅基，改爲以多階段銷售之加值額爲稅基之演變。
爲何要改制？大致上理由如下：

(1)稅制合理之考量

　　營業稅建制以來，雖歷經多次修正，但本質結構與課徵方式
未變，即按產品多階段銷售對每階段皆以營業總額課徵，形成重
複課稅與稅上加稅的不合理現象。若貨品與勞務交易流通次數增
加，所負稅額也隨之增加，對多層次加工之貨品具租稅懲罰的作
用。如此的稅制，干擾企業組織與經營方式之選擇，違反租稅中
性原則，不利於小規模專業廠，且有鼓勵大規模一貫作業廠之效
果。

　　除了營業稅本身稅制結構問題外，因營業稅爲間接稅之一
種，而與其他間接稅產生關連的貨物稅與印花稅，在稅制上產生
重複課稅與稅上加稅之嫌，有必要在營業稅新建制時一併處理。
貨物稅爲特種銷售稅，具很強的特定政策意涵，政府會選擇少數
具政策意涵強之產品，課徵較高稅率。然而當時在貨物稅課徵之
列，就有若干爲工業器材與原料之產品；對之課徵，不但不公允，
也因採用這些器材與原料而加工出口的產品，不利於國際競爭。
企業雖可辦理出口退稅，因手續複雜、時間緩慢，仍存有成本；
且退稅的辦理，計算困難，耗用大量人力，而造成徵納雙方的困
擾。這些產品已失去課徵特種銷售稅之意涵，有必要與對一般銷
售稅相結合加以討論。

　　另者，1978年修正印花稅法後，課徵範圍大幅縮減，使得
約有80%之印花稅收隨同統一發票繳納，使印花稅失去貼花納
稅之精神，淪爲營業稅之附庸。因而針對隨統一發票總繳而來

的印花稅,有必要檢討與營業稅合而為一之規劃,以利稽徵與便捷。

(2)經濟發展之考量

1980年代,台灣的經濟已由農業社會型態轉變為工商業社會型態,生產活動愈來愈迂迴;而製造的生產活動大都進行國際分工,加入世界生產體系中,且以台灣獨具的由中小企業所形成的產業網絡來加入,構成以小規模分工專業生產方式,迎戰國際競爭,貨物和勞務的交易型態益趨複雜,最終產品的形成需經上、中、下游廠商多次生產轉手之交易。因此,按每階段營業總額課稅,不但干擾企業的經營方式,對小規模廠商予以租稅懲罰,不利生產、出口與經濟發展。雖然,在產品出口方面,國家雖設有出口退稅制度,由於在出口前之生產,到底在廠商間交易而加工多少次數,不易確定,形成在銷貨成本中含有多少營業稅額,也不能確定之詬病。再者,舊制營業稅所課徵的貨物,無論是消費財或資本財,均一律課稅,造成企業投資成本的增加,不利經濟發展。

實施加值型營業稅,從其理論與已實施國家的經驗,得知與以營業總額為稅基之營業稅相比,優點為:

1. 可消除重複課稅、稅上加稅之現象。
2. 符合租稅中性原則。
3. 提高出口產品的國際競爭力,對以出口為發展導向的台灣,更為重要。
4. 對投資具鼓勵作用,而促進資本形成,增進經濟發展。
5. 對進銷帳具有自動勾稽的作用。

2. 改制內容

　　1968年台灣進行賦稅改革時，賦改會就曾提出營業稅改採加值型稅制之建議，然而當時因經濟環境因素而未採行。1980年代中葉的台灣經濟結構，與1960年代相比，工業化程度更加深化，依賴出口為導向的發展也業已加重。經濟環境既然已有如此大的變動，稅制理應也要與之配合而改革。基於國情的考量，參酌歐洲共同市場的國家以及韓國等實施加值型營業稅之經驗，以加值額替代營業總額為稅基，對營業稅制進行結構性的改革。營業稅制改革推動的原則為：

　　(1)先立法，宣導獲得成效後，行政院再擇期實施。

　　(2)維持既有稅收水平

　　改革的重點在於稅制的合理性，不在於稅收的增加，稅率的制定以維持既有稅收水準為原則。

　　(3)採循序漸進的方式

　　最理想的改革方案，就是針對間接稅之全部稅目一次朝理想化制訂，將貨物稅與印花稅一併納入營業稅中，全部改革。若做如此大範圍的改革，可能產生的衝擊會很大，政府採取循序漸進的方式，擬分階段來完成。在貨物稅方面，先將與加工外銷有關的工業原料併入；在印花稅方面，先將隨統一發票總繳之部分併入。

　　1985年修正立法通過的新制營業稅，以加值額替代營業總額為稅基，在適用的範圍上不是全面的，仍有三種營業人維持舊制，即按營業總額來課徵，且分別為小規模營業人、金融業與特種飲食業。小規模營業人係因家數過多、交易金額零星、會計資料不齊備，所採取之權衡之計；金融業係因營業性質較特

殊，加值額不易計算；特種飲食業係因基於消費能力及端正社會風氣之考量。其稅率如下：按進銷差額課徵者，一般營利事業稅率介於5%至10%之間；按銷售總額課徵者，金融保險業等之稅率爲5%，保險業再保費收入之稅率爲1%；特種飲食業者，夜總會、有娛樂節目之餐飲店之稅率爲15%，酒家、有女性陪侍之茶室等之稅率爲25%；小規模營業人之稅率爲1%。至於免稅項目之規定，與舊制相比，增訂下列項目：

1. 出售之土地，
2. 供應之農田灌溉用水，
3. 醫院、診所、療養院提供之醫療、勞務等，
4. 托兒所和養老院提供之育、養勞務，
5. 學校等文教機構提供之教育勞務等，
6. 稻米、麵粉之銷售及碾米加工，
7. 銷售與國防單位使用之武器、艦艇、飛機等，
8. 銷售予農民使用之肥料、農藥等，
9. 銷售與漁民供沿岸、近海漁業使用之魚船等，
10. 銀行業總分行往來之利息等。

三、營業稅改制後的重大修正

1986年實施新制營業稅以來，到2007年止，也曾修正多次，然修正的重點大都在免稅規定上。1999年因精省，將原本爲地方稅之營業稅改爲國稅。對營業稅稅率的修正只有二次，一次爲農產品批發市場之承銷人及銷售農產品之小規模營業人，其營業稅稅率定爲0.1%，採查定課徵；另一次將金融業的營業稅率由5%下調到2%。2006年的修正，爲確實掌握稅源，將進口貨物課徵

營業稅的時點，改為進口時一律由海關代徵，同時將稅法名稱改為「加值型及非加值型營業稅法」。於此，對新制建立後，分別對免稅規定與金融危機的金融業營業稅政策等項目論述之。

1. 免稅規定

歷次稅法上的修正，免稅規定往往成為修正上的主要議題。台灣民間對黃金條塊、金幣等購買，在習慣上多作儲蓄保值之工具。為符合民情，1988年將其增訂為免稅項目；惟對黃金本身免稅，而以黃金製成之金飾、或經加工仍保有黃金本質的形成物如手環、項鍊、戒指等，卻須課稅，形成質同、型態不同之差別租稅對待，因而在1997年修正時，又增加對純金金飾或飾金之免稅規定。

1988年的修正，為提升科研水準、配合社會福利政策，及對農漁業使用產品等增訂免稅項目。為提升學術科技研究水準，增訂對經主管機關核准設立之學術科技研究機構所提供之研究勞務免稅之規定。為配合社會福利政策，增訂對殘障福利機構所提供之育養勞務免稅之規定。農漁業用品，如肥料及農藥等，在製造與批發階段未免稅，致使農漁民購用時，價格中含有營業稅，為簡化稽徵與減輕農漁民負擔，不論購用人身分，一律對肥料、農藥及供漁業使用之漁船等銷售免稅，同時也增訂農漁用之機器設備及其用油、用電等免稅規定。

1995年增加免除人壽保險、年金保險及健康保險所提存之責任準備金之營業稅，以利保險市場之發展。另者，為配合金融業務國際化，有利於新種金融商品創新，及金融市場規模擴大，以建立符合國際慣例之金融稅制，對衍生性金融商品、公司債、金融債券、新台幣及外幣拆款之營業額免稅之規定。

2. 金融業營業稅之租稅政策

　　1998年下半年，台灣爆發企業財務危機，波及到金融機構而產生金融危機，使得銀行逾放比率節節高升，爲求金融體系之穩健發展，在21世紀初，政府對金融業進行一系列之改革措施，在法制面除制定法律與修法之工程外，同時也運用金融政策與租稅政策，分別將法定存款準備率與金融業營業稅調降，這就是上述所提及營業稅由5%下降到2%之理由。

　　2001年6月修正營業稅法，主要是針對第11條。修正內容爲稅率調降與調降後所產生的款額運用之規範。1999年7月起，銀行業、保險業、信託投資業、證券業、期貨業、票券業及典當業，經營其本業專屬業務之銷售額，稅率降爲2%，保險業之再保費收入之營業稅稅率降爲1%。稅率調降3%，也就是說金融業就增加本業專屬業務銷售額3%之相當金額，這些款額應依主管機關之規定，作爲沖銷各業逾期債權或提列備抵呆帳之用，直到機構逾期放款比率低於1%時；在其期限內未依規定用作沖銷者，復按3%之稅率課徵。這就是政府以犧牲金融業3%之營業稅收入，在政策上作爲金融業打消不良債權，使其降低逾放比率，以健全金融業之體質。

　　金融重建基金的設置，將金融業營業稅稅款充當重要財源之一，專款撥供行政院金融重建基金作爲處理問題金融機構之用，並不受財政收支劃分法有關條文之限制，期限從2002年到2005年。因金融營業稅收運用之移作，中央政府需補足地方各級政府因統籌分配款所減少之收入。

　　復又規定，自2011年起，銀行業營業稅稅款專款撥供存款保險賠款特別準備金，其餘各業營業稅稅款撥入銀行業以外之金融

業特別準備金；其運用及管理辦法由行政院金融監督管理委員會定之。

第二節　特種銷售稅制之演變

在台灣，現行稅目中為特種銷售稅者計有貨物稅、菸酒稅與娛樂稅三種，現就其演變過程扼要陳述之。

一、貨物稅

貨物稅在台灣稅制史上，具有歷史地位，原稱為統稅 [1]，於1946年8月頒布「貨物稅條例」，替代「貨物統稅條例」後，便為在台灣實施的重要稅法之一。貨物稅在台灣為重要稅目，1986年之前為國家財政的主要來源，從其稅收比重高過所得稅長達近20年，就可知其在稅收中的重要性；1986年後，其比重約在10%（詳情請參閱本書第二章）。

貨物稅具特種銷售稅之性質，在稅收上理應所占比例不高，但在台灣情形則相反。由於貨物稅課徵便捷，稅源較易掌握，故在財政目的上常為政府所考量的重要稅目之一。然因其為特種銷售稅，當然就有別於一般銷售稅（營業稅），具有較濃厚的政策義涵，會隨國家財政、經濟發展、產業政策、物價穩定、稅制結構等因素，而調整課稅貨物與商品之範圍及稅率。當國家財政面臨短缺或財源不易開拓時，貨物稅的課徵範圍或擴大，稅率或提高；為配合經濟發展，在出口導向下，會調降或免除出口貨物及

1　統稅之前身包括厘金、統捐、認捐、包捐、產銷稅、落地稅等名稱。

其原料與中間財之稅負;隨所得增加,稅基擴大,因之某些為日常用品性質之貨物將調降稅率或免徵;當稅制結構變動,例如從以間接稅為稅收主要來源調整為以直接稅,或在間接稅制上改以營業稅為主;貨物稅之課稅範圍也會縮小或調降稅率。台灣貨物稅制的演變過程,就是受上述所提及因素的影響。

(一)課稅客體與範圍之調整

貨物稅因具有特種目的,如為達成財政稅收目的,經濟發展對產業輔導之需要,物價穩定之需求等,因而常配合政府整體財經政策而調整課稅客體或稅率,尤其在課徵產品範圍上,常隨經濟發展的階段不同而作修正。

開辦貨物稅之初,有所謂「五種統稅」,即棉紗、火柴、水泥、捲菸與麥粉五種產品,而這五種產品如今仍列於課稅之中者只剩水泥了。1946年貨物稅開徵時,課稅範圍包括捲菸、火柴、麥粉、水泥、茶葉、皮毛、錫箔及迷信用紙、飲料品與化粧品。1948年刪除對麥粉與茶葉之課稅,1949年又刪除對錫箔及迷信用紙之課徵,1952年加入對礦產品與皮革之課稅。後為增加稅收,陸續增加對下列產品:木材、紙類、人造絲、電燈泡、調味粉、平板玻璃、麻紗、糖精、橡膠車胎、塑膠、電器產品類、油氣類產品與車輛等之課稅(見表6.2)。1970年代起,基於對減輕必需品與工業原料產品之稅負考量,開始停徵此類產品的課稅;1971年停徵的產品有收音機、木材;1972年有火柴、電風扇與純天然果汁等。停徵產品項目較多的年份在1979年、1986年與1990年,1979年是基於外銷競爭力的考量,將工業原料產品刪除課稅,如紡織類之棉紗、麻紗、人造絲、合成絲、人造與合成纖維及混紡紗、塑膠類之不飽和聚酯樹酯等;1986年基於新制營業稅的實施,將

部分課貨物稅之產品納入而停徵，如皮革、皮統、塑膠、紙類及元條型鋼等。1990年繼續刪除應稅產品，只保留七大類產品，如水泥、飲料類產品、橡膠輪胎、平板玻璃、電器類產品、車輛與油氣類產品等。

表6.2 貨物稅品名之增減

日　　期	理　　由	開徵新產品	刪除舊產品
1946年8月	財政目的	麥粉、水泥、茶葉、皮毛、錫箔及迷信用紙、飲料品、化妝品。	
1945年11月	1.日用品免稅 2.扶植化妝品工業		雪花膏、面蜜、花露水、爽身粉、香皂
1947年3月	課稅項目明確	將皮毛類之毛類課稅範圍修訂為「凡毛紗、毛線、毛製品及摻雜其他纖維之毛線均屬之」	
1948年4月	1.課稅項目明確 2.必需品免稅。	將皮毛分為皮統及毛紗兩項。	麥粉、茶葉
1949年8月	產製散、稽徵不易		錫箔及迷信用紙。
1952年5月	1.類似品併入課稅。 2.簡化稅制。	皮革、礦產物	
1953年7月	1.抑制奢侈消費 2.財政目的	人造絲、木材、電燈泡管、紙類	
1958年7月	財政目的	調味粉、平板玻璃	
1962年8月	財政目的	人造與合成纖維及混紡紗糖精、麻紗、塑膠、橡膠車胎、油氣類產品	礦產物
1965年5月	財政目的	電冰箱、電視機、冷暖氣機	

1968年6月	財政目的以應國防需要、科學研究及九年國教	電風扇、縫衣機、元條及其他型鋼、收音機、電錶、汽車、機車	
1971年1月	1.必需品免稅 2.簡化稽徵		收音機、木材
1972年7月	1.必需品免稅 2.取消對稅源有限，徵收手續繁複之項目課稅。		火柴、電風扇、純天然果汁；直接供軍用物品免稅；使用已稅糖加工之糖品免稅；明確規定車輛類徵免範圍。
1977年1月	簡化手續		再生塑膠料
1979年5月	1.日用品免稅。 2.抑制奢侈消費及配合能源政策。 3.工業外銷原料刪除課稅。	鋼琴、電子琴、除濕機、錄影機、電唱機、錄音機、音響組合、電烤箱及吸塵器	棉紗、麻紗、毛紗、毛線、人造絲、合成絲、人造與合成纖維及混紡紗、塑膠類之不飽和聚酯樹酯等；縫衣機、電燈泡、電燈管、電錶、橡膠輪胎中之人力獸車及農耕機內外胎。
1986年1月	配合新制營業稅		皮革、皮統、塑膠、紙類及元條型鋼停徵貨物稅。 導電及供生產模具用之強化玻璃。
1990年1月	貨物稅物品減降到只保留七大類		糖類、糖精、調味粉、化粧品、鋼琴與電子琴
2002年7月	配合行政程序法之施行。		實心橡膠輪胎

資料來源：本研究整理。

(二)稅率的調整

在考量國家整體發展前提下，或課稅範圍擴大，或提高稅率，或兩者同時為之；相反的，課稅範圍減縮，或降低稅率，或兩者同時為之。貨物稅稅率的調整，在有物價波動較大年份，政府以調降貨物稅作為因應手段，如在1981年貨物稅之修正等。

在稅率為既定的情況，貨物稅額的高低，與從價稅或從量稅有關。若為從量稅，單位稅額就固定不變，不會隨貨物價格的變動而變動；若為從價課稅，單位稅額就會隨價格的調整而變動；價格上漲時，稅額增加，價格下跌時，稅額就減少。處於物價膨脹之際，為免除在物價上加稅會推升物價，政府會將貨物稅制由從價稅改為從量稅。

1981年7月貨物稅率調降，為配合農業政策，增加蔗農收益，糖類稅率減半；為增加農民收入與減輕消費者負擔，調降稀釋天然果汁與稀釋天然蔬菜汁之稅率；因應原油價格上漲，調降油氣類產品稅率。波斯灣戰爭期間，為因應國際油價上漲，1990年與1991年對油氣類產品稅率減半徵收；之後政策轉變，為降低對能源的依賴，反而調高油氣類產品的稅率，如1994年2月起的汽油與柴油的稅率增為90%與75%。

1990年1月，鑑於產品租稅負擔的考量，除停徵某些貨物稅如紡織類產品外，只留下七大類產品課稅，同時將其稅率也大幅下降。1995年6月起，將水泥與油氣類之貨物稅課徵，由從價制改為從量制。1997年5月，為配合菸酒專賣的改制、回歸正常稅制及加入WTO之考量，刪除稅法中有關菸酒類之課稅項目，也刪除計算國產貨物完稅價格時課12%推廣費用之規定，同時將出廠價格修正為銷售價格。

(三)2007年稅制

　　貨物稅之納稅義務人，若貨物為國內產製者，為產製廠商；若為委託代製者，為受託之產製廠商；若為國外進口者，為收貨人、提貨單或貨物持有人。現有應課徵貨物，經歷次修正後，已大幅減縮，現共有七大類，分別為橡膠輪胎類、水泥類、飲料品類、平板玻璃類、油氣類、電器類與車輛類。各類課稅貨物與稅率，扼要陳列如下：

表6.3　2007年貨物稅類別與稅率

單位：%

類別	品　　　　　　　　　名	稅別	稅率
橡膠輪胎	大客車、大貨車使用者，從價徵收。	從價	10%
	其他各種橡膠輪胎，從價徵收。		15%
	內胎、實心橡膠輪胎、人力與獸力車輛及農耕機用之橡膠輪胎。		免稅
水泥	白水泥或有色水泥。	從量(每公噸新台幣)	600元
	卜特蘭一型水泥		320元
	卜特蘭高爐水泥：水泥中高爐爐渣含量所占之重量百分率在25%以上者		280元
	代水泥及其他水泥。		440元
	行政院得視實際情況，在應徵稅額50%以內，予以增減。		
飲料品	稀釋天然果蔬汁。	從價	8%
	其他飲料品。		15%
	前項飲料品合於國家標準之純天然果汁、果漿、濃糖果漿、濃縮果汁及純天然蔬菜汁免稅。		
平板玻璃	凡磨光或磨砂、有色或無色、有花或有隱紋、磋邊或未磋邊、捲邊或不捲邊之各種平板玻璃及玻璃條均屬之。	從價	10%
	導電玻璃及供生產模具用之強化玻璃免稅。		

油氣類	汽油。	從量（每 公秉新 臺幣）	6830元
	柴油。		3990元
	煤油。		4250元
	航空燃油。		610元
	燃料油。		110元
	溶劑油。		720元
	液化石油氣：每公噸徵收新台幣。 行政院得視實際情況，在應徵稅額50%以內 予以增減。 各款油類摻合變造供不同用途之油品，一律 按其所含主要油類之應徵稅額課徵。	每公噸	690元
電器類	電冰箱	從價	13%
	彩色電視機		13%
	冷暖氣機： 凡用電力調節氣溫之各種冷氣機、熱氣機等 均屬之		20%
	其由主機、空調箱、送風機等組成之中央系 統型冷暖氣機		15%
	除濕機： 凡用電力調節室內空氣濕度之機具均屬之 工廠使用之濕度調節器免稅。		15%
	錄影機		13%
	電唱機： 凡用電力播放唱片或錄音帶等之音響機具 均屬之		10%
	手提32公分以下電唱機免稅。		
	錄音機		10%
	音響組合		10%
	電烤箱		15%
	上述各款貨物，如有與非應稅貨物組合製成 之貨物者，或其組合之貨物適用之稅率不同 者，應就該貨物全部之完稅價格按最高稅率 徵收。		

車輛類	汽車：凡各種機動車輛、各種機動車輛之底盤及車身、牽引車及拖車均屬之。	從價	
	小客車：凡包括駕駛人座位在內，座位在九座以下之載人汽車均屬之。 1 汽缸排氣量在二千立方公分以下 2 汽缸排氣量在二千零一立方公分以上者。 但自本條文修正施行日起第六年之同一日起稅率降為30%		25% 35%
	貨車、大客車及其他車輛 供研究發展用之進口車輛、附有特殊裝置專供公共安全及公共衛生目的使用之特種車輛、郵政供郵件運送之車輛、裝有農業工具之牽引車、符合政府規定規格之農地搬運車及不行駛公共道路之各種工程車免稅。		150%
	機車：凡機器腳踏車、機動腳踏兩用車及腳踏車裝有輔助原動機者均屬之。 電動車輛稅率減半徵收。		170%

資料來源：本研究整理。

上述七大類產品，是否仍具有繼續課徵之理由，在國內頗有爭議。至少有二類產品，如飲料類產品與平板玻璃，其稅收較低，似可考慮停徵。

二、菸酒稅：從公賣到課稅

台灣為加入WTO，將菸酒公賣制度上繳盈餘改制為對菸酒課稅，2000年制訂菸酒稅法，2002年實施。稅法共有五章，分別為總則、課稅項目與稅額、稽徵、罰則與附則。

菸酒稅於菸酒出廠或進口時徵收之。菸酒稅之納稅義務人為：若為國內產製者，為產製廠商；若為委託代製者，為受託之產製廠商；若為國外進口者，為收貨人、提貨單或貨物持有人；

若為法院及其他機關拍賣尚未完稅之菸酒者，為拍定人；若為免稅菸酒因轉讓或移作他用而不符免稅規定者，為轉讓或移作他用之人或貨物持有人。免徵菸酒稅之菸酒，計有：1. 用作產製另一應稅菸酒者，2. 運銷國外者，3. 參加展覽，於展覽完畢原件復運回廠或出口者，4. 旅客自國外隨身攜帶之自用菸酒或調岸船員攜帶自用菸酒，未超過政府規定之限量者。

　　菸酒稅皆為從量稅。菸之課稅項目及應徵稅額為：紙菸每千支徵收新台幣590元；菸絲、雪茄與其他菸品每公斤徵收590元。酒之課稅項目及應徵稅額為：在釀造酒類方面，啤酒每公升徵收新台幣26元，其他釀造酒每公升按酒精成分每度徵收7元。在蒸餾酒類方面，每公升徵收新台幣185元。在再製酒類方面，酒精成分以容量計算超過20%者，每公升徵收新臺幣185元；在20%以下者，每公升按酒精成分每度徵收7元。在米酒方面，每公升稅額逐年調整徵收，由2000年起之90元一直調升到2003年起之185元。在料理酒方面，每公升徵收22元。在其他酒類，每公升按酒精成分每度徵收7元。在酒精方面，每公升徵收11元。菸品除課稅外，也另徵健康福利捐，其應徵金額為紙菸每千支徵收新臺幣500元，而菸絲、雪茄與其他菸品每公斤徵收500元。依法稽徵之健康福利捐90%用於全民健康保險安全準備，另10%用於中央與地方之菸害防制、衛生保健、私劣菸品查緝、防治菸品稅捐逃漏及社會福利。

　　產製廠商當月份出廠菸酒之應納稅款，應於次月15日以前自行向公庫繳納，並填具計算稅額申報書，檢同繳款書收據向稽徵機關申報。進口應稅菸酒，納稅義務人應向海關申報，並由海關於徵收關稅時代徵之。

三、娛樂稅

娛樂稅也是特種銷售稅之一，它是針對娛樂場所、娛樂設施或娛樂活動所收票價或收費額來課稅，為鄉鎮公所的主要財源之一。在課稅主體方面，納稅義務人為出價娛樂之人，而代徵人為娛樂場所或活動之提供人或舉辦人。課稅範圍包括：1. 電影，2. 職業性歌唱、說書、舞蹈、馬戲、魔術、技藝表演及夜總會之各種表演，3. 戲劇、音樂演奏及非職業性歌唱、舞蹈等表演，4. 各種競技比賽，5. 舞廳或舞場，6. 撞球場、保齡球館、高爾夫球場及其他提供娛樂設施供人娛樂者。若上述所列範圍不售票券，另以其他飲料品或娛樂設施供應娛樂人者，按其收費額課徵之。

娛樂稅訂有免稅規定，凡合乎下列規定者免稅：

1. 公益社團或財團之組織，如教育、文化、公益、慈善機關、團體等，所舉辦之各種娛樂，其全部收入作為本事業之用者。
2. 以全部收入，減除必要開支外，作為救災或勞軍用之各種娛樂。
3. 機關、團體、公私事業或學校及其他組織，對內舉辦之臨時性文康活動，不以任何方式收取費用者。

在稅率方面，稅法上訂定最高稅率，地方政府得視地方實際情形，在最高稅率範圍內，規定徵收率，提經地方民意機關通過後，報請中央主管機關核備。娛樂稅最高稅率為電影：60%，國片者：30%；職業性歌唱、說書、舞蹈、馬戲、魔術、技藝表演及夜總會之各種表演：30%；戲劇、音樂演奏及非職業性歌唱、

舞蹈等表演：5%；各種競技比賽：10%；舞廳或舞場：100%；
撞球場，50%；保齡球館，30%；高爾夫球場，20%；其他提供
娛樂設施供人娛樂者，50%。

第三節　關稅

　　關稅不同於營業稅與貨物稅之課徵。它是對貨物通過國境所
課徵之稅捐，其種類雖有進口關稅、出口關稅與轉口關稅三種，
除1950年代初課出口關稅外，之後，台灣只課徵自國外進口之貨
物；課稅標準雖分從價稅、從量稅與混合稅三種，而台灣以從價
稅為主。1967年8月新制訂關稅法實施後，也歷經十多次修正，
現共有103條7章，分別為總則、通關程序、稅款之優待、特別關
稅、罰則、執行與附則，而通關程序包括報關及查驗、完稅價格、
納稅期限與行政救濟。對各項貨物之稅率與課稅方式，另經立法
程序制定海關進口稅則徵收之。

　　在稅率方面，台灣原採國定稅率與協定稅率兩欄式之複式稅
率，自1950年退出關稅暨貿易總協定後，取消協定稅率而改採單
一稅率，於1980年9月恢復複式稅率。關稅法之特別關稅中，訂
有平衡稅、反傾銷稅與報復關稅，以因應產業遭受重大危害或歧
視待遇時，政府可採取應變措施；同時也訂有稅率之機動調整，
以因應物價波動或單項貨物之高價格，以最高50%稅率調降方式
減緩對價格的衝擊，如在能源危機期間，政府曾對原油與油品之
關稅予以機動調整。

　　關稅也訂有免稅項目，下列各項貨物免徵關稅：

1. 總統、副總統應用物品。
2. 駐在台灣之各國使領館外交官與其他享有外交待遇之機關及人員，進口之公用或自用物品。
3. 外交機關進口之外交郵袋、政府派駐國外機構人員任滿調回攜帶自用物品。
4. 軍事機關、部隊進口之軍用武器、裝備、車輛、艦艇、航空器與其附屬品，及專供軍用之物資。
5. 辦理救濟事業之政府機構、公益、慈善團體進口或受贈之救濟物資。
6. 公私立各級學校、教育或研究機關，依其設立性質，進口用於教育、研究或實驗之必需品與參加國際比賽之體育團體訓練及比賽用之必需體育器材。但以成品為限。
7. 外國政府或機關、團體贈送之勳章、徽章及其類似之獎品。
8. 公私文件及其類似物品。
9. 廣告品及貨樣，無商業價值或其價值在限額以下者。
10. 台灣漁船在海外捕獲之水產品；或經政府核准由台灣國民前往國外投資國外公司，以其所屬原為台灣漁船在海外捕獲之水產品運回數量合於財政部規定者。
11. 經撈獲之沉沒船舶、航空器及其器材。
12. 經營貿易屆滿二年之台灣船舶，因逾齡或其他原因，核准解體者。
13. 經營國際貿易之船舶、航空器或其他運輸工具專用之燃料、物料。
14. 旅客攜帶之自用行李、物品。
15. 進口之郵包物品數量零星在限額以下者。

16. 政府機關自行進口或受贈防疫用之藥品或醫療器材。

17. 政府機關為緊急救難自行進口或受贈之器材與物品及外國救難隊人員為緊急救難攜帶進口之裝備、器材、救難動物與用品。

18. 台灣船員自國外回航或調岸攜帶之自用行李物品。

　　然而，對關稅制度演變之論述，聚焦點莫過於在其功能上，即關稅在經濟發展過程中所扮演的角色。因一國經濟發展所處的階段不同，也會有不同的關稅與貿易政策。1949年國民政府遷台，處於戰後的台灣，物質匱乏，外匯不足，財政拮据，生產技術落後，經濟以農業與其加工業為主，國民所得低，政府在財政上為開闢與掌握財源方面、在經濟發展上為進口替代產業之策略方面，關稅不但為財政關稅，同時也為保護關稅，關稅兼負兩種重要使命：它不但是政府財源之主要依賴者，也是產業發展之幼稚保護政策之執行者。在1950年代高度管制的經濟體制下，貨物的進口不但是高度管制；若准許進口者，也需面對極高的關稅稅率。

　　台灣經濟歷經1960年代與1970年代出口擴張之蓬勃發展，國民從貧窮走向富裕，外匯從不足變為充足，產業結構從農業轉變為以工業為主，台灣變為以出口為導向的經濟體制，產業的管制漸行放鬆。1980年代發起自由化運動，貿易自由化為其主要項目之一，不但大幅放寬貨物進口之管制；同時稅基擴大與稅源多元化，關稅稅率也大幅下降，關稅在政府財政的重要性也大幅滑落。1990年代為追求加入WTO，貿易自由化的程度不但加深，關稅稅率更進一步下降，台灣已成為低稅率之貿易國之一。於此，分述貨物進口管制與關稅稅率之演變過程。

一、貨物進口管制之演變

　　1949年政府播遷來台，由於外匯嚴重短缺，在1950年代實施極為嚴厲的進口管制政策，將進口貨品分為四種，分別為許可進口、暫停進口、管制進口與禁止進口。凡在國內已有生產之貨品，進口皆予以管制，此為因應外匯短缺之措施，卻產生對國有產業發展之保護效果，使其免於國外貨品進口之競爭。1956年對貨品進口管制項目之修正，提高管制貨品項數，使其比例由1953年之36.5%上升到1956年之46%，而准許進口貨品項數的比例卻由55.2%降到48.1%。

　　1960年7月制訂「貨品管制進口準則」，將管制進口分為數量管制、限制地區採購、與限制進口單位等；許可進口類，也需在進口前先申請，內容包括品目與數量等，經審查合格後，再批准進口。同時政府正式確認將進口管制措施視為國內產業發展保護之重要手段，凡國內產製之工業品，足夠供應內需者，且品質達到標準，出廠價格不高出進口成本25%，得申請將「准許進口」改列為「管制進口」，以三年為期限。貨品管制進口項數的比例，1960年高達40.5%，1966年仍有41.95%。政府以外匯與產業發展為考量之進口管制措施，其管制項目包括國內正發展之產業如紡織品、皮革與合板等，國內已能供應之原料如鋁錠與馬口鐵皮等，重要民生之用品如汽油與柴油，及奢侈品如汽車與冰箱等，這些產品皆曾列入管制之列。

　　對於管制進口措施，到出口擴張時代，政府仍用以作為國內產業發展之保護手段，到1970年7月管制項目仍高達41%。在關貿政策中，進口產品的數量管理與價格管理所產生總福利的損

表6.4　台灣進口貨品管制之演變

單位：數，%

年	貨品 總項目數	禁止 進口類	管制 進口類	暫停 進口類	准許 進口類
1953	507 (100.0)	28 (5.5)	185 (36.5)	14 (2.8)	280 (55.2)
1956	524 (100.0)	25 (4.8)	241 (46.0)	6 (0.2)	252 (48.1)
1960	942 (100.0)	33 (3.5)	381 (40.5)	22 (2.3)	506 (53.7)
1966	942 (100.0)	36 (3.8)	395 (41.95)	18 (2.0)	493 (52.3)
1968	9,412 (100.0)	191 (2.05)	3,770 (40.05)		5,451 (57.9)
1972	13,230 (100.0)	5 (0.00)	2,365 (17.9)		10,860 (82.09)
1974	12,942 (100.0)	4 (0.00)	293 (2.3)		12,645 (97.7)
1981	26,531 (100.0)	17 (0.00)	833 (3.1)		25,681 (96.8)
1985	26,760 (100.0)	14 (0.05)	662 (2.47)	19 (0.07)	26,065 (97.40)
1990	8,997 (100.0)		245 (2.72)		8,752 (97.28)
1995	9,411 (100.0)		239 (2.54)		9,172 (97.46)
2000	10,247 (100.0)		251 (2.45)		9,996 (97.55)
2002	10,609 (100.0)		56 (0.53)		10,553 (99.48)

資料來源：經濟部國際貿易局。

附註：括號內之數字為所占比例。自1989年起，進出口貨品分類改採HS制，
　　　因而貨品分類項數改變；1994年7月起，實施負面列表進口管理制度。

失，往往前者大於後者。進入1970年代，台灣出口擴張有顯著成效，貿易開始出現順差，關貿政策也隨之發生結構調整，開始大幅放寬貨品進口，以關稅代替數量管制，此時才產生管制貨品項數比例大幅下降之現象，1972年降到17.9%，1974年2月又大幅取消兩千多項貨品的進口管制，管制進口項數比例下降到2.3%。

1980年代，對美國貿易所產生的巨額順差，與美國商業談判與諮詢的結果，都導致台灣進口管制更進一步的放鬆。在追求加入WTO之前，為在貿易上符合其規範，不必要的進口管制與非關稅上的障礙也大幅降低或消除，而1994年7月起對管制進口項目改採負面表列制度。2002年受管制進口的貨品只剩56項，比例不及1%，在世界上，台灣算是一個非常開放之自由貿易經濟體。管制進口策略的運用，不再是為了外匯與幼稚產業的保護，而是為配合外交政治、經貿關係與平衡上所作的考量手段。無論如何管制進口策略的重要性不但大幅下降，同時也產生質的變化。

二、稅率之變動

1950年代，台灣不但嚴厲執行進口管制措施，在外匯嚴重短缺情況下，也實施高關稅稅率，作為國家的重要財政來源。關稅收入在財政上的重要性，可從第二章對各稅目收入結構的變化上知曉，於此不再贅述。

由於實施高關稅稅率，對貨品自然會產生以價制量的價格效果，使得國內產業受到保護，而保護程度的高低，雖不及管制進口的效果來得大，但在關稅稅率的高低調整上，稅率愈高者，國內售價也愈高，所產生的保護作用也就愈大。作為幼稚產業的保護措施，政府對其稅率調整的原則為：新興幼稚產業的產品，其

進口稅率要提高,其原料進口稅率要調低,如經多年保護後,產品稅率才可調降。

1950年代,政府推行進口替代政策。1955年修正進口稅則時,原料及生產器材的稅率未變,而加工及製品的稅率提高,致使平均稅負由不及20%而提高到30%以上。舉紡織業為例說明,由於紡織業是屬於鼓勵進口替代之產業,政府為鼓勵其發展,棉布稅率原由20%到30%之間,一律提高到40%;棉紗由5%提高到17%。整體平均稅率由1955年前之44.27%調升為46.66%,之後有關稅率的調整,整體平均稅率是下降的,1959年為38.81%,1965年為35.39%。1950與1960年代,大致上紡織品、食品藥材、煙酒、陶瓷玻璃等消費財的稅率較高,而金屬製品、化學品、油脂臘、礦產品等中間原料及資本財之稅率較低。此時期,關稅對產業的保護遠高於國定稅率,按當時規定,關稅的完稅價格,是按起岸價格加20%,還須附加防衛捐與港工捐等。

如上節所述,1970年代初期,政府對國內產業的保護措施改以「關稅」替代「管制進口」。基於稅收與保護產業的考量,仍實施高關稅稅率,名目稅率反而較1960年代為高,整體平均稅率高達50%以上。就實質有效稅率言,1950年代約為20%,1960年代前期為16.3%,後期為14.9%,1970年代大都在10%左右。實質有效稅率是呈長期下降走勢。

在實施高關稅稅率時期,產業發展的策略由進口替代轉變為出口擴張,高關稅稅率下,自然就會影響出口產品的國際競爭力,政府在1950年代所實施的外銷品沖退稅政策,對加工出口產品退還其進口原料之關稅,就是為了減緩關稅對出口產品國際競爭之影響。在1960年代與1970年代,政府發展出一套更齊備的退

稅免徵制度，除擴大實施出口退稅促進措施外，1961年成立保稅工廠制度，1965年實施「加工出口區設置管理條例」，設置以加工出口為主之保稅區，1969年訂定「保稅倉庫設立及管理辦法」，發展保稅業務。

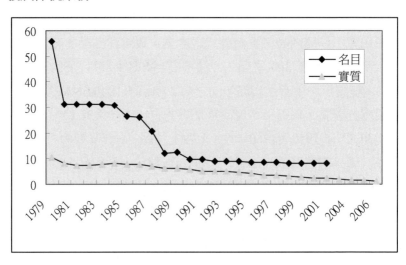

圖6.1 關稅名目與實質稅率之走勢

　　鼓勵出口擴張的結果，在1970年代初期就曾出現順差，而1980年代更是年年出超，為減緩對物價上漲的壓力，業界對生產成本下降的期盼，1984年自由化運動的推行，美國在貿易上的施壓，與加入國際組織之WTO，關稅稅率無論在名目與實質上都開始持續下降。在整體平均名目稅率方面，1980年就下降到31.17%，1985年為26.46%，1987年又下降到20.56%，隔年又大幅下降，降到12.1%；在實質稅率方面，1980年為8.1%，1985年為7.7%，1987年又下降到7%，隔年降到6.1%。低關稅的時代確

實到來。2006年的實質稅率只有1.2%。

　　台灣在走向低關稅之過程中，於1980年海關稅則修正時，將稅率修改為二欄式稅率，為複式稅率制，第一欄為一般稅率，適用於與本國無優惠的國家，第二欄為優惠稅率，適用於與本國有優惠稅率之國家，開啟以運用關稅稅率政策作為與他國政治經濟外交之談判籌碼。

　　1967年關稅法就已制定平衡稅、反傾銷稅和報復關稅，只是備而不用。 1984年7月財政部訂定「平衡稅及反傾銷稅課徵實施辦法」，規定「平衡稅及反傾銷稅之課徵，由財政部於調查、審議後，報請行政院核定實施，台灣才真正運用特別關稅來保護國內廠商在市場上的公平競爭。首起案例的反傾銷稅裁定，是1992年12月1日對台灣區酸鹼公會控告日本三菱瓦斯化學公司和三井東庄公司出口的保險粉（硫磺酸鈉），政府對其另課徵45.76%的反傾銷稅，為期四個月。該辦法實施後，對外商具有自動調整出口限量或自動提高出口售價之功效，這對達成與國內廠商擁有公平競爭的環境很有幫助。

第七章
證券交易之稅制

第一節　與證券有關的稅目及其沿革

　　依證券交易法，有價證券係指政府債券、公司股票、公司債券及經主管機關核定的其他有價證券，如受益證券等；而新股認購權利證書、新股權利證書及前項各種有價證券之價款繳納憑證或表明其權利之證書，也視為有價證券 [1]。由此得知，最主要的有價證券便是債券（bonds）與股票（stocks）兩種，前者有利息收入，又稱為固定收益證券（fixed income securities）；後者稱為權益證券（equity securities），當企業經營有盈餘而要分派時，就有股利（dividend）收入。又因金融商品的創新與衍生，與證券有關的衍生性金融商品包括認購權證（warrants）、指數股票式基金（exchange traded funds, ETF）、不動產證券化的受益證券、基金的

---

[1] 證券是有別於票券的。所謂短期票券，是指期限在一年期以內之短期債務憑證，包括國庫券、可轉讓銀行定期存單、與公司及公營事業機構發行之本票或匯票等。

受益憑證、存託憑證(depository receipts)、期貨(futures)與選擇
權(options)等。為便利證券流通與避險,在台灣有證券交易市場
與期貨交易市場,證券市場有台灣證券交易所的證券上市市場、
櫃台買賣中心的上櫃市場與興櫃市場。證券市場交易的標的,計
有股票、公司債、公債、認購權證、受益憑證、受益證券、與指
數股票式基金等;期貨市場交易的標的包括股價期貨商品、環境
期貨與其選擇權等。

一、2007年與證券有關的稅目及稅率

證券因有市場價值,被視為財產,可在市場上交易;因可交
易,就會有所有權的移轉與交易時所產生的所得盈虧,而造成個
人所得的增減與財富的變動。設計與證券有關的稅制,主要著眼
於證券的交易、資本利得與其利息與紅利等,因而稅目就有證券
交易稅、期貨交易稅、證券交易所得稅、證券利息所得稅與證券
股利所得稅等。在台灣,依所得稅法第4-1條規定,停徵證券交易
所得稅,因而對證券課徵的稅目計有交易稅、利息所得稅與股利
所得稅等。與證券有關的稅目及稅率列於表7.1。

證券中,與股票有關的交易稅,除股票外,股票的衍生性金
融商品,如指數股票式基金、債券轉換權利證書、認購權證及存
託憑證等交易時也需課徵交易稅;它們都是按賣出時成交金額課
徵,但稅率不同。股票與債券轉換權利證書交易稅率為0.3%,指
數股票式基金、認購權證、受益憑證與存託憑證的交易稅率皆為
0.1%。金融資產證券化及不動產證券化所發行之受益(資產基礎)
證券,買賣時依法免徵交易稅。在債券方面,為鼓勵民間投資政
府公債與易於流通,政府對公債免徵交易稅;公司債與金融債券

表7.1　證券相關的金融商品之稅目與稅率

稅　　目	商　品　類　別	稅率	備　　　　　　　　　　　註
交易稅	股票	0.3%	按賣出價格課徵
	公司債、金融債券	0.1%	促進產業升級條例第20條之1規定，自2002年2月起買賣公司債及金融債券免徵交易稅。
	政府公債		免徵
	債券轉換權利證書	0.3%	按賣出價格課徵
	指數股票式基金(ETF)	0.1%	按賣出價格課徵
	認購權證	0.1%	按賣出價格課徵
	受益憑證	0.1%	按賣出價格課徵
	存託憑證	0.1%	按賣出價格課徵
	受益(資產基礎)證券		免徵
利息所得稅	公司債、金融債券	累進	法人採應計基礎，按債券持有期間，計算利息收入，報繳營利事業所得稅；個人採現金基礎，將兌領利息併入所得，報繳個人綜合所得稅，但可享有27萬元免稅額；在持券領息時，須先扣繳10%利息所得，由兌領機構填發扣繳憑單，供投資者申報所得稅時使用。
	公債	累進	同上
	受益(資產基礎)證券	6%	採分離課稅；依金融資產證券化條例及不動產證券化條例規定發行之受益證券或資產基礎證券分配之利息，按分配額扣取6%。
證券交易所得稅	有價證券		停徵

資料來源：自行整理。

的交易稅原本爲0.1%，依「促進產業升級條例」規定，自2002年2月起免徵。

債券如公債、公司債與金融債券，其買賣雖免徵證券交易稅，但對其利息所得仍需併入所得而課稅，法人依法課徵營利事業所得稅；個人依法課徵綜合所得稅，但可享有27萬元儲蓄投資特別扣除。公司有盈餘，依股票而分派股利時，股利所得爲個人綜合所得項目，依法合併後課徵綜合所得稅。而依金融資產證券化條例及不動產證券化條例規定所發行之受益（資產基礎）證券，其所分配之利息，按分配額扣取6%，採分離課稅，不再併入個人綜合所得。

表7.2　期貨交易稅種類與稅率

期　貨　類　別	課　徵　基　礎	稅　　　率
股價類期貨契約	按每次交易之契約金額	千分之0.1
利率類期貨契約	按每次交易之契約金額	
1. 30天期商業本票		百萬分之0.125
2. 中華民國10年期政府債券		百萬分之1.25
選擇權契約或期貨選擇權契約	按每次交易之權利金金額	千分之1
黃金期貨交易契約	按每次交易之契約金額	百萬分之2.5

資料來源：自行整理。

1998年6月，政府制訂通過「期貨交易稅條例」，開徵期貨交易稅收。期貨交易稅是向買賣雙方交易人課徵，依其種類計有股價類期貨契約、利率類期貨契約（又分30天期商業本票與中華民國10年期政府債券）、黃金期貨交易契約、選擇權契約及期貨選擇權契約等，課徵基礎是按每次交易之契約金額或權利金金

額，稅率依序為千分之0.1、百萬分之0.125（30天期商業本票利率類期貨契約）、百萬分之1.25（中華民國10年期政府債券利率類期貨契約）、百萬分之2.5與千分之1。買賣雙方交易人於到期前或到期時以現金結算差價者，各按結算之市場價格，依其類別之徵收率課徵之。

期貨交易稅開徵後，其稅收逐年增加，由1999年度的12億元快速增到2005年度之80億元以上。

二、證券交易稅與證券交易所得稅之課徵歷程

證券交易稅與證券交易所得稅是不同的稅目，但兩者卻有極大的相關。證券交易所得稅的開徵或復徵，會影響到證券交易稅而使之調整稅率。證券交易稅是依證券的交易而來，只要證券有買賣，所有權因買賣而移轉，不論盈虧，均以成交金額課徵之。1963年政府認定證券交易所得為財產交易所得，依交易所產生的資本利得而課徵；若遭受虧損時，也可依法扣抵。證券交易稅為交易行為稅，而證券交易所得稅係針對證券買賣所產生的所得所課徵的一種所得稅，有別於證券交易稅。

1. 證券交易所得稅之課徵歷程

其實，1950年政府頒布「統一稽徵」時，在分類所得稅的「一時所得」中，就有證券買賣所得項目，但因證券流通量不大，同時並無完善的證券市場，與稽徵查核技術上的困難，證券買賣所得在課稅上為有名無實之項目。

1962年台灣證券交易所成立，建立證券集中交易制度，政府可掌握證券交易相關資料，而1963年所得稅法修正時也確認證券交易所得為財產交易所得。由於證券交易資料建檔和相關法規的

不周延，個人證券交易所得在課徵上仍處於免徵狀態；至於在企業方面，因企業有財務報表與報表上交易所得資料，企業需將證券交易所得併入營利事業所得中予以課徵。1963年起，證券交易所得的課徵為雙軌制，個人免徵，企業課徵。由於對企業課徵之故，致使許多企業假藉個人人頭戶買賣證券來規避稅負，政府可課徵的稅收實際不多，實質上仍處於免徵狀況。

鑑於個人人頭戶的普遍，以及股票在除息(權)日前後股價劇烈波動的現象[2]，政府宣布自1973年3月起開徵個人證券所得稅，其主要內容為：課徵個人持有證券未滿一年之證券交易所得；持有證券超過一年以上者免徵。此為在台灣第一次正式課徵個人證券交易所得稅，將以前的雙軌制修改為單軌制，課稅對象不因法人與自然人而有差別，一律課徵。對個人而言，此項所得應併入個人綜合所得，於年終結算申報課稅。由於投資人進出股市頻繁，不但對成本認定會有困難，證券交易所得的計算也很繁瑣，導致投資人與稽徵機關對證券交易所得的算法產生不一致現象，申報時常產生衝突。政府為降低多數小額投資人的民怨，於1974年5月18日修訂課徵辦法，加入下列條件：個人投資全年出售金額在新台幣30萬元以下或證券交易所得在3萬元以內者免稅。

政府雖釋出善意，對小額證券投資者免徵，但對證券交易所得計算與相關稽徵技術問題，並不因上述的免徵而消失，問題仍舊存在。1974年石油危機，經濟不景氣，股市交易也受影響，政府在各方壓力下，為考量證券市場穩定發展，依據投資獎勵條例第

---

2 因股票股利所得須課徵所得稅，因而在除息日前會產生棄息(權)賣壓，

27條規定 [3]，宣布：追溯自1976年起，全面停徵證券交易所得稅；不但個人部分停徵，連企業部分也一併停徵。政府從1973年3月起開徵個人證券交易所得稅以來，只歷經一年又十個月，到1975年止。1976年起的停徵，從而也賠上了對企業停徵的部分。

為避免證券交易所得課徵對股市的影響，1985年起政府對未上市股票交易所得課徵所得稅。1986年起，台灣股市走向大多頭，交易熱絡，成交額不斷放大，股價也屢創新高，尤其是在1988年下半年後，股市泡沫化已成為熱門話題，學界也開始呼籲政府調整財經政策，於是財政部在1988年9月24日宣布：自1989年起恢復課徵證券交易所得稅，個人免稅額（起徵額）訂為300萬元。恢復課徵宣布後，股市重挫，股價連續19個交易日無量下跌，暴跌三千多點，跌幅達36%，成交量亦巨幅萎縮，各界反彈激烈，財政部在各方壓力下，又宣布穩定股市措施，直至10月下旬股市才恢復正常交易秩序。此為股市「924事件」。政府課徵證券交易所得稅對股市所造成的衝擊，由此可見一斑。1989年恢復課徵證券交易所得稅的主要內容為：

(1)在企業，將之納入營利事業所得中，全額合併課徵；若有交易損失，抵減項目不限財產交易所得，可抵減一般營利所得五年。

(2)在個人，按全年股票出售總額1000萬元來劃分：在1000

---

3 為促進資本市場之發展，行政院得視經濟發展及資本形成之需要及證券市場之狀況，決定暫停徵全部或部分有價證券之證券交易稅，及暫停徵全部或部分非以有價證券買賣為專業者之證券交易所得稅。但於停徵期間因證券交易所發生之損失，亦不得自所得額中減除。

萬元以內者免稅,而超過1000萬元者需課稅;但持有股票超過一年以上者,減半課稅。

(3)在個人,投資證券交易損失可抵減當年度財產交易所得;若當年度不足扣抵時,可遞延至往後三個年度申報抵減。

(4)配合證券交易所得稅的課徵,將證券交易稅率由0.3%調降為0.15%。

政府基於稅負公平起見,期以建立公平稅制而復徵證券交易所得稅,立意雖美,因在宣布開徵或復徵之時,在時間上都過於倉促,對稽徵技術面與實務面並無完整的配套措施。課徵後,不但無法達成公平稅負的目標,反而造成股市重挫、投資人抗議和人頭戶氾濫等問題。有鑑於此,政府於1989年底修改所得稅法,自1990年起停徵證券交易所得稅,同時也將證券交易稅從0.15%調升到0.6%。

1993年政府再啟證券交易所得稅復徵計畫,1996年1月4日立法院三讀通過證券交易所得稅的復徵案,以分離課稅方式課徵。該項訊息傳入股市,股市重挫,次日國民黨立院黨團緊急提案復議,暫時凍結已完成三讀的條文。隨後,立法院一改先前態度,竟通過決議不再徵證券交易所得稅。

從上述對證券交易所得稅課徵的歷程,可知從1973年起,政府雖對個人曾課徵證券交易所得稅,但課徵持續期間甚短,未超過二年,同時遭受許多非議與責難,在課徵上都可說是失敗的案例。有關證券交易所得稅課徵情形,扼要整理如表7.3。

表7.3　證券交易所得稅課徵情形

期　　　　間	個　　　人	企　　業
1963-1973.02.28	停徵	納入營利事業所得合併課稅
1973.03.01-1974.05.17	1.併入綜合所得課稅。 2.持有一年以上者免徵	納入營利事業所得合併課稅
1974.05.18-1975.12.31	全年出售證券金額在30萬元以下或證券交易所得在3萬元以內者免稅；其餘同上。	納入營利事業所得合併課稅
1976.01.01-1984.12.31	停徵	停徵
1985.01.01-1988.12.31	上市股票及未上市債券停徵；課徵非上市股票。	與左同
1989.01.01-1989.12.31	1.併入綜合所得課稅。 2.上市股票出售金額未超過1000萬元者免徵。 3.股票持有期間超過一年者，減半課稅。	納入營利事業所得合併課稅
1990.01.01-迄今	停徵	納入營利事業所得合併課稅

資料來源：自行整理。

2. 證券交易稅之課徵歷程與其稅收

在台灣，證券交易稅的課徵起於1955年底，稅率為0.1%，在正式課徵上比證券交易所得稅早許多年。開徵證券交易稅後，政府引用「投資獎勵條例」授權停徵多次，分別在1960年10月到1965年6月、1971年8月到1972年12月、1976年1月到1977年12月、1985年6月到1986年12月。自1987年起，不再間歇性的停徵證券交易稅，但其稅率為配合證券交易所得稅之復徵或停徵而調整，證券交易所得稅復徵時，證券交易稅率就調降；證券交易所得稅停徵

時，證券交易稅率就調升。證券交易稅與證券交易所得稅在性質上是完全不相同之稅目，它們之間的連動關係，完全基於稅收考量而來的。證券交易所得稅停徵，政府因而減少稅收，爲彌補其所短收者，就以提高證券交易稅率方式來達成。

1962年台灣建立證券集中交易制度，1965年6月19日公布「證券交易稅條例」，明訂股票買賣按其成交金額課徵0.15%的稅。1976年起停徵證券交易所得稅之同時，也停徵證券交易稅；之後，政府基於財政收入之考量，1978年起復徵證券交易稅，稅率爲0.15%；於同年11月29日又將稅率提高到0.3%。

因獎勵措施而停徵的證券交易稅，1987年起復徵，稅率仍爲0.3%。1989年因證券交易所得稅的復徵，證券交易稅率也隨之調降爲0.15%；1990年也因停徵證券交易所得稅，證券交易稅率也隨之調升爲0.6%。後因股市泡沫，政府爲提振股市，1993年1月26日起將其稅率調降爲0.3%。1993年後，每當股市不振，就有調降證券交易稅率之聲音，但其稅率卻一直維持不變。

1986年以前，台灣的證券流通市場規模小，因而所能課徵的證券交易稅收就少。1950年代各年度的稅收最多只有數十萬元，1960年代最多者有2億餘元，1970年代高者曾達7億餘元，但占總稅捐收入之比例仍不及1%；稅收真正提高，是在1986年全民參與股票投資運動後，股市成交規模擴張而使稅收增加，其所占比例也提高。1987年的稅收爲26.6億元，在總稅收中所占比例爲0.64%；1988年增高到136.32億元，比例爲2.66%；1990年稅收爲1067.27億元，比例達13.43%。之後，因股市泡沫，成交值萎縮，稅收也隨之下滑。1986年起各年度證券交易稅收與其所占比例的高低，會隨股市的榮枯而波動。1993年股市交投冷清，稅收也爲

表7.4　股票交易稅率表

單位：%

生　　效　　日	稅　　　率
1955年12月31日	0.1
1960年10月1日	停徵
1965年6月21日	0.15
1971年8月20日	停徵
1973年1月1日	0.15
1976年1月1日	停徵
1978年1月1日	0.15
1978年11月29日	0.3
1985年6月24日	停徵
1987年1月1日	0.3
1989年1月1日	0.15
1990年1月1日	0.6
1993年1月26日	0.3

資料來源：自行整理。

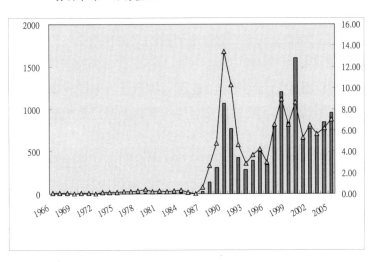

圖7.1　證券交易稅額與占總稅捐之比例

之大幅下滑；1998年與2000年的股市交投熱絡，稅收就衝上千億元，所占比例也接近9%。有關證券交易稅收與其所占比例，如圖7.1所示。

第二節　證券交易所得稅課徵之評述

與證券有關的稅目，計有證券交易稅、交易所得稅、利息所得稅與股利所得稅。證券之所以有利息所得，是來自收益證券與受益證券，前者之利息所得，併入綜合所得，以累進稅率課稅，但具儲蓄投資27萬元之扣除獎勵；後者所分配之利息所得，按6%分離課稅，不計入綜合所得。證券之股利所得，是來自於權益證券，基本上以股票為主；股利的產生，是股票持有人以股東身分，享有公司營運成果所分派的盈餘。在營利事業所得與個人綜合所得之所謂「兩稅合一」下，股票投資者參與除息（權），不但產生股利所得，同時也承受分派企業所繳納之營利事業所得稅負。由於企業營利事業所得稅已繳納，個人在年終申報綜合所得稅時，將之作為已繳稅額而可扣抵。若個人綜合所得累進稅率低於企業營利事業所得稅率，股票投資者還可享有企業已繳稅額之退稅好處，因而並無爭議。

與證券有關的稅目而有爭議者，在於證券交易稅與證券交易所得稅，尤其是證券交易所得稅。政府曾在1973年3月與1989年起課徵，但課徵期間都未超過2年，政府又宣布停徵；政府又曾在1993年復徵，復徵案在立法院都完成立法程序，而最終也免不了胎死腹中，這些案件都可說是在課徵稅目上的嚴重挫敗。

1973年3月之前，證券交易所得稅為雙軌制，企業有此稅負，

而個人則免。企業因而常假個人人頭戶而規避稅負，而有錢人投資股票所賺巨額資本利得也不需課稅，反而升斗小民的工資需全部繳稅，是種不公平現象 [4]，此不但違反水平公平，也可能損及垂直公平。基於租稅公平，對個人開徵證券交易所得稅，是有學理基礎的。1973年3月的開徵，政策倉促上路，並未有周延的事前規劃與配套，稽徵程序之繁瑣造成股票投資者過大負擔，對交易所得的計算與認定之不一致性，民怨四起，這與賦稅的「確實」與「簡便」原則不符合。1973年底石油危機，影響到經濟，也波及到股市，有些人認為證券交易稅與證券交易所得稅有礙資本市場正常發展，乃對政府施加壓力，而政府藉此引用投資獎勵條例而於1976年起停徵之。

石油危機對經濟的衝擊，漸行離去，停徵理由業已消失，政府卻沒有立即復徵證券交易所得稅，錯失良機。股價在多頭行情下，由1986年不及千點，1988年已衝破八千點。1988年的股價走勢，如脫韁之馬，扶搖直上。造成股市如此榮景，固與游資充斥有關，然而有些學者認為證券交易所得稅的停徵，對股價起了推波助瀾之作用。為恐股市過熱持續蔓延與基於賦稅公平考量，1988年9月24日（次日為中秋節，股市休市）政府宣布1989年起復徵證券交易所得稅。政府復徵政策宣布之後，往後的19個交易日股市無量重挫，股價指數跌掉三千多點。於此期間，股票投資者、證券商與立委等對政府提出抗議，嚴詞抨擊，政府仍持「不延後，不取消」之立場，但對課徵內容稍作修正，即提高免徵額，調降

---

4 徐育珠（1997）在他的財政學教課書中，識為：天下不公平之事，莫過於此（見徐育珠，頁378）。

證券交易稅，以減緩證券交易所得課徵所造成的衝擊，同時提出安定股市措施。

若政府宣布復徵的目的在於：減緩股市交投過度熱絡與抑制股價狂漲，政府政策宣布後，股市熱度確實下降，股價立即重挫，當年度封關時的股價為五千餘點。政府利用復徵之財稅政策，確實產生政策宣示效果，達成所要追求的目的，同時在稅制上更邁向租稅公平，一舉兩得。然而，政策宣布後股市連續19個交易日的無量重挫，對當時財政部長與相關公務人員的壓力何其大！其勇氣、擔當與堅持，值得敬佩。

然而，證券交易所得稅的課徵，對股票投資者產生實質課稅目的，是在課徵的1989年。按一般常理，實質課稅年度對股市交投熱絡的減緩與股價狂漲之抑制，應比政策宣告時更為有效。然而，1989年台灣股民對股市之狂熱，與1988年相比，有過之而無不及；當時股民並不在乎證券交易所得稅之課徵，仍熱衷於交易，忽略追高之風險，致股價一路狂漲，成交量持續放大，1989年上半年度股價就衝破萬點，交投之熱絡空前；至下半年，股價波動繼續加劇，且在高檔徘徊，封關時股價在9600點以上，較年初漲幅近倍。股市如此熱絡，1989年的股市交易產生巨額資本利得，肯定需繳納為數可觀的證券交易所得稅。儘管1989年成交值增大到25.4兆元，為1988年的2倍餘，是當年GDP的5倍，是年底貨幣供給量（M_{1b}）的11倍，成交值之大嘆為觀止，可見股民根本無視於證券交易所得稅課徵之存在。

由上述對1989年股市情況的陳述，可知證券交易所得稅的實質課徵，無法減緩股市交投之過度熱絡，也無法抑制股價的狂漲。實質課徵年份，反而沒有效果，不若宣告時所產生的影響。

　　1989年間，財政部門曾多次發布有關證券交易所得稅的議題，8月22日舉行所得稅法修正公聽會，財政部擬將證券交易所得合併計入綜合所得課稅制，改採先稅源分離課稅制，按出售金額課徵2%；然而在該月28日政策急轉彎，宣布研擬停徵證券交易所得稅與提高證券交易稅的配套措施。該年12月30日立法院完成對所得稅法的修正案，通過自1990年起停徵證券交易所得稅，並調高證券交易稅率至0.6%。

　　停徵證券交易所得稅，是否會為股市帶來榮景？股價是否會持續長紅？現以股價的月份變化觀之。1990年1月股市是延續1989年12月下旬的漲勢，行情確實熱絡，股價於2月10日達到台灣股市史上的最高點，2月份的收盤價是在一萬一千點以上。依此推論，財政政策對股市似有宣告上的短期正面效果。

　　1990年3月份的股價仍在萬點以上，但低於2月，該月股價下降約千點。4月下降程度更大，月底股價約為9300點，股市確實走入空頭，到10月1日跌到2485點，與8個月前最高股價相比，股價跌掉萬點。1990年封關的股價為4500點。

　　台灣政府對個人開徵證券交易所得稅，只有1989年而已。1989年課徵證券交易所得稅，股價漲幅卻有倍數；1990年停徵證券交易所得稅，股價反而腰斬再腰斬。依此推論，豈不成了開徵證券交易所得稅的財稅政策，對股價具有助漲功效；而停徵證券交易所得稅，卻對股價產生助跌功效？其實不對。影響股價的因素很久，財稅政策只是其中之一而已。從上述的論述得知：財稅課徵政策的宣告，對股價抑制具有短期效果；而財稅停徵政策的宣告，對股價推漲也具有短期效果；財稅政策對股價波動並無長期效果。股價長期走勢是反映市場基要條件（fundamentals）。

　　1993年1月立法院通過證券交易稅調降案之同時，要求行政院於年內提送證券交易所得稅之復徵案審議；1996年1月4日立法院三讀通過證券交易所得稅的復徵案，按14%分離課稅方式課徵，同時又將證券交易稅調降為0.05%。該項訊息傳出，股市重挫，使得社會浮現1988年復徵案對股市持續重挫的陰影。為了免於對股市所產生的風暴，次日國民黨立院黨團緊急提案復議，暫時凍結已完成三讀的條文。1月12日，立法院竟決議不再復徵證券交易所得稅，此案就如此胎死腹中。所得稅法中，仍維持證券交易所得停徵之相關條文，直到如今。

第三節　證券交易所得稅課徵論述

　　證券交易所得是否課徵？國內仍存歧見。尤其在1989年宣布復徵對股市所造成的震撼，以及1996年復徵案的胎死腹中，這些慘痛經歷仍留在記憶深處。由此可見，對復徵問題，務必謹慎，以免重蹈覆轍。茲分別從學理上與各國制度比較上予以論述。

一、學理上的證券交易所得稅

1. 資本利得之所得本質與公平

　　租稅的課徵是否合理，首先考慮它是否符合公平原則。亞當・史密斯(A. Smith)及華格納(Wagner)所提倡的租稅原則中皆有租稅公平原則；公平原則已成為一個租稅制度是否可以成為優良租稅的重要指標。社會公平應體現在：誰有能力與付出多少的能力，就該獲得多少的收入。在租稅負擔方面，公平的考慮為：誰有能力，誰就該負擔(ability to pay)；誰受益，誰就該付費

（benefit to pay）。勞動市場中，擅長不同技能的勞動者，通過提供腦力或體力勞動，獲得相應的所得，這體現了社會公平。在證券市場中，投資者以資本進入股市，買賣股票，從中賺取價差、紅利。這些人使用資本，獲得報酬，同時承擔風險。

股票買賣實現的資本利得，也為財產所得之一種，其所得係由財產交易而來。另一方面，存款為財產的一種，其風險性較低，而利息收入需併入綜合所得課徵；投資股票，成為企業股東，接受股利分派，股利也為財產所得之一種，也需課稅。我們暫不論風險承擔的問題，股票買賣實現之資本利得，為個人的所得，它增加個人的財富與經濟能力，如同利息、股利般，理應也要課稅，所不同者一為財產的孳息，另一因財產交易而得。基本上，它們都歸屬財產所得，有別於勞動所得。

有人將財產交易所產生的資本利得，視為「不勞而穫」的所得。其實，買賣股票所賺得的資本利得，也許存有某些運氣，但更多為投資者努力後的報酬，與承擔風險之補償。既然它會對個人純資產造成增加與經濟能力產生增強，那就不論所得的來源是來自財產或勞動，或財產中因孳息或交易，凡產生所得者，理應對各種來源的所得都予以課稅，才符合公平原則。為何要對資本利得課稅？最主要是基於公平的要求。相對於勞動所得，工人所付出的辛苦與汗水，資本利得是以錢賺錢，似乎賺得容易些。勞動所得要課稅，股票的資本利得反而無需課稅，當然不公平。主張課徵證券交易所得稅者，最主要是公平的訴求。

考慮到市場參與者所得之間的公平問題，開徵證券交易所得稅可促進社會分配公平。證券市場中的投資結構，中小投資者占比較高的比率，他們資金規模小，資訊獲取遲緩，獲利機率低；

大額投資者資金規模大，資訊獲取迅速，獲利機率高。證券市場
中對投資者買賣股票所課徵的證券交易稅，雖為比例制，實質上
中小投資者的稅負水準明顯高於大投資者。課徵證券交易所得
稅，低收益適用低稅率，高收益適用高稅率，且對投資損失可抵
減投資收益。因而，證券交易所得稅具有調節證券市場中投資者
的所得級差，調節大投資者和中小投資者之間的稅負水準，促進
公平。

2. 課徵資本利得稅的效果

股票的資本利得主要發生於證券交易的流通市場。資本利得
的產生，不同於一般意義的所得，它的產生既有公司經營的因
素，又有宏觀經濟的因素，同時也與投資者個人心理素質的差異
有密切關係。對這樣一種生成原因比較複雜的特殊類型之所得徵
收資本利得稅，會有各種層面的效果。然而，對租稅效果的分析，
基本上著眼於效率，而資本利得稅的效果又以閉鎖效果（lock-in
effect）為主。

（1）效率與閉鎖效果

經濟效率係指資源最適化的配置，課稅往往使得資源配置產
生扭曲，無法達到最適化境界，造成無謂損失（deadweight loss），
社會福利因而下降。對證券市場若開徵證券交易所得稅，也無法
免除對效率的衝擊，也會帶來整體社會福利的下降。然而，證券
交易所得稅的效率影響，大都圍繞在閉鎖效果（lock-in effect）上。
閉鎖效果所指的資源配置的扭曲，為投資者在選擇交易與持有資
產之間所產生的矛盾。閉鎖效果的內涵為，在所得稅率採取累進
稅率的制度下，對證券交易的資本利得予以課稅，於資本利得實
現之年份將適用較高稅率，納稅人將會負擔較高稅額，為避免或

減輕稅負,持有人會放棄可售機會,或投資其他報酬率較高的資產,如此阻礙了資產移動,扭曲了資源配置,造成社會福利的損失。Stiglitz(1983)對閉鎖效果的研究,進一步劃分爲交易效率(exchange efficiency)與生產效率(production efficiency),前者爲對證券市場正常運作與交易的影響,後者爲對所有權移轉與最佳經營管理的影響。

根據數量分析,獲得閉鎖效果與證券交易所得稅及持有股票報酬率之間呈正相關的結果,也就是說,稅負愈重或股票報酬率愈高,所產生的閉鎖效果就愈大;持股期間愈長,藉由死亡規避租稅的可能性愈高,所產生的閉鎖效果也就愈大(Holt & Shelton, 1962)。

證券交易所得稅的有效稅率與通貨膨脹率有關。通膨率愈高,有效證券交易所得稅率就愈高;資產持有時間愈長,通膨對資產的作用就愈大,有效證券交易所得稅率也就愈高。高通膨,就會有高的有效證券交易所得稅率,因而所產生的閉鎖效果也就愈大。

閉鎖效果也會影響資金在投資和儲蓄之間的分配。理論上,閉鎖效果會使股票市場的波動性增大,風險增高,投資者在選擇投資資產組合時,可能會將較少的資金投資股票,更多的資金選擇無風險的銀行存款、或風險較低的債券。如此,資金在儲蓄和投資之間的配置就受到閉鎖效果的干擾。閉鎖效果不僅僅影響到資源配置,對總體經濟也會有影響。資本利得稅率的高低會影響最終稅收收入的多寡,因稅率高低影響閉鎖效果程度,進而影響投資人避稅意願。避稅意願愈高,股票交易就會減少,使得證券交易稅和證券交易所得稅的稅收降低,影響到總體稅收收入的水

準。Feldstein(1995)以應納稅所得對淨稅率改變的敏感度分析，比較美國1986年稅收改革法案前後稅率變動的影響，計算出可課稅所得的淨稅率彈性為1.4，認為稅率的降低可大幅提高可課稅所得，增加稅收收入，減少稅源流失。

在實證上，不同學者利用不同方法研究閉鎖效果，證券交易所得稅產生的閉鎖效果是不確定的。認為閉鎖效果顯著者，至少有Somers(1948)、Stiglitz(1983)、與Klein(2001)等的研究；而認為閉鎖效果不顯著或效果較低者，則有Gemmill(1956)、Kovenock和Rothschild(1987)、Auerbach(1989)等。

Somers(1948)的研究發現，課徵累進稅率的證券交易所得稅將影響投資者出售或持有資產的意願，進而對股價產生「漲時助漲，跌時助跌」的閉鎖效果，不利於股市價格的穩定性，也影響資源配置的效率。證券交易所得稅的課徵，因租稅而來的移轉阻卻與價格波動，會產生交易效率的下降與生產效率的干擾(Stiglitz, 1983)。Klein(2001)通過一個資產定價模型的研究，發現投資者累計的資本利得是由長期邊界報酬反轉決定的，投資者為了避免已累計的資本利得之實現，在有稅負的情況下會傾向於少賣股票，以減少所得的實現。

相對的，Yitzhaki(1979)研究發現，課稅所造成的閉鎖效果會使高所得階層所持有股票的報酬率約下降1.5%，對低所得之投資人的效果並不顯著。Auerbach(1989)認為閉鎖效果所產生的效率損失是小的，他認為多數人把社會資源配置的扭曲歸因於閉鎖效果是不正確的。基於投資人偏好的差異，存有不同類型的投資轉換資產投資標的，這些不同的資產投資組合，是基於偏好而來的選擇結果，並非完全來自於對稅負的規避。Kovenock和Rothschild

(1987)的研究也顯示閉鎖效果不大，由於資本利得在投資者死亡時可抵減，且投資利得可延後實現，據此估計出的美國有效年資本利得稅率約介於5%至10%之間，認為較低有效資本利得稅率將不至於產生太大的閉鎖效果。

(2)市場效果

市場效果的分析為閉鎖效果分析的延伸，這可分三方面來論述，分別為股價的報酬率、股價的波動性、市場的成交量與流動性。

I. 對股價和報酬率的影響

證券交易所得稅對證券市場影響的表現，大眾最關注者莫過於股票價格的升降問題。證券交易所得稅的課徵或提高其稅率，按理會降低投資者之股票淨報酬率，因為資金是逐利的，如此會使資金流向預期高報酬率的產品，投資資產組合結構因而產生變化。在供給不變的情況下，投資者因證券交易所得稅的因素而降低需求，按供需理論，股價會下挫。美國在1986年頒布稅收改革法案，對長期持有股票之資本利得稅的優惠廢除，行同提高股票的資本利得稅。Jang(1994)以美國稅收改革法案通過年(1986)的前後資料，對美國股票市場的研究結果顯示，上述稅率調整措施對股市影響確實存在，投資人為了避稅而轉換其投資標的，轉向偏好投資於低現金股利、高股票股利的公司，進而影響股利發放率高低不同的個股股價表現，間接提高了低現金股利、高股票股利公司的股票報酬率。

我們從理論上已知：證券交易所得稅會產生閉鎖效果，具有資本利得之股票會延後實現，以規避稅負；相反地，若有資本損失之股票，在閉鎖效果下，會盡早出售，因出售所產生的資本損

失，可抵減稅負，Reese(1998)的研究，證實投資者因證券交易所得稅的課徵而有如此行為，其稅率的調升更深化投資虧損的早日處理，與投資利得的日後實現；而Seida和Wempe(2000)也得出同樣的實證結果。這樣的投資行為，進一步影響市場交易和報酬率在時間上的分配。

II. 對成交量和流動性的影響

我們已知課徵證券交易所得稅會產生閉鎖效果，如此也會影響到市場交易，最直接的表現就是對交易量的影響。投資者因避稅考量，可能不實現資本利得，交易量自然就會萎縮。股市交易量的萎縮，說明市場流動性變差，至少想要維持原先的價格交易，可能是困難的，或者根本變為不可能。Feldstein和Yitzhaki(1978)以美國1963年的資料實證分析，證實資本利得稅對股票出售的影響是十分顯著的，且有負面效果。也就是說，投資人的決策對於賦稅的改變極為敏感，特別是轉換股票投資標的受資本利得稅率變動的影響更大。資本利得稅率提高顯著的降低投資人出售股票的意願或出售金額，這樣將影響證券市場的成交量與成交值，並進一步影響股票的流動性，也降低市場交易的靈活性。

Feldstein、Yitzhaki和Slemrod(1980)又以美國1979年的資料進行實證研究，結果為證券投資人的股票出售決策對資本利得稅率的敏感度極高。也就是說，提高稅率將會使股票出售以及資本利得的實現大幅減少。他們對不同稅率方案的模擬分析，就資本市場效率性言，降低長期資本利得稅率能活絡市場；就政府稅收而言，也因股票交易量的放大而帶來資本利得實現的大幅上升，增加稅收收入。此結果與Feldstein和Yitzhaki(1978)的研究相一致。

Slemrod(1982)的研究指出，資本利得稅減稅方案的實施，美國股市交易量確實呈現擴大的現象。然而，交易量的擴大是否只因減稅案的本身，抑或還受股市多頭榮景的其他因素影響，仍未定論。其研究，在三個不同市場中得到不一致的結果，實證結果在NYSE上支持減稅案對交易量的影響，但在AMEX卻有截然不同的結論，對OTC的影響隨時間而漸行顯著。

Seida和Wempe(2000)利用美國股票市場個人投資者交易資料，建立模型研究1986稅收改革法案後，個人投資者的交易變化。無論從長期或短期來看，資本利得稅的提高對投資者的交易活動都有影響，法案頒布後，年末投資者更願意賣出有虧損的股票，不願意賣出有累計盈利的股票。

III. 對股價波動性的影響

認為證券交易所得稅對股價波動性有影響者為Somers(1948)和Stigliz(1983)，他們均認為證券交易所得稅的課徵是構成經濟不穩定的因素之一，其所產生的閉鎖效果，加深股價的波動性。然而，在實證上卻鮮有強烈支持證券交易所得稅的課徵與稅率提高，會使股價波動加劇的證據。

Gemmill(1956)認為多數投資者會以獲利極大化為考慮，在預期股價最高時出售手中持股，並轉換報酬率更高的投資標的，而不會受避稅策略的限制，這就是說閉鎖效果不存在；在實證上，Gemmill也證實資本利得稅對股價影響程度不大。

二、各國稅制上比較

世界上開徵資本利得稅的國家，主要是工業化發達國家。一類採綜合所得稅制，以美國、英國為代表。在稅制上，將資本利

得與其他各種收入，都計入應納所得總額中，算出淨額，為計稅依據，確定適用稅率，再算出個人（家庭）當年應納稅額。實施個人所得稅綜合稅制的國家，都採用累進所得稅制，所得愈高，稅率愈高，稅負也愈重，但有些國家對資本利得規定免稅額，如英國的免徵額為5800英磅。在稅制設計上，因證券交易所產生的年度損失也都允許在一定限度內可抵減應納稅所得額，如美國每年3000美元的抵扣，若不足抵減，可於後續年度裡抵減；對長期投資的資本利得給予優惠，以鼓勵長期投資，抑制投機行為；甚至資產持有人持有資產到死時，免徵資本利得稅。

另一類採分離所得稅制，單獨對證券交易的資本利得課稅，如法國與日本等國家。對資本利得單獨徵稅，就是指不再跟其他所得如勞動所得、利息收入等合併後以綜合所得徵稅。法國為比例分離課稅制，對資本損失也可抵減資本利得五年。日本採用交易額的一定比例作為應納稅所得額，不計算損失。除就源課稅外，納稅人也可採取申報方式，確定應納稅額。

新興工業化國家和地區，如新加坡、香港等，為鼓勵發展證券市場，對股票交易的資本利得都採免稅優惠政策。開發中國家，如中國大陸、菲律賓、馬來西亞與印尼等，也都免徵證券交易之資本利得稅。

三、政策啟示

就好比「魚與熊掌，不能兼得」；效率與公平，也存有替換（trade-off）關係。為了追求公平，犧牲一些效率，有人認為值得，這完全基於社會偏好與社會價值來決定。除基於租稅公平的考量，開徵證券交易所得稅，對效率的影響與市場效果也應納入考

量。雖然在文獻上對閉鎖效果的看法仍有一些爭議,無庸置疑地它是存在的。因此,課徵與提高稅率對股價及其報酬率、股市的波動性、與成交量及流動性的影響,足以影響市場效率,影響資源配置。若造成交易量的萎縮,稅收課徵反而失去其實質意義。

證券交易所得稅課徵會產生閉鎖效果,那是課徵之後的反應。然而從過去案例中瞭解,課徵證券交易所得稅的宣布對股市會產生立即衝擊,股價重挫,成交量大幅萎縮,課稅的宣布為抑制股價飆漲的有效政策工具。因對股市會產生如此大的影響,在今後利用時更應慎重,不可隨意採用;不然,反而危及股市。也由於對股市有如此強烈的立即反應,使得財經法案的議題會轉變為政治議題,模糊了焦點。

對證券交易所得稅之課徵,務必從完善整體稅制上來考慮。若在整體稅制上認為有課徵的合理性與健全性,則在時機上,應慎重選擇,以建立完善稅制。稅制建立終竟是件長期規劃的工作,最為忌諱的是:不宜單從股價飆漲上考慮,以其作為短期抑制股價的措施。

台灣的所得稅制為綜合所得之累進稅制。採取此種稅制,是希望經由租稅手段達成社會公平,然而在諸多優惠獎勵免稅的措施下,已喪失量能課稅之原則。新制的最低稅負制,對基本所得額的計算,在個人所得方面仍未將證券交易所得納入,基本上還是基於對股市影響的考量。

台灣經濟體愈來愈開放,本國的錢可自由進出,而國際資金也可自由進出台灣,這些資金旨在逐利。證券交易所得稅的課徵,當然會降低資金的淨報酬率,資金會進行國際間之移動。要建設為區域金融中心的新加坡與香港,就對證券交易所得免稅;

開發中國家，為求資本市場的發展與健全，也對證券交易所得免稅。台灣久想建設成為區域金融中心，惟因國際間資金自由移動受限制，台灣證券市場似已欠缺資金動能。目前已有台商企業在外地上市，即表示對政府限制的不滿。處於這種環境下，更不宜將證券交易所得稅的復徵作為財稅政策之工具。

第八章
賦稅與對外貿易

第一節　賦稅與對外貿易的關係

　　台灣為一海島，自然資源有限，而人口相對眾多，為了圖生存，不能閉關自守；為了謀發展，必須拓展對外貿易。在1950年代，拓展對外貿易，除支持經濟持續成長外，利用關稅既能控制進口，以節省外滙，又能藉其收入，充裕國庫，支持政府支出。因此，對外貿易便逐漸成為台灣經濟發展的主導力量。為了推動台灣經濟發展，政府曾利用賦稅作激勵民間企業發展的工具。賦稅中的田賦是農業經濟時代的重要稅源，惟由於在以農業為經濟主流的社會，在人口不斷增加，而土地可耕種面積逐漸減少的情況，田賦乃成為農民的沉重負擔，而且也不利於經濟的發展；有鑑於此，政府乃積極推動工業發展，藉以解決農村溢出的剩餘勞力。為推動工業發展，採取激勵措施是必要的。

　　以台灣的社會經濟背景，發展工業所需要的勞力，尚不發生匱乏問題，但缺乏用以購買機器設備、農工原料的資金。借外債，因國家貧窮，國際債信力不足，借外債十分困難；引進外人投資，

在1950年代尚未形成風氣,而國內基礎設備不足,配套措施缺乏,也難以達成所願;何況部分國人對引進外資缺乏正確理解,更使執政當局對引進外資為之卻步。在對各種可能途徑選擇下,認為推動對外貿易發展,可解決資金不足問題,理由很簡單,先利用台灣的比較優勢:安定的國內環境和豐富而低廉的勞力資源,先發展勞力密集的農工產業。在1950年代,先發展農產品與農產加工品的出口,用以換取外匯,再利用這些外匯,購進所需要的機器設備和農工原料;再利用這些生產工具,發展輕工業;而勞力密集的產品中,大部分為出口,小部分由國內消費;出口部分換取外匯,用作再進口國內所需的各種生產工具和產品。於是出口與進口形成一個相互聯結的環(如圖8.1)。

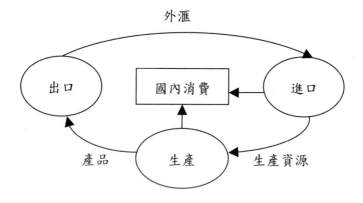

圖8.1 台灣進口出口的關係

顯然,對外貿易的拓展不但為台灣解決剩餘勞力的就業問題,並改善其生活,也為台灣累積大量的外匯存底,從而提高了台灣的國際債信力。由此可見對外貿易對台灣經濟發展的重要

性。在此，我們利用總供（需）恆等式，說明國內需求（即民間消費支出、政府消費支出、政府與民間投資支出）（DD）與國外需求（即貨物與勞務出口）（E），兩者對總需求成長率的貢獻程度。同時，也說明國內供給（即國內生產毛額）（Y）和國外供給（即貨物與勞務進口）（M），兩者對總供給成長率的貢獻程度。總供給予總需求是完全相等的，亦即

$$總供給 \equiv 總需求$$
$$國內供給＋國外供給 \equiv 國內需求＋國外需求$$
$$Y＋M＝DD＋E$$

先就供給面而言，從1981-2005年，總供給平均成長率為6.51%。如將此階段分成三期來觀察，1981-1990年總供給平均成長率為8.61%，1991-2000年則為7.46%，至2001-2005年則為3.48%，說明台灣經濟總供給平均成長率在1981-1990年為最高；2001-2005年為最低，其下降之速，令人為之側目。國內供給平均貢獻率，在1981-2005年為4.28%，較國外供給平均貢獻率（2.23%）為高。不過，國內供給平均貢獻率之下降較國外供給平均增加率為快。台灣經濟總需求平均成長率在各階段與總供給相同。在1981-2005年，國內需求平均成長率為3.64%，國外需求平均貢獻率為2.87%，表示前者的貢獻率較後者為大。國內需求平均增加率是逐期下降的，而且下降速度極快；國外需求平均增加率也是下降的，不過速度較慢，國外需求平均貢獻率也是下降的，其速度較慢。讓我們再比較，在此階段國外供給予國外需求的貢獻率。在整個階段，國外需求的平均貢獻度較國外供給為大，前者

為2.87%，後者為2.23%。如比較各階段，除1991-2000年，國外供給平均貢獻率較國外需求為大外，其他兩個階段，國外需求平均貢獻率較國外供給為大。惟令人注目的，在2001-2005年階段，國外需求平均貢獻率較國內需求貢獻率為大，前者為2.71%，後者為0.77%（見表8.1）。

第二節　關稅與進口限制

關稅的目的，除為了充實政府財源外，是為了限制進口；而限制進口，一方面為了節省外滙，另方面為了保護所謂的幼稚工業。關稅的增減取決於稅率的升降和進口數額的增減，而進口的增減又受經濟消長的影響。如果經濟保持成長，而稅率不變的話，進口增加，關稅必會增加；反之亦然。在過去50多年（1952-2005）的經濟發展過程中，僅有很少的年代，進口比上年減少，如1975、1982、1985、1989和2001，其餘各年進口都是增加的。事實上，自1960年代開始，為獎勵投資，關稅稅率不斷調降。在1999年以前，即使如此，因進口保持高度成長，關稅一直在增加中。到1999年，關稅下降，2000年又大增，2001年又開始下降，直到2005年才又上升。

台灣關稅稅率在1960年代以前相當的高，除財政目的外，主要為保護國內幼稚工業。政府就心開放進口，會使新興產業因缺乏競爭力而夭折。而且對於進口的產品種類也有差別限制，即對於消費品，尤其是奢侈性化粧品之類，均課以重稅；對於機器設備和農工原料的進口，則限制不多，因為它是再生產所依賴的資源。例如在1954年以前，消費品進口尚占總進口的12%以上，但

表8.1　國內供(需)對總供(需)的貢獻程度

單位：%

年	國內供給貢獻率（Y）	國外供給貢獻率（M）	比較	總供（需）	國內需求貢獻率（DD）	國外需求貢獻率（E）	比較
1980	6.40	0.56	Y>M	6.93	4.99	1.97	DD>E
1981	5.60	-0.37	Y>M	5.23	2.89	2.34	DD>E
1982	4.80	-2.54	Y>M	2.26	1.79	0.48	DD>E
1983	2.66	5.85	Y<M	8.84	4.41	4.43	DD<E
1984	6.43	5.04	Y>M	11.47	6.48	4.99	DD>E
1985	8.23	-5.19	Y>M	3.04	2.43	0.61	DD>E
1986	8.86	4.34	Y>M	13.20	4.86	8.34	DD<E
1987	9.48	6.50	Y>M	15.98	9.57	6.41	DD>E
1988	5.87	5.16	Y>M	11.01	9.27	1.76	DD>E
1989	6.12	3.08	Y>M	9.20	7.61	1.59	DD>E
1990	4.13	1.69	Y>M	5.82	5.67	0.15	DD>E
1991	5.33	4.31	Y>M	9.64	5.82	3.82	DD>E
1992	5.50	4.31	Y>M	9.21	7.18	2.03	DD>E
1993	4.82	2.42	Y>M	7.24	5.81	1.43	DD>E
1994	5.19	0.96	Y>M	7.27	6.73	0.54	DD>E
1995	4.55	2.88	Y>M	7.43	1.83	5.60	DD<E
1996	4.42	1.79	Y>M	6.21	4.58	1.63	DD>E
1997	4.53	4.11	Y>M	8.64	5.88	2.76	DD>E
1998	3.11	2.09	Y>M	5.20	4.40	0.80	DD>E
1999	3.95	1.42	Y>M	5.37	1.80	3.57	DD<E
2000	3.86	4.56	Y<M	8.42	2.62	5.80	DD<E
2001	-1.50	-4.41	Y>M	-5.91	-3.10	-2.81	DD<E
2002	2.75	2.31	Y>M	5.06	1.13	3.93	DD<E
2003	2.35	2.09	Y>M	4.44	0.49	3.95	DD<E
2004	4.02	5.96	Y<M	9.98	4.32	5.66	DD<E
2005	2.66	1.14	Y>M	3.80	1.03	2.77	DD<E
平均							
1980-89	6.22	2.36		8.61	5.50	3.11	
1990-99	4.53	2.89		7.46	4.66	2.80	
2000-05	2.06	1.42		3.48	0.77	2.71	
1981-2005	4.28	2.23		6.51	3.64	2.87	

資料來源：根據Council for Economic Planning and Development: *Taiwan Statistical Data Book*算得。

自次年起，除1961年占總進口的10.1%，其餘各年均未超過9%，
直至1980年代後期(見表8.2)。

表8.2　台灣商品進出口結構

單位：%

年	出		口		進		口	
	總額	農產品	農產加工品	工業品	總額	資本財	農工原材料	消費品
1952	100.0	22.1	69.8	8.1	100.0	14.2	65.9	19.9
1955	100.0	28.1	61.5	10.4	100.0	16.5	74.7	8.8
1960	100.0	12.0	55.7	32.3	100.0	27.9	64.0	8.1
1965	100.0	23.6	30.4	46.0	100.0	29.3	65.6	5.1
1970	100.0	8.6	12.8	78.6	100.0	32.3	62.8	4.9
1975	100.0	5.6	10.8	83.6	100.0	30.6	62.6	6.8
1980	100.0	3.6	5.6	90.8	100.0	23.4	70.8	5.8
1985	100.0	1.6	4.5	93.9	100.0	14.1	76.9	9.0
1990	100.0	0.7	3.8	95.5	100.0	17.5	70.4	12.0
1995	100.0	0.4	3.4	96.2	100.0	16.3	72.0	11.7
2000	100.0	0.2	1.2	98.6	100.0	28.0	64.1	7.8
2005	100.0	0.2	1.1	98.7	100.0	19.7	71.7	8.6

資料來源：同表8.1。

　　台灣關稅稅率調降有兩大主要原因：一為增強出口的競爭
力，即對用於再生產的原材料和機器設備之進口降低其關稅稅
率，也就是降低其生產成本，這對於提高產品的國際競爭力是有
幫助的；一為貿易與國的壓力，到1980年代，台灣對美國出口占
台灣總出口從34.1%到48.8%，而且連年對美國出超，例如1987
年，對美國貿易出超占台灣總出口的29.8%。美國政府要求台灣
降低關稅，否則，將以「301」法案伺候。政府乃於1984年宣布

經濟自由化、國際化，於是加速降低關稅稅率成為必然的趨勢（見表8.3）。

表8.3　對美國出口與出超比重

單位：%

年	對美國出口占總出口的比例	對美國出超占總出超比例
1965	21.3	75.9
1970	38.1	471.2
1975	34.3	26.5
1980	34.1	2,692.9
1981	36.1	240.7
1982	39.4	126.5
1983	45.1	138.2
1984	48.8	115.6
1985	48.1	93.4
1986	47.7	86.6
1987	44.1	87.8
1988	38.7	95.1
1989	36.3	87.7
1990	32.4	73.1
1995	23.7	69.1
2000	23.5	104.1
2005	15.1	122.3

資料來源：同表8.1。

除此，還有一個原因，即降低關稅率係為了抑制通貨膨脹之氣勢。就台灣情況而言，台灣是一個幅員小，而資源不豐的地區，因此需要發展對外貿易，才能使經濟發展有所依賴。也因此，國

際物價的波動會很快影響台灣物價之波動，乃有輸入性通貨膨脹之論述。當國際油價上漲，或糧食價格上漲時，便會直接影響台灣民生物資的價格。通常，政府為降低消費者物價波動程度，首先考慮到的是限制措施，例如在1973年第一次能源危機發生時，政府曾採用限制物價的傳統作法，結果，市面上發生缺貨現象，反而使物價更加飆漲。如果降低關稅並大量開放進口，使民生物資無匱乏之虞。在供給足以應付需求的情況下，就會降低通貨膨脹的氣勢。如果關稅稅率已經很低，這個工具就不能利用了。

自1950年代以來，直至1981年，關稅在總稅收之比重一直維持首位，之後，到1987年居第二位，自1988年起降為第三位，到1990年降為第五位，到2005年便降為第六位。由於從2006年年底起，須履行世界貿易組織(WTO)的規範，可預見的，關稅稅率還會向下調整，而關稅也會降低其在總稅收中之份額，以及其數額（見表8.4）。面對全球化浪潮的衝擊，阻礙貨物自由流通最大的障礙為關稅。相信關稅還會隨著全球化的加深逐漸降低。

由表8.4可見，關稅收入到2000年達到最高峰，然在總稅收中所占比例已降至8.1%。大體言之，在1995年以前，除少數年代，關稅較上年下降外，其餘各年均見關稅收入在增加。由1995至2000年，增幅有限，從2001年起，每年都在下降，直至2005年，該年尚有小幅度之增加。到2005年，其在總稅收中之比重已降至5.3%。由於加入WTO及全球化的影響，今後，關稅還會繼續下降。

至於關稅收入與進口的關係，自1955至2005年期間，僅有少數年代，出口是較上年減少的，但其趨勢是成長的。例如1955年進口額為31億4600萬元，到2005年便增為5兆8446億5400萬元，

表8.4　台灣關稅與進口

單位：百萬元，%

年	關稅收入（T）（含防衛捐及臨時稅）			進口（M）		關稅收入／進口（＝有效關稅稅率）
	金額	成長率	在總稅中所占比例	金額	成長率	
1955	1,096	8.09	21.5	3,146	4.78	34.83
1960	1,618	4.72	18.4	10,797	27.64	14.99
1965	3,477	29.06	22.8	22,296	29.91	15.59
1970	8,591	16.02	23.4	61,110	25.67	14.06
1975	23,527	-5.53	24.1	226,460	-14.67	10.37
1980	57,003	5.57	21.8	711,433	33.50	8.01
1985	66,873	1.11	16.9	801,847	-7.92	8.34
1990	81,880	-8.40	9.7	1,471,803	6.21	5.56
1991	79,269	3.19	9.8	1,690,772	14.88	4.69
1992	88,429	11.56	9.1	1,817,061	7.46	4.87
1993	99,928	13.00	9.6	2,034,746	11.98	4.91
1994	102,941	3.02	9.1	2,261,651	11.15	4.55
1995	115,366	12.07	9.4	2,742,851	21.28	4.21
1996	104,806	9.15	8.7	2,815,120	2.63	3.72
1997	103,406	1.34	8.1	3,276,094	16.05	3.16
1998	114,331	10.57	8.2	3,503,569	6.94	3.26
1999	103,045	-9.87	7.6	3,576,416	2.08	2.88
2000	156,815	52.18	8.1	4,368,696	22.15	3.59
2001	92,558	-40.98	7.4	3,619,430	-17.15	2.56
2002	85,901	-7.19	7.0	3,893,682	7.58	2.21
2003	82,783	-3.63	6.6	4,383,724	12.59	1.89
2004	28,885	-4.71	5.7	5,627,587	28.37	1.40
2005	82,374	4.42	5.3	5,844,654	3.86	1.41

資料來源：財政部，《財政統計年報》，2005，2006。

後者為前者1857.80倍；在同時期，關稅收入，共增加420.28倍，顯然，進口增加快，而關稅增加慢。再看看關稅在進口中之比例，亦可見進口的稅負是增加或減少。大體言之，在1955年以前，有效關稅率為35%，確實很高。到了1960年代便降為15%，1970年代降到8%至10%，1980年降到8%；1990年代降到4%以下，2000年的前5年降到2%左右。這也顯示，總進口中，對關稅的負擔愈來愈輕；也顯示關稅愈來愈不重要了。

第三節　租稅獎勵與出口

台灣是個不能自給自足的島國，唯有發展對外貿易，台灣經濟成長才有著力點。關稅在台灣經濟發展早期，正如前面所述，除財政目的外，主要是為限制外國商品進口，藉以降低外國產品在國內的競爭。可是台灣的出口所面對的是國際市場，要想在國際市場上具有競爭力，主要為生產力的提高；在生產技術處於落後階段，要想出口，在策略上降低生產成本，也可提高其競爭力，於是政府的優惠條例便產生了直接的效果。在優惠條例中，最實惠的措施便是租稅減免（包括出口退稅）。這種措施在實施的最初十年確實達到了預期效果，但是當世界上很多開發中國家著手發展其經濟時，也都是鼓勵出口，「以有易無」的。由於技術的改進與創新非一朝一夕所能奏效，這些國家之能拓展對外貿易，所依賴的都是低廉的勞力和對出口減免稅負。對台灣而言，由於經濟不斷成長，低廉的勞力，漸漸失去其比較優勢；至於對出口優惠，係採取外銷退稅措施，以期能降低業者的生產成本，藉以對提高國際競爭力，產生正面的效果。

外銷退稅也是一種減免稅措施，它會降低出口價格，提高競爭力。就總退稅而言，其金額，1956年占稅收實徵額的8.5%，到1965年，增加為27.1%，1975年更增加到47.2%；之後，便逐漸下降，到1990年下降至3.4%，2005年更下降至0.7%。從1965年到1985年的20年期間，退稅率為最高。

在外銷退稅金額中，以關稅的退稅金額為最高，其次為貨物稅。關稅退稅金額，從1975年至1985年的十年中，退稅金額為最大，約占退稅總額的65%以上。外銷退稅中之關稅是課自上期業者的進口產品，而進口產品是用於生產出口品的原材品及機器，因此與上期的進口有密切關係，而進口中的消費品部分，則不享受退稅優待。除此，貨物稅之外銷退稅額在1970年至1985年期間，占較大比例。對於鹽稅，曾有很少的退稅額，1975年之後，取消鹽稅，其退稅也跟著不存在；商港建設費中，曾享有退稅額，也隨著此種建設費的取消而不存在（見表8.5）。

外銷退稅之效果，在設想上，認為它會增強產品的國際競爭力，對於這個論點，尚無實證來佐證；不過，我們可觀察它對出口價格的影響。如果出口價格低於躉售物價，這表示，對降低出口價格有幫助，從而也可推論，它對國際競爭力的提高有幫助。表8.6是1981-2005年躉售物價與出口價格的比較表。比較的結果，我們發現躉售物價低於出口價格，在25年期間（1981-2005），有7年是如此；但有18年是出口價格低於躉售物價，在此情況，我們很難遽下結論：出口價格一定低於躉售價格，但大體言之，出口退稅會影響出口價格的下降。

其實，用迴歸關係的推斷，也可瞭解躉售物價與出口價格是有密切關係的；而出口價格與出口值之關係更是密切不分。換言

之，躉售價格與出口值也有密切關係的。

表8.5　外銷退稅金額

單位：NT$百萬元；%

年	總退稅金額			關稅	退稅金額			
	退稅金額(1)	稅收實徵額(2)	比例(3)=(1)/(2)		貨物稅	鹽稅	商港建設費	1960年度水災後徵建設捐
1955	20.9	1,787.5	9.4	17.4	0.9	-	-	-
1960	308.4	3,649.0	8.5	183.1	75.7	-	14.1	-
1965	1,660.8	6,124.8	27.1	897.7	439.9	10.1	118.0	16.7
1970	6,041.3	16,300.1	37.1	3,297.1	1,577.0	17.9	480.4	0.2
1975	19,984.6	42,360.6	47.2	12,837.6	5,291.0	29.0	1,827.0	-
1980	36,241.0	110,089.4	32.9	23,666.6	8,409.9	-	4,164.4	-
1985	33,012.3	135,524.2	24.4	21869.1	7,297.5	-	3,845.7	-
1990	6,145.9	180,335.4	3.4	5,842.1	302.3	-	-	-
1995	4,020.9	272,123.7	1.5	3,935.1	85.8	-	-	-
2000	6,077.5	376,239.8	1.6	5,824.6	252.9	-	-	-
2005	1,786.1	250,784.6	0.7	1,683.5	102.6	-	-	-
備註					1960-1961年無退稅，自1979-2005年無退稅。	1990-2005年無退稅。	1960年及1971-2005起無退稅。	

資料來源：同表8.4。

*進口時所課，出口時退之。

表8.6　躉售物價與出口價格

單位：%

（物價基期2001年=100.00；出口指數基期1991=100）

年	躉售物價(1)	出口物價(2)	(3)=(1)－(2)	出口值指數(4)
1981	110.18	109.31	0.87	40.66
1982	109.98	110.45	-0.47	47.35
1983	108.69	109.45	0.76	49.27
1984	109.20	109.67	-0.47	59.03
1985	106.37	109.52	-3.15	59.93
1986	102.81	104.84	-2.03	73.83
1987	99.47	97.16	2.31	83.67
1988	97.91	94.58	3.33	84.86
1989	97.55	91.06	5.95	85.64
1990	96.96	93.31	3.65	88.34
1991	97.12	93.81	3.31	100.00
1992	93.55	88.76	4.79	100.35
1993	95.90	93.37	2.53	109.71
1994	97.98	93.90	4.08	120.35
1995	105.21	100.37	4.84	144.54
1996	104.15	102.05	2.10	155.66
1997	103.68	104.14	-0.46	170.07
1998	104.30	104.94	-5.64	181.07
1999	99.55	100.56	-1.01	192.06
2000	101.36	94.65	1.68	226.32
2001	100.00	100.00	0.00	202.86
2002	100.05	95.51	4.54	220.99
2003	102.53	97.04	4.14	242.80
2004	109.74	98.60	11.14	285.22
2005	110.41	96.18	14.23	298.28

資料來源：同表8.1。

第四節　賦稅獎勵對貿易效應評價

決策階層認為賦稅獎勵對促進國際貿易有正面的效應，其理由很簡單，即賦稅獎勵可減輕業者的生產成本；而生產成本的降低，可提高其競爭，也就可增加出口。事實是否如此？這正是我們所關心的問題。

賦稅獎勵，如免稅、減稅、補助，均對降低生產成本有幫助。像美國的農產品竟能出口到台灣，甚至中國大陸，主要是因為美國政府對農業之補助是相當的大。台灣農民收入比美國農民低，而大陸農民收入，比美國農民更低，在美國每一農民的生產力很高，但每單位耕地面積的生產力卻不高。在台灣和大陸，每一農民的生產力不高，但每單位耕地面積的生產力卻很高。決定生產成本的則是農民生產力的高低。再如「假出口，真退稅」的案例，在台灣經濟發展的早期經常發生，就是因為出口退稅是對出口的獎勵，它降低了生產原料和機器設備的進口成本。

但是對出口的獎勵措施是否一定會增加出口？它取決於許多條件：(1)如果其他出口國也對它們的出口產品免稅或減稅，這會使這些出口國回到未採取獎勵出口前的平台，即仍須視構成生產成本的要素。(2)如果技術水準相同，工資的高低是決定生產力的主要因素；如果生產技術能不斷地改進，它所產生的效益會抵消工資的偏高。(3)如果賦稅減免的金額中絕大部分用來增強研發(R&D)，使生產技術不斷精進，其所提高的生產力會比成本降低為大。(4)如果外銷渠道通暢，但不是假手外國貿易商，而是自行開拓的，因外銷收益完全歸自己，也會對拓展外銷有

利。(5)許多國家之外銷暢旺，多假手於外人投資；外人投資所生產的產品通常比當地業者有較大的競爭力。因此，我們可以說，賦稅減免是否對出口有幫助，要取決於很多條件。

對這個問題，向來有兩種不同的論調：有的人認為這是一種「養雞生蛋」的策略，對帶動對外貿易發展有幫助；也有人認為，特別在財政部門的眼中，認為賦稅獎勵無異於「肉包子打狗，有去無回」。這兩種不同的論調可代表很多人的心聲。賦稅獎勵是否對貿易拓展有助的問題，似乎仍沒有絕對的答案。我們能這樣說，當台灣最早採取一種賦稅獎勵措施時，它對拓展出口是有利的；一旦其他開發中國家也採取相同的賦稅獎勵措施，它對台灣拓展出口不一定有利，除非所用機器設備是最新的，效能是大的；但這一優勢也會很快地失去。只有在生產技術能保持領先，所生產的產品能符合個別地區的需求，才不致被其他國家跟上。

第九章

租稅獎勵與產業發展

第一節　台灣產業演變的歷程

　　二戰結束後，被日本佔據達50年之久的台灣重回中華民族懷抱，惟因二戰末期，台灣曾遭受嚴重的戰爭破壞，而1945年10月25日回歸後，復因國共內戰，波及台灣，使台灣無法從艱困的環境中獲得復甦的機會，直到1949年冬，國民政府遷台，台灣局勢才逐漸穩定下來。到1952年，國民政府才能從事經濟建設。在1950年代，台灣仍是農業為主的社會，八百多萬人口中，約60%的人口為農業人口，其餘工業人口占10%，服務業人口占30%。在國民生產中，農業生產占33%，工業生產占22%，其餘45%為服務業生產。在此期間，雖然服務業生產占較最大的份額，但一般人所重視的是農業和工業，而在此兩業中，農業被視為台灣經濟的主流。

　　在日本佔據台灣時期，是本著「農業台灣，工業日本」來發展台灣經濟。1950年代初，台灣實施土地改革，而土地改革的成功使農民擁有自己的耕地，於是農民生產力大幅提升。到1952年台灣農產（如稻米）已恢復到戰前最高水準。因為台灣人稠地少，難以自給

自足，必須發展對外貿易，以有易無。在當時，台灣所能出口的產品，唯農產品與農產加工品(1959年以前主要為糖及米)而已。

從1952-1965年，除1962年，工業產品出口超過50%外，其餘各年，農產品和農產加工品，所占出口比例均超過50%，在1952年曾高達99%，之後，每年所占比例下降，相對地工業產品出口卻逐步上升，從1966年開始，工業產品出口便取代農產品和農產加工品出口的地位。在1965年以前的台灣主要憑這些農產品及農產加工品的出口，賺取外匯，再用外匯去購買工業生產所需的原料及機器設備。事實上這種模式也就演變成為台灣以出口為導向的經濟發展模式，以迄於21世紀(見表9.1)。

表9.1　1952-1966年農產品出口

單位：%

年	農產品與農產加工品			工業產品	總出口
	合計	農產品	農產加工品		
1952	98.9	22.1	69.8	8.1	100.0
1953	91.6	13.8	77.8	8.4	100.0
1954	89.4	13.3	76.1	10.6	100.0
1955	89.6	28.1	61.5	10.4	100.0
1956	83.0	18.5	64.5	17.0	100.0
1957	87.4	15.9	71.5	12.6	100.0
1958	86.0	23.7	62.3	14.0	100.0
1959	76.4	23.6	52.8	23.6	100.0
1960	67.7	12.0	55.7	32.3	100.0
1961	59.1	14.8	44.3	40.9	100.0
1962	49.5	11.9	37.6	50.5	100.0
1963	58.9	13.5	45.4	41.1	100.0
1964	57.5	15.0	42.5	42.5	100.0
1965	54.0	23.6	30.4	46.0	100.0
1966	44.9	19.8	25.1	55.1	100.0

資料來源：The Council for Economic Planning and Development, *Taiwan Statistical Data Book*, 1980.

表9.2　台灣產業結構之演變

單位：%

年	農業	工業	製造業	服務業	說明
1952	35.9	18.0	10.9	46.1	
1955	32.9	21.1	13.8	46.0	
1960	32.8	24.9	16.8	42.3	
1965	27.3	28.6	20.1	44.1	1964年工業份額開始超
1970	17.9	34.7	26.4	47.4	過農業。
1975	14.9	39.2	29.3	45.9	1977年服務業份額超過
1980	9.1	45.7	34.3	45.2	工業，1978年工業份額
1985	5.6	43.8	35.7	45.2	超過服務業，以迄於
1990	4.0	38.4	31.2	57.6	1979年；之後，服務業
1991	3.7	38.0	31.1	58.3	一直超過工業。
1992	3.5	36.9	29.5	59.6	
1993	3.5	35.9	28.0	60.6	
1994	3.4	34.2	26.5	62.4	
1995	3.3	32.8	25.3	66.9	
1996	3.1	32.4	25.5	64.5	
1997	2.4	31.9	25.2	65.7	
1988	2.4	31.2	24.8	66.4	
1999	2.4	29.9	24.0	67.7	
2000	2.0	29.1	23.8	68.9	
2001	1.9	27.6	22.7	70.5	
2002	1.8	27.6	23.7	70.5	
2003	1.7	26.6	22.5	71.7	
2004	1.7	25.6	21.9	72.7	
2005	1.8	24.6	21.1	73.6	

資料來源：同表9.1。

　　至於農業生產，在1952年占國內生產的35.9%；之後，便漸漸下降。至1964年，工業生產占28.9%，而農業生產降為28.2%，自此之後，工業生產便超過農業生產。到2005年，農業生產降為1.8%，而工業生產於1980年達到最高峰，占45.7%，而服務業也

增爲45.2%。工業生產乃成爲台灣經濟的主流。自此之後,雖然
工業生產所占份額逐漸低於服務業,然一般人所重視的仍爲工業
生產。就台灣環境而言,工業生產是帶動服務業地位上升最重要
的力量(見表9.2)。自1990年代起,工業中的製造業也發生了很大
的變化,即傳統製造業漸爲科技製造業,如電子及資訊業取代其
主流地位。事實儘管如此,服務業中的金融業(銀行、保險與證
券)在經濟中的地位日隆。有不少人認爲自進入21世紀,台灣的
服務業已成爲經濟主流,不僅是因爲服務業生產在國民生產中的
份額已逾70%,而服務業中的金融、貿易、物流、旅遊,已成爲
人民生活中最關心的事。資訊服務業已成爲各生產事業,提高效
率,增加競爭力的主要產業。

第二節　台灣的租稅獎勵及實施效果

一、租稅獎勵的背景

　　在市場經濟社會,幾乎任何一種產業都會受到外來的挑戰。
只有具競爭力的產業才能有發展餘地;凡不具競爭力的產業勢必
被淘汰出局。如何使產業具競爭力,則不是一件「立竿見影」的
事。如能在技術上的創新保持領先地位,就會使競爭力歷久不
衰。凡依賴豐富的天然資源、廉價勞力的國家,能具競爭力於一
時,但不能持久。但是要想使技術創新領先,卻不是件容易的事。
於是很多國家尤其是開發中國家,爲了參與國際競爭,莫不採取
租稅獎勵措施,以期從減輕生產成本方面,增強企業的競爭力。
　　台灣社會在1950年代獲得安定,而政局也漸趨穩定,於是政
府爲使台灣人民脫出貧困,便開始啓動經濟發展的各種政策措

施，希望這些政策措施對民間企業有鼓舞作用。最有效而政府能力所及的，便是創造一個優良的投資環境；在這個構想下，除時時檢討與改進行政效率及法令規章外，便是幫助民間企業能降低成本，用以增強對外貿易的競爭力。在這方面，政府首先於1960年制定「獎勵投資條例」，並對這個獎投條例執行了30年之久。在此期間，世界上，無論已開發國家或開發中國家，也都先後採取了類似的獎勵投資措施。在該條例中，最重要的一項獎勵便是租稅減免。

二、外國的租稅獎勵[*]

在此，先扼要介紹開發中國家及地區的租稅獎勵措施，如香港、新加坡和韓國。在1960年代，它們都是開發中國家或地區。然後再介紹已開發國家，如美國和日本。

(一)香港

香港為世界上最開放的自由港，它實施免稅優惠最早。在1950年代，香港為英國殖民地，即採取低稅率制度，如獨資及合夥組織之營利稅率為15%，股份有限公司之營利稅為16.5%。在物業稅方面，規定業主自住房屋免稅、獨資資本主及合夥股東之自有房屋作為營業用者免稅、股份有限公司的房屋免稅、空置房屋免稅。營利稅和利息稅均有一定數額之免稅。

(二)新加坡

於1960年建國後，為推動工業化政策，吸引外資，乃制定新興事業減免案和工業擴展減免所得稅案。到1967年，該兩案合併

---

[*] 本段例舉係採自財政部財政人員訓練所編印之獎勵投資租稅措施之研究，頁5-121。

為經濟擴展獎勵投資減免所得稅案，獎勵對象包括新興產業，既有企業擴展，出口企業、生產設備之國外貸款、權利金、發展捐贈費、國際貿易、國際諮詢服務業；出口業產品至新市場之所得全部免稅，至舊市場者免90%。1970年以來，則不分新、舊市場，外銷所得均按90%免稅。

(三)韓國

1970年代，韓國政府開始對重化工業發展，戰略性工業發展，均給予減免優待。例如對開發初期幼稚產業、技術及人力開發、情報知識集約度高、產業前後關聯效果大，給予租稅支援；對中小企業租稅支援方面，主要限於雇用效果高，對輸出比重大，對地域性均衡發展貢獻大；對重化工業合理化之推進有媒介作用，以及為大企業之衛星工業，而與大企業合作無間完成產品者。所謂租稅支援，它包括：視提列準備金為損失；加速折舊、免除轉讓所得稅或特別附加稅。

(四)美國

美國稅法所獎勵的名目頗多，且獎勵對象不以法人為限，自然人亦享用，包括：避免重複課稅，加速成本回收和投資扣抵。避免重複課稅是指：公司組織，股東負有限責任，則公司不須繳納所得稅；而公司盈餘視為股東個人之所得，不論實際是否分配，股東就其所得但因未分配，以致未得之部分納稅。公司之資本利得係由股東徵納資本利得稅。同時對公司可採加速收回成本，即加速折舊。除此，投資扣抵(Investment Tax Credit)，也是變相的免稅措施。

(五)日本

日本有租稅特別措置法，包括(1)促進投資稅制，或稱促進

產業轉換稅制。此項措施在過去對經濟發展曾發揮重要功能，惟已廢止；(2)試驗、研究促進稅，而此種稅制被視為政府隱藏性補助；(3)防止公害對策稅制；(4)節約能源對策稅制(僅實施三年)；(5)電子計算機關係稅制；(6)中小企業對策稅制；(7)輸出振興稅制；(8)工業地區分散投資稅制；(9)資源開發對策稅制，以及(10)景氣調整稅制。

　　綜合前面所舉各例，可見外國，無論已開發國家或新興工業化國家所採取的優惠待遇，主要為租稅減免，或變相的租稅減免，都是為了降低業者的成本負擔，藉以增強其競爭力；唯有較大的競爭力，企業才有增長的可能。

三、台灣的租稅獎勵

(一)租稅獎勵條例

　　台灣實施獎勵措施早在1955年7月，政府為獲取外匯，乃鼓勵外銷，並在外銷產品中，退還貨物稅、進口稅和防衛捐，以降低出口產品成本。1956年5月，政府公布「公用工礦及重要運輸事業減免營利所得稅獎勵標準」，並於1958年10月，及1959年10月參照各方建議，及以往實施情況，重加修正。其實，早在1954年7月14日，政府已公布「外國人投資條例」，1955年11月19日公布「華僑回國投資條例」。

　　在1950年代早期，台灣局勢漸趨穩定，但國內經濟仍很落後，嚴重缺乏外滙，乃興起引進外資之觀念。在當時來台投資之外國業者，可說是鳳毛麟角，只有東南亞，如菲律賓和泰國的華僑，對苦難的祖國尚有向心力，毅然來台投資，而所投資的事業主要為旅遊業，但不是生產事業。

根據「僑外投資條例」租稅優惠措施包括：(1)特別獎勵租稅措施和(2)一般獎勵措施。

1. 特別獎勵租稅措施：
   (1)僑外投資者股利之所得就來源扣繳之適用
   (2)境外薪資所得標準之放寬
   (3)權利金、技術服務報酬免稅
   (4)利息所得免稅
   (5)華僑之遺產稅減半課徵

2. 一般獎勵措施：只要符合獎勵要件，即可與國內生產事業一樣享受優惠。
   (1)獎勵投資之稅捐減免
   (2)獎勵儲蓄及促進資金市場發展之稅捐減免
   (3)獎勵外銷之稅捐減免
   (4)獎勵研究發展之稅捐減免
   (5)促進企業經營合理化之稅捐減免
   (6)工業用地取得之稅捐減免
   (7)其他稅捐減免

至於「獎勵投資條例」，可歸納為：(1)租稅假期：指對納稅義務人在一定期間內，豁免其租稅負擔，台灣之營利事業所得稅分五年及四年之獎勵。(2)加速折舊：即在固定資產耐用年限之初期提列較多之折舊。折舊額愈大，所得即愈小，稅負亦愈輕。(3)投資抵減(即稅額抵減)：係對合於規定之投資給予一定比率抵稅權(通常為所得稅)之獎勵措施。(4)提列準備：係指損失尚

未發生，但可預先提列一定比率之準備，列為當年之費用，以後年度損失實際發生時再予沖抵或於以後年度分年轉入收益課稅，使事業得享延期交稅之利益。(5)費用加成：即准許事業對某項費用之列支可以超過實際支出數額。通常係採不同比率之加成或加倍列支方式，藉以減輕事業之稅負。(6)減降稅率：對符合獎勵者，以減抵某種稅目之稅率作為獎勵。例如營利事業所得稅最高稅率為35%，但資本或技術密集事業按22%納稅。(7)關稅等間接稅減免：重要者如外銷沖退稅包括進口原料關稅、貨物稅、商港建設費，免徵營業稅，減徵印花稅，以及進口設備機器免徵關稅或分期繳納關稅等(王建煊、何國華，《獎勵投資租稅之研究》，民國72年6月，頁373-383)。

(二)獎投優惠與加工出口區

　　1965年1月30日政府公布實施「加工出口區設置管理條例」，規定凡在加工出口區投資設立的工廠，除了享受華僑回國投資條例、外國人來華投資條例、技術合作條例及獎勵投資條例的優惠外，還可享受下列稅捐減免優惠：包括(1)由國外輸入之自用機器設備、原料、燃料及半製品之進口稅捐；(2)產品及自用機器設備、原料及半製品之貨物稅；(3)出口產品免徵營業稅；(4)出口產品減徵印花稅；(5)取得區內標準廠或徵購之建築物之契稅。1996年正式成立「經濟部加工出口區管理處」，並先後開闢高雄加工出口區和增闢楠梓、台中兩加工出口區。

(三)獎投優惠與科學工業園區

　　1980年政府設置新竹科學工業園區。1990年代後期設置南部科學工業園區，2000年代初期又設立中部科學工業園區。按設置條例，在園區內設立之科技營利事業，得免徵營利事業所得稅、

進口稅捐、貨物稅、營業稅及契稅、地價稅、房屋稅。

第三節　台灣獎勵投資之各類稅捐減免

1960年起，獎勵投資條例付諸實施。自1961年起，總稅收減免額占租稅實收額之比例便逐年增加。在開始時，減免額占實徵額之比例僅為4.7%，不過，此比例增加很快，到1970年，此比例高達12.7%；獎投條例又延長10年，到1975年達到最高峰，為18.9%，1980年降至12.7%；復又延長10年至1990年。1985年此比例升至14.3%，然後一直下降，至1990年降至7.9%。自1991年開始，獎投條例為促產條例所取代，然租稅減免額為實徵額之比例，到1995年，仍高達0.6%，然其金額不過50億元。

減免稅包括所得稅、營業稅、印花稅、田賦、地價稅、土地增值稅、房屋稅、戶稅、契稅和證券交易稅。在1970年前，所得稅減免額低於營業稅；之後，一直到1980年，營業稅減免額高於所得稅減免額。1981年以來，所得稅減免額高於營業稅；1990年，所得稅減免額達到最高峰，而營業稅再無減免額。在1985年以前，印花稅減免額亦相當高，在1970年曾高過營業稅，1987年之後，不再有印花稅減免額。1985年以前曾有田賦減免，金額很小，且自1989年起便不再存在。地價稅減免始自1975年，1991年之後，便不存在。土地增值稅也始於1975年，其減免額高於地價稅減免額，1993-1995、1998-1999及2001-2005年無土地增值稅減免額。自1975年開始有房屋稅減免額，一直到2005年，稅額很小。戶稅在1965年曾有減免，之後便不存在。契稅減免始於1961-1990年，之後便不存在。證券交易稅減免，為自1983-1986年和1990

年，之後，不再有證交稅之減免。1990年爲台灣股市泡沫崩潰的一年，證券減免稅額高達145億2180萬元，占該年實徵額的2.46%（參見表9.3）。

第四節 獎勵措施實施之功效

任何一種政策措施都有它時效性，期限屆滿，一則終止實施，一則修改後，再實施。所謂時過境遷，即任何一種政策措施都會受時間遞嬗與環境變遷的限制。如果仍持續執行，往往會產生相反的效果，甚至得不償失。

台灣的獎勵投資條例是一種政策。在設立此條例時，國內與國外環境均與實施30年後的環境不相同，而產業結構的變化更爲顯著而具體。在1960年代前後整個世界經濟與20世紀末葉不相同。在那個時期，世界上工業化的國家只限於美、日及西歐國家，其他自由地區，均處於落後狀態，而且除少數國家和地區從事經濟發展外，絕大多數的國家受困於政局紊亂，社會不安，無暇從事經濟發展；即使東亞地區，除所謂四小龍「台灣、韓國、香港和新加坡」外，其他國家多處於戰亂或政治失修，種族衝突，致人民流離失所的境況，根本無經濟發展的機會。可是到了1980年代，整個世界局勢有了大的變化，東西冷戰結束，多數國家有了喘息的機會，且能從事經濟發展。同時國際交流也頻繁起來。許多國家啓動經濟發展之後，最感缺乏的是開發用資金，於是發展對外貿易便成爲經濟發展的主導力量。也因此，國際間的貿易競爭也就愈演愈厲害。

表9.3 獎勵投資之各類稅捐減免額(1961-2005)

單位：百萬元，%

| 年 | 總減免稅額 | | | 減免稅額 | | | | | | | | | |備註 |
	減免金額(1)	實徵額(2)	比例(1)/(2) %	所得稅	營業稅	印花稅	田賦	地價稅	土地增值稅	房屋稅	戶稅	契稅	證券交易稅	
1961	150.5	3,215.9	4.7	23.8	33.4	93.0	-	-	-	-	-	0.1	-	
1965	490.0	4,753.3	10.3	234.6	134.1	103.8	0.6	-	-	-	15.5	1.5	-	
1970	1,508.6	11,875.9	12.7	518.4	387.5	587.2	0.7	-	-	-	-	14.7	-	
1975	7,234.6	38,344.0	18.9	2,002.7	3,326.6	1,842.3	1.6	1.5	4.9	0.4	-	57.7	-	
1980	14,610.9	115,146.9	12.7	5,279.8	6,871.8	2,375.5	0.2	23.9	36.6	0.2	-	22.9	-	
1985	28,843.5	202,037.8	14.3	12,626.4	10,440.9	5,066.0	0.9	294.0	277.4	7.8	-	64.4	65.7	
1990	46,862.0	590,746.0	7.9	31,787.1	-	-	-	40.4	339.2	33.2	-	140.3	14,521.8	
1995	5,009.4	845,237.0	0.6	5,005.3	-	-	-	-	-	4.1	-	-	-	
2000	854.4	1,385,630.0	0.1	668.9	-	-	-	-	182.8	2.8	-	-	-	
2004	174.6	877,453.9	0.0	172.8	-	-	-	-	-	-	-	-	-	
2005	219.5	1,139,433.8	0.0	216.5	-	-	-	-	-	1.7	-	-	-	
備註					1989-2005 無減免	1989-2005 無減免	1961-1964，1989-2005 無減免	1961-1974 無減免	1961-1974，1993，1995，1998，1999，2001-2005 無減免	1961-1974 無減免	1961，1963，1964及1968年之後無減免	1985以後無減免	1961-1982，1987-1989，1991-2005 無減免	

資料來源：財政部，《財政統計年報》，各年。

在當時，凡有豐富天然資源的國家多輸出它們的天然資源，換取本身所需要的民生用品；凡有充沛人力而乏豐富天然資源的國家，就輸出勞力密集產品，換取生產工具與設備，以及原材料，俾作再生產之用。在此情況下，台灣曾在廉價勞力具「比較優勢」的情況下，發展了很多產業，使台灣經濟保持8%以上的平均成長率。但是這種情勢卻不能維持很久，因爲很多開發中國家也有廉價勞力具「比較優勢」的條件，於是所面臨的國際競爭便愈來愈激烈。

獎勵投資條例主要是用減免稅負來降低產業的生產成本，從而增強其國際競爭力，維持產業的持續成長，從而可解決失業問題。在實施的最初十年，的確產生了增加投資，減少失業，對拓展對外貿易也產生了積極的效果。可是由於條例行之日久，它所產生的效果卻愈來愈不顯著，而它所產生的後遺症卻愈來愈多，也愈顯著。像加工出口區，到了1980年代後期，很多廠商撤離，因爲勞工短缺，工資又不斷上升，致加工出口區一度呈現荒蕪的景象。更具體的問題則爲：（1）對許多受獎勵的企業而言，已經養成無獎勵即不能持續的慣性，既不在研發上投資、也不從技術創新上下工夫，卻利用獎勵條例擴廠，使企業的技術水準不能升級；（2）外銷退稅是規定外銷產品中，退還貨物稅、進口稅（關稅）和防衛捐。也有些業者卻從事假出口真退稅的作法，成爲不勞而穫的業者，從而也影響政府財政收入的減少。（3）有些業者爲延長受獎勵的期限，在海外設一子公司（或紙公司），回台灣投資，可繼續享受五年或十年的免稅優待；或投資一外國公司，再利用這個外國公司來台灣投資，亦可繼續享受免稅待遇。（4）對不設在加工出口區或科學園區的業者，是種不公平，因爲它們要負擔營業稅、營利事業所得稅等，也就是說，如果全台灣90%的企業

都設在園區內,而剩下的10%設在園區外,整個的營業稅、營利事業所得稅都由它們負擔,不但不公平,而且也會使財政惡化。(5)對工業升級的助益並不顯著,即針對台灣工業發展所處的國際環境,獎勵投資的功能應使受獎勵的產業技術升級,事實並非如此,這就是為什麼到了1990年,無論社會輿論或政府官員莫不認為台灣的產業政策需要改弦更張,於是「促進產業升級條例」便成為取代獎勵投資條例的根本原因。

促進產業升級條例實行了10年多,的確使台灣產業由以傳統為主,轉變為以電子業和資訊業為主。為了發揚它的功效,在新竹科學園區設立15年後,又先後在南部和中部設立科學園區,無論對工業成長,或外銷拓展,電子與資訊業產品均占第一位。但這些所謂的高科技產業在稅收和就業方面的貢獻卻十分有限,因為這些高科技產業繳納的稅很少,可說對稅收無貢獻,而且也不能創造大量的就業機會;至於創造出超,仍不及傳統產業。更重要的,這些高科技產業,本質上是代工性質,不論ODM式或OEM式,都不是自己設計、製造的機器設備,而是由外國進口的機器設備。台灣高科技最大的優點是有能力將製程縮短,也就提高了生產效率。至於在晶圓方面的創新,尚未見任何跡象。

值得注意的,最近十年以來,中國大陸也在這方面有了發展,面對這種情勢,不少廠商有遷移大陸進行生產的意圖。針對這種轉變,有關當局正研擬新的獎勵措施,以取代創投條例。事實上,創投條例的貢獻及其所產生的遞延效果也愈來愈不令人滿意。茲以最近五年高科技業的成績而言,與傳統製造業相較,很難顯出它的出色之處。表9.4可顯示高科技產業的表現,並不比傳統產業為優。茲以資訊產品、通訊器材和電子零組件為例,在

2001-2005年，資訊產業之產值平均增長率為-0.9%；可是在此期間，製造業中平均增長率最高的產業為石化原料業，其平均增長率為28.2%，次高的為鋼鐵業，為27.9%。通訊器材業平均增長16.2%，在製造業中，超過此平均增長率的產業尚有塑膠業、石油煉製業和鋼鐵業。電子零組件業平均增長21.5%，也較化工原料業、鋼鐵業為低。在它們的附加價值增長率方面，這三種高科技業的增長率都為負值，即資訊產業為-0.9%，通訊器材為-1.3%，而電子零組件業-0.5%，可說，它們的表現並不理想。可是它們的中間投入平均增長率均為正，依次為0.9%、1.3%和0.5%。再由輸出結構的變化來看，2005年較2001年，資訊業增長5.8%，但通訊器材業減少0.1%，而電子零組件更減少8.4%。

表9.4 高科技業的消長（2001-2004）

單位：%

	生產產值 平均增長率	附加價值 平均增長率	中間投入率 平均增長率	輸出結構差距 （2005-2001）
資訊產品	-0.73	-0.9	0.9	5.8
通訊器材	16.2	-1.3	1.3	-0.1
電子零組件	21.5	-0.5	0.5	-8.4

資料來源：行政院主計處，《國民所得統計評審委員會：第195次委員會》，
　　　　　民國95年11月23日。

這種現象也許與2000年第三季起，電子資訊業泡沫化有關，像代表其投資成果的那斯達克股價指數（NASDAQ）從2000年上半年的5000多點，下跌到1300多點。至2006年底，曾恢復到2400多點，仍距2000年初的水準很遠。

第十章
賦稅改革與其貢獻

　　國民政府遷台以來，似乎每年在稅制上都有些調整，大者如制訂新稅，如1955年公布「所得稅法」、1960年公布「獎勵投資條例」、1986年實施「加值型營業稅」、1990年公布「促進產業升級條例」、2002年公布實施「菸酒稅」、與2005年底通過「所得基本稅額條例」等；小者如稅率的變動、課稅範圍的調整、稅則的修訂等。在學理上，賦稅制度與結構，應與經濟發展相配合。一個優良的賦稅制度，不但可使政府在推行政務時，無財務匱乏之虞，且有助於經濟發展。經濟發展的結果，固然有利於稅基的擴大，也會創造新稅源，或產生一些新矛盾。如經濟處於低發展階段，國民所得水準低，賦稅結構多以間接稅為重；經濟發展推進後，國民所得水準提高了，若仍以間接稅為重，就會產生稅制不良之後果，應改以直接稅為政府財政收入的主要來源。同時也應考量稅率，避免對資源配置產生扭曲效果。因而賦稅制度會隨經濟發展而調整，若對稅制有結構性的大調整，則稱之為「賦稅改革」。在台灣，對賦稅制度進行全面性的檢討與修訂，已有三次，分別在1950年代初期的稅制整頓與統一稽徵、1960年代後期由劉大中院士主導的賦稅改革、以及1987年的賦稅改革研究。在

1990年代，爲因應亞太營運中心設置之構想，政府行政部門也進行爲期一年的賦稅革新研究，於此，也一併論述。

第一節　1950年之稅制改革：統一稽徵

一、背景與目的

台灣光復後，急於除去日據時代的徵課辦法，以便推行中央稅制。爲求稅收不減少，不得不保留某些舊制稅目，如戶稅與所得稅之間的不調和，就是其中一個較爲突出的案例。若對舊制一筆勾銷，對新法迅速推行，且以舊人執行新法，張果爲將其比喻爲「無異新布補舊衣，新酒裝舊瓶」，會使制度混亂，乃爲預料中的事[1]。

1949年中央政府遷台，面對台灣生產凋敝、百廢待舉、惡性通貨膨脹的肆虐、與龐大國防費用的開支，政府除了要遏止通貨膨脹，更急於增加財政收入。若稅制混亂，必會造成徵收上的障礙。1950年政府雖加強稽徵，但稅制極不健全，如菸酒公賣與戶稅無法律基礎；所得稅中，公教人員的薪給所得稅、存款利息所得稅與綜合所得稅均停徵；營業稅按其營業收入徵課的稅率很高，若干貨物稅則嫌過於瑣細，還有許多於法無據的攤派與捐募。凡此種種均顯示稅制的嚴重缺失，非改革不可[2]。

1950年11月台灣省政府成立稅制改革委員會，因財政上的迫

1　參閱〈台灣近年稅制的演變〉，《張果爲教授財政稅務論文集》（民國69年），頁220。

2　同上。

切需要，急於增加稅收，務需在1950年底完成稅制的立法，次年元旦起實施 [3]。於是該委員會急速完成「戡亂時期台灣省內各項稅捐統一稽徵暫行辦法」，由台灣省政府通過後，在12月30日公布，並呈行政院核准，提請立法院審議。立法院審議修正通過，將暫行辦法改稱為「台灣省內中央及地方各項稅捐統一稽徵條例」，並在6月16日公布。稅制改革委員會對稅制改革發表研究報告書，指陳當時稅制上的缺陷，計有五大點，分別為若干稅目未經立法程序、稅目繁複而不能配合、涉及苛細、稅率過高、與稅法紛繁及罰則不一 [4]。

改革稅制的目的，就在於修正上述缺陷。在整理稅收的前提下，消除徵收障礙，輕稅重罰，建立一個具有確實、便利與經濟的新稅制，使其成為國家財政收入的主要來源，而不是假藉鈔票的發行。

二、改革內容：統一稽徵

據張果為對其稅制改革的看法，1950年稅改的中心思想有三，即：輕稅重罰、力圖稽徵確實與便利、與以直接稅為中心之賦稅體系。依其思想所作的改革重點，基本上都體現在「統一稽

---

3 由於急於提出稅制辦法，因而對當時稅制就無法全盤地長時間予以研討，所建議的不過是一種綱要，在稅制改革上是一個大體方針。如此結果，在執行層面上易發生偏向，或出現一些逆流。張果為認為這是無庸諱言的。參閱〈租稅結構的分類與台灣稅制改革的方針〉，《張果為教授財政稅務論文集》，頁55。

4 請參閱李國鼎、陳木在(1987)《我國經濟發展策略總論》(下)的第六章：〈財政政策及其重要措施〉，頁344。

徵暫行辦法」與「統一稽徵條例」上，以期達成建立直接稅、簡化間接稅、提高徵收效率與養成良好納稅風氣之目標。

1. 融合各稅，簡化稅目，徵收確實，建立法源，統一稅捐稽徵制度

稅制改革，建立新稅制，貴在執行，因而將改革思想轉變成具體條文，先經行政院核准而公布，再經立法院審議而賦與法律地位。在「辦法」與「條例」中，明定各稅捐統一稽徵，除關稅與鹽稅由中央直接徵收及菸酒公賣外，稽徵稅目暫定11類，分別為所得稅、遺產稅、印花稅、貨物稅、土地稅、營業稅、房捐、屠宰稅、筵席及娛樂稅、使用牌照稅與戶稅，但在立法院審議時，又多增臨時稅課之防禦捐，並賦與其法律地位。

稅制改革的結果，戶稅有了法律基礎，所得稅恢復徵收，戶稅與所得稅有了適當的聯結；加徵贈與所得稅，俾使遺產稅有實效。為達成徵收目的，將房捐改按現值計課，但立法院對其劃一的徵收辦法未通過，仍維持原有之分類徵課；在所得稅中的其他一時所得，也明定為行商、獎券、證券及贈與所得四種。

2. 輕稅重罰，在各稅目間罰則盡可能劃一，培養良好納稅風氣

將大部分稅目的起徵點提高，與原稅法相比，最少2倍，高者至12倍；稅目停徵者有礦產稅、營業牌照稅、契稅，及貨物稅中的皮統及化妝品稅、若干種證明書類的印花稅，與海產、木材、紙類、糖蜜等特產稅；降低稅率之稅目，計有戶稅、各類所得稅、綜合所得稅、貨物稅、營業稅、筵席稅、娛樂稅及使用牌照稅等。提高起徵點、某些稅目停徵與降低稅率，都使人民稅負減輕，以較輕的稅負，讓人民能自願納稅，以培養良好納稅風氣，提升納

稅道德。輕稅與重罰是相聯的，重罰是對逃稅者處罰從嚴，然在
立法院審議時，並未接受重罰的條文。在罰則上，如所得稅、土
地稅、營業稅、房捐、使用牌照稅與戶稅等，盡可能劃一，以利
國民遵守。

3. 以戶稅為基礎，建立以直接稅為賦稅體系的中心

新稅制為戶稅、綜合所得稅與分類所得稅三位一體之稅制，
期以建立以直接稅為賦稅體系之中心[5]。所謂三位一體者，以戶
稅為基礎，所得稅乃建立於其上，使國民負擔普通，納稅具公平
性；其辦法為按戶稅中收入類之分類所得綜合稽徵，繳納戶稅
後，國民綜合所得超過一定限度者，始課以綜合所得稅。分類所
得中，報酬及薪資所得稅與利息所得稅，均可抵繳戶稅。戶稅、
分類所得稅與綜合所得稅三者並行不悖（見任顯群，1952；張果
為，1980）。

4. 整理規費，禁止攤派，限制捐募，明確人民負擔

統一稽徵辦法通過後，對各稅的納稅義務人、課徵對象、稅
率、開徵日期等共列一簡明表，一起公布，使納稅義務人知悉稅
負負擔。除表列外，若有任何多出的稅捐與攤派，人民可拒絕繳
納。

5. 推行「統一發票辦法」

「統一稽徵辦法」中明定，為使所得稅與營業稅課徵公平確
實起見，經營營利事業應一律使用統一發票，開啓台灣稅制史上
的「統一發票制」。

發票係交易上的一種證明。發票由財政廳統一印製發售，發

5　三位一體制乃張果為先生所創。

票有存根，而該存根為課稅的主要憑據；不使用統一發票，便是逃稅行為。政府在1950年12月公布「台灣省營利事業統一發票暫行辦法」，與「台灣省營利事業統一發票補充辦法」，做為執行之依據。同時為了鼓勵人民在消費或交易時，要索取發票，也在12月公布「台灣省營利事業統一發票給獎暫行辦法」。

三、成效與評析

新稅制的公布實施，比原先來得公平、確實、便利與經濟之情況下，確實為政府財政上課徵所需之收入，使朝野上下體認到：台灣並非「無稅可收」；同時也體認到：財政需靠稅收，方能解決(見張果為，1960)。

建立在戶稅基礎上之所得稅，得以建立以直接稅為賦稅體系之中心，不但所得稅得以課徵，更在稅制改革上強調所得稅的重要性，一改當時主其事者停徵之成見。由於三位一體制原本就為應急措施，遷就當時台灣特有之戶稅而建制，致使得所得稅制未臻健全，反而成為地方稅之附庸；也形成區域間稅負負擔之不公平(楊必立，1963)。再加上因追求經濟發展所需租稅獎勵的部分，終究於1956年台灣實施全新的單一式所得稅制。

稅改重視直接稅在賦稅體系的重要性，因而減弱貨物稅的地位，例如減低若干貨物稅之稅率，也停徵對若干貨物的課稅。經實施後，貨物稅年年有增加，受到財政當局特別重視。1954年起，不但普遍提高貨物的各項稅率，又將所停徵的，也恢復課徵，且擴大貨物課徵種類與範圍。間接稅收入反而成為財政當局所重視的稅目。

統一發票制的實施，雖經修訂、或其他如「購買證」之配合、

或停用等過程，但終究保留下來了，一直使用到今。

第二節　1960年代後期的賦稅改革 [6]

一、背景與目的

　　到1960年代後期，台灣已歷經約20年的經濟發展，已實施四期經濟建設計畫，社經情勢已由動盪不安趨向穩定發展，經濟體系由農業社會邁入工業社會，而工業的生產活動由進口替代轉型為出口擴張，經濟成就輝煌，結構變遷鉅大，舉凡財政、金融、公部門的行政等也隨之作調整，但其步伐仍跟不上經濟發展的腳步，反而成為發展的障礙。在財政方面，如在1956年所實施的所得稅法，1961年實施獎勵投資條例等，都對儲蓄、投資與生產活動給予租稅上的激勵，同時也消除對課稅的部分干擾。由於對稅制未作通盤性的檢討改造，致若干舊習與陋規仍然存在。

　　1967年間，行政院長嚴靜波先生深感賦稅改革需有理論基礎，並顧及未來經濟發展，而已實施的獎勵投資條例，將於1970年到期，對稅制修訂事宜盡早作業。事緣旅美學者劉大中院士，曾在1964年從資源總供需觀點為政府建立總體經濟計量模型，推估經濟增長、資源配置與政府預算。渠認為若能成立超部會的賦

---

6 劉大中院士所主持的1968-70年的賦稅改革，有關的文獻良多。本節撰寫主要參考的文獻，有劉大中(1970)〈賦稅改革之目標、原則及推進程序〉，收集在楊必立主編的《台灣財稅改革論文集》(1976)；李國鼎、陳木在(1987)《我國經濟發展策略總論》(下冊)第六章：〈財政政策及其重要措施〉；與王作榮等(1988)《台灣經濟發展政策與制度之檢討》第八章：〈財政結構與財政政策〉。

稅改革委員會，就可兼顧財政與經濟，在當時深得財經首長的贊同。總統蔣介石先生指定1968年爲賦稅改革年，行政院賦稅改革委員會於是年3月成立，敦聘劉大中院士爲主任委員，全權主持其事，積極推動賦稅的全面革新，預計以兩年時間完成主要稅法的修訂工作。

此次賦稅改革的使命，與其說是在稅制的健全上，倒不如說仍在於政府收入上。就政府推動賦改所處時代，正是台灣經濟發展快速階段，斯時推行賦改，乃是前瞻性作爲，因爲經濟快速發展，既需要人力素質的提升，也需要社會基礎設施的完備，若是相對落後，便會造成發展的瓶頸，例如九年義務教育的舉辦、交通建設的興建，這些非有龐大的財源不可，而政府龐大又穩定的財源必須靠賦稅收入。因此，賦稅改革便成爲追求經濟快速發展的必要措施。賦稅改革的主要原因如下：

1. 以增加賦稅收入，作爲政府非膨脹性財源，來推進國家基本經濟建設。
2. 富國興邦，唯才是賴。以賦稅收入增加爲財源，改善政府人員待遇，政府能持續獲得素質優秀人才。
3. 基於稅負公平與稅收彈性的考量，提高所得稅在總賦稅收入之比重。
4. 間接稅仍爲政府主要財源之一，改善間接稅，使其對資源配置的干擾予以降低。
5. 對獎勵投資條例所優惠給予的獎勵措施，除注重對經濟發展的貢獻外，也應考量對稅收的減損。
6. 關稅與其他保護政策，應研究改進。

7. 賦稅行政的改善，為賦稅改革的必要條件，應積極推動。

基於上述賦稅改革原因，賦稅改革的目標與方向，揭櫫如下：

1. 促進經濟成長；
2. 改善賦稅負擔分配之公平與合理；
3. 維持物價平均水準之相當穩定，且以賦稅收入為政府支出的主要財源，其增長率約與物價上升相當；
4. 以賦稅收入作為積極提高軍公教人員的待遇，藉以加強行政效率；
5. 改善稅務行政，使優良稅法稅制得以有效實施。

二、組織與改革內容

賦稅改革委員會奉命成立後，由財政與經濟部長、外匯貿易審議委員會主任委員(後改由中央銀行總裁)、國際經濟合作發展委員會副主任委員或秘書長、台灣省政府財政廳廳長、國家安全會議國家建設計畫委員會財經召集人、行政院主計長、以及聘任委員三至五人組成之。該會主要職掌如下：

1. 檢討全盤賦稅結構及稅務行政；
2. 制定賦稅改革方案；
3. 研擬修訂原有各項賦稅法規；
4. 檢討鼓勵經濟發展之有關賦稅減稅措施；
5. 檢討賦稅稽徵程序與手續；
6. 行政院交辦有關稅務事項。

　　賦稅改革委員會成立後，於是年5月展開工作，就原有賦稅結構及稅務行政，通盤加以檢討；相對應的，並研擬設計出各種改革方案。1970年6月賦稅改革委員會結束，實際工作兩年多。於此期間，動員眾多人力，耗費也是可觀，共研擬25種賦稅改革方案，出版19種專題研究報告，報告書也有八大鉅冊。如此豐碩的賦稅改革方案，是對台灣當時現行稅法稅制與稅務行政做了全面性的研討設計與法案草擬，為賦稅改革史上最大規模的改革案例，其影響自屬深遠。其改革內容，於此扼要陳述之。

1. 在所得稅方面，仍基於原有之綜合所得稅與營利事業所得稅之精神，提高所得稅收在賦稅收入之比重，使其成為政府最主要的財源。具體措施為：
   (1) 經由稅率提高，由3%起徵累進到54%止之稅率，修改為由6%起到60%止，以增加稅收，因此也增加中高級所得家庭之人民稅負；同時提高免稅額與增訂最低標準扣除額，減輕低所得者之稅負，以達公平與稅收增加之雙重目的。
   (2) 減少「家族公司」實際分配盈餘所規避個人所得稅的現象。
   (3) 為減輕小規模營利事業之所得稅，提高起徵額為新台幣3萬元。
   (4) 加強對業務執行者繳納所得稅之稽徵。
   (5) 取消無記名證券，以杜塞逃漏。
   (6) 對綜合所得稅之免稅、課稅項目及扣除額等之修改建議。

(7)對營利事業所得稅，有關營利事業之設帳及會計處理、各種費用之列支限度、保險業責任準備金之提列、資本支出與費用支出之劃分、固定資產之折舊、未分配盈餘課稅辦法、稽徵程序等提出具體改進辦法。

2. 擴大「實施都市平均地權條例」為「實施平均地權條例」之建議。具體建議為：

(1)擴大地價稅課徵範圍，將都市邊緣地區也納入；

(2)地價稅稅基，每年調整一次；

(3)改進土地增值稅徵收辦法。

3. 在獎勵投資條例方面，對新創立之企業，加強獎勵；對高級工業之發展，相對於輕工業，給予適當獎勵；獎勵投資的目標，是增加新投資，不是保障盈利。在賦稅減免所做的建議為：

(1)對新創立之企業，除原有「五年免稅」辦法外，另增「加速折舊」辦法。

(2)對原有生產事業擴充，取消「五年免稅」，增列「加速折舊」與「投資減免」兩種辦法。

(3)對以未分配盈餘擴充機械設備者，其股東因公司增資而取得之股票，其所得稅延至轉讓時課徵。

(4)公開上市公司之未分配盈餘，准免預扣10%之所得稅。

(5)對持有公開上市公司股票之個人，其小額股利，減免賦稅。

(6)若干新創立或擴充設備之高級工業，其進口機械與設備，免徵進口稅捐。

(7)記載資本之帳簿及承攬契約，減免印花稅。

(8)經專案檢視核准合併之生產事業,因合併而發生之所得稅、印花稅、契稅、土地增值稅,均免徵或緩徵。

(9)生產事業之營利事業所得稅及附加捐總額,最高不得超過其全年課稅所得額之25%。

(10)利用未分配盈餘擴充機械及設備,在當年度所得額25%限度內,免徵所得稅之規定,建議取消。

4. 在關稅方面,改革內容有三大項。海關進口稅則物品分類辦法,改採國際通用之「布魯塞爾分類」。關稅稅率之修正建議:

(1)在以「關稅保護」替代「進口管制」的大趨勢下,強調「加工增值保護率」的應用,衡量關稅保護程度;

(2)在稅率結構上,對原料、半製品、成品間訂定合理差距;

(3)立法機關授權行政院機動調整稅率,彈性因應經貿所需。

關稅法之修正建議:

(1)增強海關對存倉未稅之受償權;

(2)以起岸價格為主要定價標準;

(3)簡化沖退進口稅規定;

(4)增加關稅特別措施辦法,授權行政院,在一定限度內,得先調整稅率,抵制傾銷。

5. 在遺產與贈與稅方面,為免納稅義務人規避死後的遺產稅,建議開徵贈與稅,與之輔助。

6. 在銷售稅方面,建議將大部分的貨物稅、營業稅與隨營業額繳納的印花稅合一,以「加值銷售稅」替代。對主要食

品、房租及醫療費等建議免徵，對水泥與糖建議改以「特
種銷售稅」課徵。

7. 在土地稅方面，有關地價稅部分所做的建議：

(1)分期分區全面規定地價；

(2)土地於規定地價後，改徵地價稅；地價稅採累進稅率，
以個人在全國或同一省區內所有土地總價為基礎；

(3)地價應分區段，漲跌幅在25%以上者，重新規定；否則，
每逾三年重新規定。

在土地增值稅部分：

(1)全面規定地價後，土地移轉時應徵增值稅；

(2)對自用住宅用地、工業用地、及自耕農地移轉，另行
購入土地作原來用途者，在適當限度內，繼續給予保
障；

(3)稅率改按增值金額，於每五年期內，按每一購買者之
交易綜合分級累進；

(4)土地因重新規定地價而增繳之地價稅，不得抵繳增值
稅。

在田賦部分：

(1)課徵範圍限於都市外之農業用地與農舍用地；

(2)賦額應明文規定按平均收益區分地目等則；

(3)定期舉辦地目等則調整；

(4)提高田賦免徵額，以減輕所得最低之農民負擔。

8. 其他稅捐方面，如使用牌照稅、房屋稅、屠宰稅、筵席及
娛樂稅與契稅等，經研究後，都未作成取消之建議，都對
這些稅法做部分修正，如稅率結構、免稅範圍、課徵範圍、

分類、稽徵程序等。

9. 在稅務行政方面

(1)設立「財稅資料處理及考核中心」，購用電算機，以電算機處理財稅資料，如設置所得稅資料總檔、進出口資料主檔、戶籍檔等；同時在該中心下設「考核組」，考錄及訓練考核人員，各地巡迴考核；設立「稅務考核人員訓練班」，培訓新進稅務關務人員；

(2)編訂「加強稽徵機關以科學方法處理綜合所得稅資料作業辦法」，加強對綜合所得稅資料之通報、歸戶及管理；同時改進所得稅申報及內部作業各種書表；

(3)擬定「稅務關務人員服務獎懲辦法」，重賞重罰；同時也建議合理提高稅務關務人員待遇，一則養廉，另則吸引高素質新進人員；

(4)編定「營利事業及扣繳義務人統一編號」，以利電算機之考核稽徵；

(5)完成「營利事業會計處理準則」與「營利事業所得稅申報及查核準則」草案。

三、成效與評析

賦稅改革委員會開始運作後不久，因頒布九年國民教育，再增加科學研究經費、基本建設與增強國防設施等，政府極需財源，因而於1968年賦改會就對所得稅法提出局部修正，提高稅率，增加稅收，使其成為政府最主要財源。在短期，也見到所得稅收的增加；在長期，所得稅收終究於1981年度成為最高賦稅份額者。所得稅的改革已達成賦改所追求的目標。

　　從上述所列賦稅改革內容得知，賦稅改革是整體性的，對稅法稅制通盤檢討，對稅務行政也全面改新，可算是政府最大規模的賦稅改革活動。有些研討設計的稅法與稅制是奠立根基，對爾後的經濟與財政均產生重大影響。

　　賦稅資料的建檔與電腦化，奠定財稅行政及機械化的基礎，可算是最沒有爭議的成就；然而，在台灣逃漏稅之普遍，稽徵行政之良窳，似乎此次對稅務行政的改善，並未產生顯著正面作用。對關稅所作的建議，無論在稅率、保護程度與稅法等方面都較早推行實施，調整稅率結構，強調經濟關稅。贈與稅的開徵，在1973年完成「遺產與贈與稅法」立法程序後公布實施；加值型營業稅也在1986年實施，與賦改會所提建議年份已有16年之久，更何況實施加值型營業稅之同時，並未取消貨物稅，貨物稅收至今仍為政府主要財源之一。

　　最有爭議者，仍在於所得稅的改革上。所得稅累進稅率的量能原則之精神，在於公平。但改革而使稅收增加者，主要落在就稅源扣繳之薪資所得，致使薪資所得者之稅負高於非薪資者，稅負反而更不公平。

第三節　1987年賦稅改革

一、背景與目標

　　距1970年劉大中院士所主持的賦改工作，又過了16年，台灣經濟發展已步入1980年代後期，其間雖經歷二次石油危機的衝擊，但經濟發展依然強勁，經濟結構呈巨幅變動，對外依存持續攀高，貿易年年順差，外匯存底屢創新高，對外經濟失衡而導致

內部經濟失衡，產生嚴重超額儲蓄。1984年政府宣布爾後的施政政策爲推動經濟自由化、國際化與制度化。在社會方面，因社會變得富裕及政府宣布解嚴，社會運動頻繁，勞資爭議增加，環保意識抬頭，賭博投機風氣盛行，貧富差距開始擴大。在這種情勢下，原本稅制的特色在於鼓勵外銷，獎勵儲蓄與投資，租稅政策對資源合理配置與運用效率反而產生干擾；稅制對社會財富均等化與所得重分配的功能也不彰；而台灣經濟發展即將由開發中國家步入已開發國家之林，也需與政策取向相一致的稅制與稅政之設計，俾符合已開發國家之賦稅體制。政府雖曾在1985年實施加值型營業稅，但20多年來稅制的基本架構多未有變動，不少稅法與客觀環境脫節，不單稅制需改革研究，稅務行政也需調整研究。

因而，1987年6月政府於財政部設置賦稅改革委員會，委員16人，由陳聽安教授爲主任委員，以二年爲期，研究規畫未來賦稅藍圖，職責在於制定賦稅改革方案，全盤改進賦稅結構，健全稅務行政，期以建立公平合理的稅制。

當時台灣賦稅體制存有稅制公平合理問題與稅務行政問題。在稅制公平合理問題上，政府採取租稅政策對特定對象的優惠待遇，給予減免稅項目，導致稅負不公。所得稅稅率結構與免稅項目是否合理、獎勵投資條例中的各項減免優惠是否必要，貨物稅的課稅項目及稅率是否妥善，關稅結構是否允當，房屋稅之差別稅率是否公平等，都有檢討與商榷之餘地。在稅務行政問題上，如稽徵機構組織系統、人事制度與待遇、逃漏稅等，也需檢討與研擬可行辦法。因而在配合經濟發展的需要、因應社會環境的轉變與順應國際賦稅思潮下，稅改目標在於：

1. 適足的稅收
2. 中立的稅制
3. 稅負分配的公平合理
4. 稅制的多面調適
5. 稅政的效率與廉能

　　賦改的理念與作法，在於理論與實務並重，稅政與稅制並行，短程與長程兼顧。

二、改革建議內容

　　為期二年的工作，完成專題報告76項、總報告書與說明手冊等出版品，成果豐碩。賦稅改革研究方案內容，於此扼要陳述之。

（一）所得稅方面

　　在綜合所得稅方面，免稅項目大幅刪除，改進課稅單位與資本利得課稅問題，同時調降稅率，縮短課稅級距，調整免稅、寬減及扣除額。其作法的理念，係在稅基擴大的基礎下，以不影響稅收的適足性，使稅負更趨公平，使稅率有調降空間，減輕稅制之扭曲效果。有關對綜合所得稅的改革具體建議，如表10.1。

　　在營利事業所得稅方面，將稅率單一化，取消不必要的租稅獎勵優惠措施；對分配盈餘之營利事業所得稅准予抵繳綜合所得稅，這就是所得稅的「兩稅合一制」；改進預估暫繳制度、放寬計算營業所得之限制、對國際企業及涉外所得應加強課徵等。有關對營利事業所得稅的改革具體建議，如表10.2。

表10.1 賦稅改革對綜合所得稅的建議方案

	1987年賦改建議方案	現　　　況
免稅項目	刪除所得稅中13項目之免稅規定：軍、教人員薪資所得；公教軍警人員、勞工之養老金、退休金、資遣費及贍養費；個人稿費、版稅等收入全年18萬元以內；證券交易所得；利息所得全年36萬元以內等。	只有公教軍警人員、勞工之養老金、退休金、資遣費及贍養費一項，業已修法，於所得稅法第14條增列退職所得之類別，依法課稅；其餘項目仍列於所得稅法第4條的免稅規定中，尚未改進。
免稅額、寬減額及扣除額項目	提高免稅額、寬減額及標準扣除額金額，並依消費者物價指數調整。刪除保險費及自用住宅財產稅的列舉扣除等。	有關免稅額、課稅級距、標準扣除額、薪資特別扣除額及殘障特別扣除額等，均已依消費者物價指數上漲幅度調整之，見所得稅法第5條及第5條之1的規定。依所得稅法第17條規定，保險費仍為列舉扣除額之項目。
稅率結構	簡化課稅級距，由13級累進級距調整為5級，並將最高邊際稅率由50%調降至40%。	業已修改；所得稅法第5條規定之內容，與建議方案同。
申報單位	允許妻方薪資單獨申報；長期改採夫妻單獨申報制。	申報時，可允許選擇夫妻薪資所得分開計算稅額。
資本增益課稅項目	地增值稅改採比例稅，同時取消自用住宅優惠稅率規定。取消證券交易所得停徵規定等。	仍未落實於相關稅制中。
涉外所得課稅	改採屬地兼屬人主義，即居住者境內外所得皆應課稅。	仍未落實於所得稅制中。

資料來源：摘自網路，經作者整理而成。

表10.2　賦稅改革對營利事業所得稅的建議方案

	1987年賦改建議方案	現　　　況
課稅制度與稅率	營利事業所得稅稅率提高為35%，分配盈餘扣抵率提高為100%（即採營利事業所得稅及綜合所得稅兩稅合一制）。	兩稅合一制已於1998年起實施，見所得稅法第3條之1；惟營利事業所得稅稅率並未同步提高，仍維持25%。
關係企業課稅	對不合營業常規交易的認定及調整方法，於稅法中明定其原則。	所得稅法原本對非常規交易之禁止，加以規範，惟因認定及調整方法未予明定，致實務執行有困難；嗣因1998年起兩稅合一實施，所得稅法中另訂個人或營利事業與國內外其他個人或營利事業、教育、機關或團體等相互間，如有藉股權之移轉或其他虛偽之安排，不當為他人或自己規避或減少納稅義務者，稽徵機關為正確計算相關納稅義務人之應納稅額，依查得資料，按實際應稅額調整。財政部於2004年，修訂營利事業所得稅查核準則時，增訂條文，規定移轉訂價之常規交易價格調整方法。
預估暫繳制	以暫繳為主，預估為輔：一般廠商以上年度核定所得半數，計算暫繳稅額；新創事業仍採預估暫繳，改正時加徵遲繳稅款利息。	
企業盈虧互抵	將營利事業虧損後延扣除的年限，由3年改為5年。	業已修改，見所得稅法第39條。
獎勵投資條例	減免措施，依功能及政策目的劃分為19項，並依獎勵方式區分為82項，其中保留13項（併入各相關稅法規定中）、取消67項、縮小範圍2項。	獎勵投資條例雖於1990年正式結束，惟繼之而起的是「促進產業升級條例」之優惠措施。

| 涉外課稅問題 | 課稅管轄權：投資於高稅率國家之國外關係企業，所取得國外所得，排除在課稅範圍外。本國營利事業的國外稅負抵減：准予直接與間接扣抵，扣抵數不得超過來源所得之應納稅額。外國營利事業的稅負一致化：外國分公司匯回盈餘時，加徵20%利潤稅。 | |

資料來源：摘自網路，經作者整理而成。

（二）消費稅方面

　　消費稅稅目包括營業稅、貨物稅、娛樂稅與關稅等。營業稅由於在1985年4月改為加值型營業稅後，在租稅中立性與公平性上改善良多，剩下的問題，如小規模營業人之課徵，在課徵問題上應避免因營業人身分的不同而有不同的稅負。

　　貨物稅與娛樂稅皆具特種銷售稅性質，其課徵應具有特定政策目的，需因環境改變而重新檢討，有部分課稅項目已不合時宜，也有許多合乎課稅意義的新興產品未予課徵。稅率偏高，結構不合理，逃漏稅的誘因會增加，反而形成另一種稅負的不公；課稅計價基礎的規定存有缺失。為彰顯功能，需對此二種稅目的課稅項目、稅率結構與計價基礎等予以全盤修正與調整。

　　為因應國際經貿環境的改變，關稅稅率已大幅下降，但部分農產品稅率仍偏高。經濟自由化與國際化為政府既定的政策取向，宜及早確立農產品稅率制定原則與特別關稅制度的適用。有關對消費稅的改革具體建議，如表10.3。

表10.3　賦稅改革對消費稅的建議方案

	1987年賦改建議方案	現　　況
營業稅	1. 將身分別免稅之規定改為對物免稅，如：對未加工之農漁產品免稅，不問出售者身分。	1. 業已改進，如：營業稅法第8條第1項規定免徵營業稅的項目，其中第19款飼料及未經加工之生鮮農、林、漁、牧產物、副產物及第21款稻米、麵粉之銷售及碾米加工之免徵營業稅規定，均已排除身分別。
	2. 調高小規模營業人之稅率至2%。	2. 尚未落實於稅制中；營業稅法第13條規定，小規模營業人之稅率為1%。
娛樂稅	將稅率訂上、下限範圍，以避免因無下限稅率致地方政府將稅率訂定過低，甚至為零。	尚未落實於稅法中。
貨物稅	1. 取消部分課稅項目，如：糖類、糖精、丙類化妝品、水泥、平版玻璃、黑白電視機、錄音機、吸塵器等。	1. 業已改進，現行貨物稅之課稅項目已刪除糖類、糖精、丙類化妝品、吸塵器等項目。
	2. 增課高級娛樂及運動器材、遊艇、碟型天線等項目。	2. 未相對增課高級娛樂及運動器材、遊艇、碟型天線等項目。
	3. 恢復課徵菸酒貨物稅。	3. 該稅法已於2000年4月19日經總統公布，並自2002年開徵。
	4. 除大幅提高油氣類之徵收率外，餘課稅項目之稅率均建議調降。	4. 水泥類及油氣類之課稅項目已由從價改為從量徵收，其他課稅項目，大部分均已調降稅率。
關稅	1. 對原料、半製品及成品間之稅率級距，改採市場競爭力高低為依據。	
	2. 農產品稅率，適度採用滑準關稅、差額關稅、季節關稅及關稅配額制度。	
	3. 逐步取消外銷沖退稅制。	3. 業已取消

資料來源：摘自網路，經作者整理而成。

(三)財產稅方面

在財產稅方面,建立合理財產估價制度,確實反映市價,以達成課稅目的;取消不合時宜的免稅項目,尤其是中央政府財產的免稅優惠;簡化稅率結構等。有關對財產稅的改革具體建議,如表10.4。

表10.4 賦稅改革對財產稅的建議方案

	1987年賦改建議方案	現　　　況
地價稅	1. 改採以土地市價某一成數為稅基。 2. 縮小自用住宅優惠稅率適用面積。 3. 將農地納入課稅範圍。 4. 稅率採單一稅率課稅。 5. 工業用地改按一般用地課稅。	仍未落實於土地稅法或相關法規中。
房屋稅	1. 取消政府機關或公用事業、郵電等公營事業免稅之規定。 2. 稅率採單一稅率課徵。 3. 定期(三年或五年)調整房屋標準價格。	房屋稅條例第11條第2項業已規定,房屋標準價格,每三年重行評定一次。其餘建議,仍未落實於法規中。

資料來源:摘自網路,經作者整理而成。

(四)能源稅方面

台灣能源貧乏,能源政策的目標在於能源使用效率的提高與厲行能源節約,為使能源成本、價格與稅負間之關係能釐清,建立一個既獨立又合理的能源稅制,為此次賦稅改革委員會的特色之一。稅目名稱為能源稅、貨物稅與汽車燃料使用費,能源稅的稅基為自產、及進口原油與天然氣、與進口油品,以從量課徵;貨物稅為維持現行油氣類課徵項目,從價課徵,並提高稅率;汽

車燃料使用費改以隨油從量課徵。

(五)稅務行政方面

稅務行政改革的目標在於追求其行政的效率與廉能，分別從組織體系、作業管理、人員管理及與納稅人互動關係四個層面，研提改善方案。

在組織體系方面，國稅與地方稅之稅務組織體系分開，設國稅總局，負責國稅之徵收；各級稽徵機關稅務人員的招考、訓練、任用與調遷管理，由財政部統籌辦理，惟地方稽徵機關首長之任命，應先徵得地方首長之同意。

在作業管理方面，對綜合所得稅、營業稅、地價稅與使用牌照稅等，簡化稽徵程序及作業手續，如課稅期間、申報期限、納稅基準日等有關時間規定，廢止不具功能的手續與文件，必要文件力求易於填寫與處理等。稅務資料的處理盡可能以電腦替代，推動自動化系統，尤其是在關稅中的通關部分，以達關務行政的國際化與自由化；強化稽核工作，阻嚇逃漏，鼓勵誠實申報；改進稅務救濟制度。

在人員管理方面，採用官職分立制度，擴大升遷管道；大幅調整俸給結構，激勵工作意願；全面且持續推動職前及在職訓練，提升稅務人員專業化水準；進行對稅務人員的監察與內部稽核。

在與納稅人互動關係方面，積極推行賦稅教育與稅務宣導工作；建立稅務代理制度。

三、成效與評析

從上述所列賦稅建議改革內容得知，1987年起為期二年的賦稅改革，對稅制與稅政的研究是通盤的、全面的。這些建議方案，

貴在能行，不在紙上談兵，而束諸高閣。如何將方案變成法案，這不是單純的學理探討問題，而是複雜的政治現實利益衝突；要想突破，確實存在某些難度。賦稅改革委員會主任委員陳聽安教授在總報告書前言中說到：

> 今天不做，明天的政治成本會更高！做與不做都有其政治成本與效益，政治成本與時間成正比，和效益則成反比，本人衷心期待：賦改會結束之日，即是財政部展開行動修法落實之時。

然而，理想的達成，是件多麼艱辛的路！能源稅建制的構想，迄未見落實。為降低對資源的扭曲，調降稅率，調整稅率結構，較能達成共識，法案較易通過；為擴大稅基，需刪除減免項目，雖符合租稅正義，但卻與個人利益相衝突。共識較難產生，法案也難付委，遑論通過。然而，一方面根據建議實施低稅率稅制；另一方面卻強烈抵制稅基的擴大，如此怎能達成稅收適足的目標？

表10.1到表10.4列出賦改會的建議內容，並與現行稅制相比較，發現當時研究所提改革方案已實踐者為數不多，所能實踐者反而是局部的、與納稅人有益的；而與某部分人的利益有衝突者，大都仍未落實。舉所得稅為例，從1990年起，個人所得稅率結構級距與最高稅率都已按建議予以調整，調為5個級距與最高稅率40%；但對租稅造成不公的減免項目，仍無法刪除，如軍教人員薪資仍免稅。然而，在改革上產生重大衝擊與市場動盪者，莫過於在1988年9月所宣布的「1989年起復徵證券交易所得稅」

事件 [7]。證券交易所得稅僅僅課徵一年，自1990年起又停徵。具重複課稅之嫌的企業盈餘所得，於1998年起採用「兩稅合一」制，距建議方案已有10年之久，但對營利事業所得稅的最高稅率並未採用建議方案，提高到35%，仍維持在25%。另者，與財產稅有關的建議方案，大都仍未採納而修法。由此得知，賦稅改革是為實踐租稅理想所需的長期作為。

第四節　1996年的賦稅革新

一、背景與目標

1990年以來，政府財政收支短絀開始浮現，政府如何將有限預算作合理分配運用，界定政府債務的規模，研擬改善財政收支措施，落實經濟公平與租稅正義，籌謀財政問題的根本解決，是一項急迫的政策課題，而財政專案研究推動小組也提出加稅建議。

1996年台灣第一次民選總統，李登輝總統在其就職演說中對投資環境作出「低稅負、無障礙」之宣示。因而政府如何在維持財政健全下，又能發揮提升投資意願之功能，在稅制設計上是一項大的考驗。賦稅政策，除考量政府財源之首要目標外，也需隨整體經濟社會之發展，以提升國家競爭力。政府在盱衡國內外經濟情勢後，將推動台灣成為亞太營運中心作為政府施政之跨世紀政策。為配合國家整體發展之所需，賦稅改革為其重要一環，其目標在於達成「低稅負、無障礙」之投資環境與提升國家競爭力。

7　詳見第七章的分析。

二、建議改革內容

與前二次賦稅改革相比,最大不同者在於組織與任務。財政部於1996年7月成立「賦稅革新小組」,為期一年,由部長邱正雄擔任召集人,聘請少許學者與業界有識人士為委員,更多的委員為政府官員,賦稅革新的工作較類似部內行政業務案的研擬與檢討,涉及的範圍與研討規模也無法與前二次的賦改相比,似具有針對某一特定議題予以檢討改進,不是全面性的稅制與稅政改革。此次賦稅改革芻議,扼要陳述如下:

(一)所得稅方面

1. 研擬「兩稅合一」制度之實施計畫:分別就設算扣抵法、股利所得免稅法、與已付股利減除法等進行研究,提出可行性報告。

2. 檢討固定資產耐用年數表:為達科技島之政策目標,使營利事業列報固定資產之折舊費用能反映經濟實質,以達課稅之合理化。

3. 國際化趨勢下所得稅措施之檢討:在國際化下,跨國企業、租稅協定、國際租稅課稅等問題益形重要,而台灣已由資本輸入漸為資本輸出之國家,租稅協定之簽署也漸增加,其所衍生之國際租稅問題,因有關規定欠缺,應檢討與訂定,俾使稅制健全。

(二)銷售稅方面

1. 檢討金融保險業營業稅制:參照外國立法案例,對次要金融勞務課徵,主要金融勞務及外銷勞務免稅或適用零稅率,或調降營業稅率,使金融業與其他行業實質稅率漸趨

一致。

2. 檢討貨物稅課稅範圍：就各課稅項目檢討其合理性，使其結構趨向合理，可考慮將橡膠輪胎、平板玻璃、飲料品及電器類之貨物稅併入營業稅。

（三）財產稅方面

1. 檢討土地稅減免規則：地價稅減免項目繁多，建議刪除，尤其對公有土地之免稅部分。

2. 檢討房屋稅之稅率結構及減免規定：房屋稅之課徵，係以房屋使用情形之不同而課以不同稅率，此種課稅基礎與財產受益於地方政府之程度有別，建議增訂「自住房屋基本免稅額」，同時也建議刪除公有房屋之免稅規定等。

（四）關稅方面

1. 合理訂定關稅稅率結構：在考量與貿易國、產業發展程度相近之國家、產業保護程度與同性質產品間之比較指標，在短期，建議調降大麥、澱粉、加工合板等168項產品之稅率，以改善有效保護率為負或原料稅率高於製品稅率之現象；在中期，建議將冷凍魚漿、醫藥製劑等222項產品稅率調降，以改善反保護情形，同時調和同類產品之稅率；在長期，為配合WTO及經濟自由化，將合板、木漿、矽錳鐵等147項產品稅率調降，以達全面合理化之目標。

2. 簡化關稅稅率級距：去除小數點第二位稅率，小數點第一位稅率僅有0與5兩種。

3. 研議採行低價貨物免稅暨簡易報關制度：進口貨物完稅價格在3000元以下者，免稅；在1萬元以下者，採簡易報關作業；同時研議採行其他簡易報關措施，如實施彙總清關

制度、預先清關制度等。

(五)稅務行政方面

1. 全面檢討不合時宜之稅務行政規章及釋示。

2. 落實提升徵納雙方和諧關係之稽徵環境。

3. 貫徹無障礙通關環境

4. 改進海關徵收規費之範圍及標準

三、成效與評析

1996年的賦稅革新，似對特定項目的檢討。有些項目仍是1987年賦稅改革時所提研討項目，因已過了近10年，若要修法執行，當然需對修法的背景、方法與成效等項先進行檢討，再提出建議方案。企業盈餘所得的「兩稅合一」制之可行性報告，終使財政部接受，立法院完成修法，於1998年起實施。對金融保險業營業稅制的問題，恰因台灣金融危機的爆發，財政部為求以減稅方式讓金融業打消呆帳，而將其營業稅由5%降為2%，似與原先的建議方案關連不大。然而，財產稅與銷售稅的建議方案，大都仍未推行實施，稅制改革已成僵固之局面。

賦改是條困難的路，因其常與既得利益者相衝突，尤其台灣在政治民主化過程中，在選票考量下，改革之路似乎更難。在台灣，政府對投資與生產的鼓勵已扭曲國民租稅的稅負。在獎勵減免下，有許多高所得的企業與個人無需納稅，甚至有人所得高達800萬元者，也無需繳稅。這些不公平的事例，歷歷在目。為使有所得者，不因政府租稅獎勵措施而無需繳稅，2004年底終於通過最低稅負制的「所得基本稅額條例」，這在租稅正義與公平上可算向前邁了一大步。

　　賦稅改革在推動上是件艱困的工作，它會面臨許多阻礙；然基於租稅公平、健全政府財政、合理化租稅結構、與效率化稅政，改革之路應持續進行。儘管改革道路崎嶇，爲政者也應勇往直前。

第十一章
政府赤字問題

第一節　政府財政收支與赤字

一、全國各級政府財政收支狀況與赤字

　　政府財政收入，包括政府利用公權力所產生的收入，計有稅課收入、規費收入與罰款及賠償收入等，以及在市場上從事經營活動所產生的收入，計有公賣利益收入、營業盈餘及事業收入、財產孳息收入與資本回收及售價收入等。一般而言，即使政府有多種收入來源，但以稅課收入為主要財源，占政府收入六成以上，台灣當然也不例外。若遇到財政收入不足時，政府還可發行公債與賒借，而發行公債收入與賒借收入為政府在青黃不接時期的財政措施。

　　政府財政支出，除一般政務支出外，還包括國防軍事支出、教育科學文化支出、經濟發展與基本設施投資支出、社會福利支出、社區發展及環境保護支出、退休撫恤支出與債務支出等。國家因所處的政治、經濟與社會環境的不同，政府支出項目間的比例分配也會不同。隨政經環境的變遷，支出結構也會變動，如在1950年代，國防軍事支出為政府財政支出的最大項目；1968年開辦

九年國民義務教育，教育經費在政府財政支出的比例就開始躍升；1990年代台灣因邁入老年化社會，社會福利支出反而成為政府最主要的支出項目。大致上，政府財政支出會隨經濟變遷而有所改變。

　　政府的財政收支，長期處於平衡狀況是最高指導原則；短期的失衡，不是問題，問題是在因短期失衡而轉變為長期失衡。通常若政府債務累積超過某個水準時，就出現財政危機之警訊。

　　1949年政府播遷來台，財政在非常拮据情況下，卻要面對中共侵台的威脅，國防軍事費用最為龐大。1950年，政府財政極不穩定，在中央政府財政支出中，軍費約占90%，收支短絀占決算總額的1/4。該年底，台灣省政府成立財稅改革委員會，整頓稅制，統一稽徵，強化稅收；在預算政策上確定量入為出，收支平衡，謀求穩健的政府財政，其措施為(見李國鼎、陳木在，1986)：

1. 整頓各項稅捐，制定頒布「統一稽徵暫行辦法」，輕稅重罰，期以增裕庫收，同時開徵防禦捐，實施統一發票辦法；
2. 發行愛國公債，以派募方式發售；
3. 確立並嚴格執行預算制度；
4. 節減軍公機關非急需支出。

　　表11.1列出1950年到1980年間各級政府財政收支與餘絀情形 [1]。歷年間各級政府收支的規模，確實隨經濟發展而變大；政府的財政收入，由1950年16.83億元，增到1960年的121.11億元，再增到1970年的512.15億元，到1980年為3665.89億元，30年間名

1　各級政府包括中央政府、省政府、直轄市政府、縣市政府與鄉鎮公所。

目增長217倍；政府的財政支出，由1950年19.54億元，增到1960年的121.93億元，再增到1970年的548.29億元，到1980年為3453.96億元，30年間名目增長176倍。政府收入與支出占國民生產毛額的比例，由1954年的19.2%與19.4%上升到1970年代後期的26.8%與25%。政府收支的增長，大於國民生產，顯示政府在國民經濟中的地位提升。在這30年裡，政府財政收入的名目增加倍數比財政支出高41倍，財政由短絀的窘境而變為盈餘之盛況，這表示政府在追求經濟發展提高國民所得之目標下，政府的支出雖增加，但支出對收入有加乘效果，使得收入增加的更多，不但彌補過去的短絀，還產生財政剩餘，表示經濟發展的結果，充裕了政府財源。

政府財政收入中包含公債收入，將之減除後，才能真正顯示政府財政收支餘絀狀況。政府財政由短絀變為盈餘，關鍵年份在1969年，這年是劉大中院士主持賦稅改革的第二年，也是為了增加稅收而對所得稅所提局部修正實施的年份。1950年到1968年為政府財政赤字階段，1969年到1980年為政府財政剩餘階段。

在財政赤字階段，也曾有盈餘年份，分別為1953年、1955年與1958年，但盈餘金額不大，對政府財務問題的解決起不了什麼作用。從1950年到1968年，共19年，累積的短絀金額為73.533億元。這19年不能算是短期，而應以長期來看待。持續的財政赤字，政府以發行公債、銀行貸款予以支應外，尤為重要的，美援在此時也發揮彌補財政赤字的功能 [2]。

---

2 美援援助期間在1951年到1964年，共援助13.6億美元，大都用於直接投入經濟建設；但美援孳生的相對基金，在美援援助期間以及期後，也協助政府財政，估計在1952年度到1969年度金額達99.92億元新台幣（見李國鼎、陳木在，1987）。

表11.1 各級政府財政收支與其餘絀

單位：百萬元

會計年度	收　　入	支　　出	餘　　絀	公債收入	不含公債之餘絀
1950	1,683	1,954	-271	96	-367
1951	2,316	2,430	-114	195	-309
1952	3,626	3,576	50	105	-55
1953	3,876	3,745	131	29	102
1954	2,180	2,270	-90	17	-107
1955	5,302	5,356	-54	34	-88
1956	6,689	6,534	155	2	153
1957	7,368	7,551	-183	0.3	-183.3
1958	9,096	8,906	190	0	190
1959	10,833	10,670	163	400	-237
1960	12,111	12,193	-82	0	-82
1961	14,026	14,068	-42	400	-442
1962	15,040	15,414	-374	500	-874
1963	15,841	16,457	-616	600	-1,216
1964	19,054	18,486	568	800	-232
1965	23,384	22,391	993	1,200	-207
1966	25,192	23,836	1,356	2,100	-744
1967	31,639	30,727	912	2,800	-1,888
1968	35,235	33,002	2,233	3,000	-767
1969	45,046	41,869	3,177	2,100	1,077
1970	51,215	49,153	2,062	2,500	-438
1971	57,345	54,829	2,516	2,800	-284
1972	66,368	63,668	2,700	1,900	800
1973	89,637	79,856	9,781	2,910	6,871
1974	115,832	89,934	25,898	900	24,998
1975	134,034	126,436	7,598	,400	7,198
1976	166,103	149,994	16,109	4,600	11,509
1977	193,828	192,493	1,335	3,106	-1,771
1978	233,644	226,900	6,744	6,510	234
1979	286,420	254,711	31,709	5,600	26,109
1980	366,589	345,396	21,193	0	21,193

資料來源：財政部統計處，《財政統計年報》；李國鼎、陳木在(1987)我國經
　　　　　濟發展策略總論(下)，頁338-339。

附註：1950年到1943年為曆年制；1954年度為半年，為1954年的上半年；之後
　　　的會計年度，如1955年度，從1954年的7月起到1955年的6月止。

在財政剩餘階段，只有在1970年、1971年與1977年產生赤字，但赤字金額不大，其餘年份皆有財政剩餘，其中在1974年、1976年、1979年與1980年財政剩餘每年都高達百億元以上，1979年的剩餘為261.09億元，為產生剩餘年份的最高者。在這11年，財政剩餘共為974.96億元，剩餘金額為上一階段赤字金額的12倍。造成這個非凡的績效，有很多因素：賦稅改革曾使稅制往高稅收所作的努力，財稅資料處理及考核中心的成立，財稅資料建檔，稽核制度建立。此外，經濟快速發展，對外貿易持續擴張，稅源擴大，稅基增廣，使得稅課年年超收，同時政府嚴控預算。這些條件的配合，使政府財政收支產生剩餘。

1981年後，政府財政又步入赤字階段，且赤字現象有惡化傾向，致使債務累積快速，形成債台高築現象（見表11.2）。到2005年止，只有1984年、1987年、1988年與1998年的四年有財政剩餘，其餘的21年都為財政短絀。各級政府財政歲入淨額由1981年的4117.12億元，增加到1991年的1.05兆元，再到2001年的1.90兆元，2005年為2.12兆元，基本上，政府歲入是呈持續走高格局，前後共增長4.17倍；至於在歲出淨額方面，由1981年的4257.31億元，增加到1991年的1.28兆元，再到2001年的2.27兆元，2005年為2.31兆元，政府歲出也是持續走高，前後共增長4.43倍，歲出增長的幅度大於歲入。政府財政收支金額持續增長，是否在國民經濟的地位也持續提高？從所占比例顯示，政府歲入的比重由1981年的24.67%下降到2005年的18.49%；歲出的比重，有起有落，先從1981年的25.51%攀升到1989年的31.07%，之後開始滑落，1996年降到23.93%，2005年為20.19%，由此顯示，政府歲出、入在經濟中的地位反而下降。

表11.2 各級政府歲入歲出與餘絀

單位：億元

年	歲入淨額	歲出淨額	收支餘絀	融通淨額
1981	4,117.12	4,257.31	-140.19	185.06
1982	4,544.61	4,872.53	-327.92	298.18
1983	4,611.17	4,898.94	-287.77	317.74
1984	5,159.13	5,062.24	96.89	54.18
1985	5,426.03	5,463.38	-37.35	160.46
1986	5,848.38	6,167.18	-318.8	354.23
1987	6,502.03	6,419.11	82.92	374.16
1988	7,654.39	7,264.68	389.71	617.30
1989	9,215.75	12,073.51	-2,857.76	4,287.55
1990	10,924.01	10,975.18	-51.17	415.10
1991	10,499.31	12,756.13	-2,256.82	2,477.43
1992	12,575.68	15,619.30	-3,043.62	3,190.47
1993	14,163.34	17,563.06	-3,399.72	3,750.47
1994	15,027.54	18,263.67	-3,236.13	3,343.67
1995	15,594.29	19,100.66	-3,506.37	3,784.45
1996	16,041.84	18,437.86	-2,396.02	2,576.82
1997	17,047.59	18,787.64	-1,740.05	1,813.18
1998	20,534.58	19,925.93	608.65	598.27
1999	20,043.94	20,500.04	-456.10	459.00
2000	27,848.63	31,409.36	-3,560.73	3,763.19
2001	18,968.41	22,717.55	-3,749.14	2,935.75
2002	17,878.79	21,449.17	-3,570.38	3,065.19
2003	18,481.99	22,062.23	-3,580.24	3,949.61
2004	19,716.48	22,389.14	-2,672.66	3,067.69
2005	21,152.27	23,095.65	-1,943.38	2,324.88

資料來源：財政部統計處，《財政統計年報》，2005年。

附註：2000年度包含1999年下半年與2000年全年，共一年半，之後年度由會計年改為曆年制。

　　1981年後，為財政赤字階段，可劃分為兩個不同時期，前期從1981年到1988年，算是財政穩健時期；後期從1989年到2005年，為財政快速惡化時期。前期雖有赤字，但在財政操作上，是穩健與保守的；赤字金額不大，年度最高者不及千億，占歲入的比例也在10%以內；後期則完全不同，赤字金額動輒上千億，比例也在10%以上，其中1989年高達31%，甚為嚴重，而1991年到1995年的比例也在20%以上，2001年到2003年的比例約在20%。如此高比例與高金額的赤字，持續到2005年，顯示政府財政確實亮起紅點，且有財務危機之風險。考其原因，政府執行徵收公共設施保留地、推動六年國建、推動重大交通建設、收回戰士授田證、提振景氣方案及開辦多項社會福利措施與對抗SARS等重大經社政策，而造成歲出的過度膨脹。同時，並無相配合的收入，尤其課稅收入在國際競爭與討好選民的考量下，稅率不增反減，課稅收入占歲出的比例由1981年的74%降到2005年的66.3%，致使政府財政赤字持續擴大。

　　預算赤字產生後，需謀融通之道。政府財務融通的途徑有發行公債、向銀行賒借、與移用以前年度歲計膡餘等，前二種是政府債務，因而在年度內就會產生有借有還的現象。年度融通淨額是指前三種融通金額之加總減債務償還支出之金額，表11.3列出1981年以來各級政府融通狀況。從表中得知，各年度都曾移用以前年度歲計膡餘，其金額在融通淨額的比例愈來愈低，政府主要的融通途徑還是舉債與借款。從金額比較上得知，借款在政府財政短絀時所扮演融通的地位，並不亞於舉債。比較表中發行公債收入與債務償還支出之金額，發現年度發行公債收入與賒借收入會大於債務償還支出，這顯示債務到期時，政府因財政拮据反而

表11.3　各級政府年度財政收支融通淨額

單位：億元

年	融通淨額	發行公債收入	賒借收入	移用以前年度歲計賸餘	債務償還支出
1981	185.06	40.00	37.17	182.78	74.89
1982	298.18	133.82	68.06	161.18	64.88
1983	317.74	223.00	77.78	99.61	82.64
1984	54.18	97.79	59.82	24.83	128.25
1985	160.46	240.88	71.02	22.46	173.91
1986	354.23	288.00	74.41	151.25	159.43
1987	374.16	483.39	84.57	8.44	202.24
1988	617.30	765.40	95.04	11.47	254.61
1989	4,287.55	1,173.97	3,131.38	304.22	322.03
1990	415.10	158.31	728.55	220.53	692.29
1991	2,477.43	1,450.03	1,366.05	1,071.47	1,410.12
1992	3,190.47	3,129.03	891.33	511.97	1,341.86
1993	3,750.47	3,408.86	996.09	375.40	1,029.88
1994	3,343.67	1,083.27	2,311.35	822.80	873.75
1995	3,784.45	751.04	3,894.32	787.71	1,648.63
1996	2,576.82	1,157.69	2,496.76	543.48	1,621.11
1997	1,813.18	1,362.65	1,999.91	330.49	1,879.88
1998	598.27	599.04	1,762.62	357.26	2,120.65
1999	459.00	775.58	1,124.44	237.39	1,678.42
2000	3,763.19	4,821.19	873.32	376.34	2,307.66
2001	2,935.75	3,329.48	991.80	158.62	1,544.15
2002	3,065.19	2,031.93	1,266.16	648.13	881.03
2003	3,949.61	1,817.37	2,488.20	467.44	823.40
2004	3,067.69	1,855.55	2,293.89	97.20	1,178.94
2005	2,324.88	1,074.01	2,454.61	45.93	1,249.66

資料來源：財政部統計處，《財政統計年報》，2005年。

附註：2000年度包含1999年下半年與2000年全年，共一年半，之後年度由
　　　會計年改為曆年制。

舉(借)一筆更大的債(款)，因而年度債務償還支出不斷提高，而
舉債與借款卻攀升的更高，債務累積也就愈來愈多。

二、中央政府財政收支狀況與赤字

中央政府財政收支狀況，稍異於全國的各級政府。1991年為
財政收支狀況的劃分年，這表示在1980年代中央政府為財政剩餘
時期；1991年起財政才開始惡化；2000年後，惡化更為嚴重。這
與上述對全國各級政府財政收支狀況所作的分析相比較，顯示中
央政府的財政狀況優於地方政府，這種現象與我們在第三章中分
析財政收支劃分時中央政府集權與集財的因素有關。

中央政府歲入淨額，由1982年2879.41億元，增到2004年的
1.37兆元，共增加3.76倍；在歲出方面，由3069.91億元增到1.56
兆元，共增加4.08倍，歲出增長幅度大於歲入。若劃分為兩個時
期，就歲入淨額而言，前期(1982-1990)增長1.45倍，後期(1990-
2004)增長0.93倍；就歲出淨額而言，前後期的增長倍數分別為
1.07倍與1.44倍。歲出的增長情形，前期低於歲入，後期則高於
歲入。

前期為財政盈餘時期，除1982年、1983年與1986年產生預算
短絀外，其餘年份皆有剩餘，累積財政剩餘為748.03億元；後期
的財政惡化，除1998年與1999年有盈餘外，餘者皆為預算赤字，
赤字的狀況，2000年起都在千億元以上，2003年約為3000億元，
為當年歲入的22.5%，比例不低。1982年到2004年所累積的預算
餘絀，為負債1.36兆元；2000年起預算赤字所累積金額達1.08兆
元。由此顯示，2000年起的中央政府預算，債務問題更加惡化。

表11.4 中央政府歲入歲出及收支餘絀占全國各級政府之比重

單位：億元，%

年	歲入淨額			歲出淨額			收支餘絀			
	各級政府	中央政府	比重	各級政府	中央政府	比重	各級政府	中央政府	地方政府	比重
1982	4,544.61	2,879.41	63.36	4,872.53	3,069.91	63.00	-327.92	-190.50	-137.42	58.0
1983	4,611.17	2,932.84	63.60	4,898.94	3,165.47	64.62	-287.77	-232.62	-55.15	80.8
1984	5,159.13	3,106.89	60.22	5,062.24	3,084.07	60.92	96.89	22.82	74.07	23.5
1985	5,426.03	3,439.87	63.40	5,463.38	3,426.57	62.72	-37.35	13.30	-50.65	-35.6
1986	5,848.38	3,750.55	64.13	6,167.18	3,971.71	64.40	-318.8	-221.15	-97.65	69.3
1987	6,502.03	4,110.36	63.22	6,419.11	4,070.66	63.41	82.92	39.70	43.22	47.8
1988	7,654.39	4,802.29	62.74	7,264.68	4,533.75	62.41	389.71	268.54	121.17	68.9
1989	9,215.75	5,622.26	61.01	12,073.51	5,272.72	43.67	-2,857.76	349.54	-3,207.30	-12.2
1990	10,924.01	7,070.70	64.73	10,975.18	6,372.30	58.06	-51.17	698.40	-749.57	-1,364.8
1991	10,499.31	6,549.79	62.38	12,756.13	7,592.23	59.52	-2,256.82	-1,042.44	-1,214.38	46.1
1992	12,575.68	7,057.99	56.12	15,619.30	9,076.42	58.11	-3,043.62	-2,018.43	-1,025.19	66.3
1993	14,163.34	8,342.17	58.90	17,563.06	9,785.48	55.72	-3,399.72	-1,443.31	-1,956.41	42.4
1994	15,027.54	9,005.31	59.93	18,263.67	9,728.33	53.27	-3,236.13	-723.02	-2,513.11	22.3
1995	15,594.29	9,374.17	60.11	19,100.66	9,657.20	50.56	-3,506.37	-283.04	-3,223.33	8.0
1996	16,041.84	9,967.57	62.13	18,437.86	10,048.92	54.50	-2,396.02	-81.36	-2,314.67	3.4
1997	17,047.59	10,252.07	60.14	18,787.64	10,513.72	55.96	-1,740.05	-261.66	-1,478.39	15.0
1998	20,534.58	12,515.24	60.95	19,925.93	10,831.07	54.36	608.65	1,684.18	-1,075.53	276.7
1999	20,043.94	12,286.49	61.30	20,500.04	11,639.89	56.78	-456.10	646.59	-1,102.69	-141.7
2000	27,848.63	20,308.45	72.92	31,409.36	22,301.45	71.00	-3,560.73	-1,993.00	-1,567.73	55.9
2001	18,968.41	14,171.69	74.71	22,717.55	15,597.00	68.66	-3,749.14	-1,425.31	-2,323.83	38.0
2002	17,878.79	13,046.67	72.97	21,449.17	15,519.43	72.35	-3,570.38	-2,472.76	-1,097.62	69.2
2003	18,481.99	13,209.24	71.47	22,062.23	16,181.30	73.34	-3,580.24	-2,972.06	-608.18	83.0
2004	19,716.48	13,681.62	69.39	22,389.14	15,647.99	69.89	-2,672.66	-1,966.37	-706.29	73.5

資料來源：財政部統計處，《財政統計年報》，2005年。

附註：收支餘絀比重出現負時，表示全國各級政府財政收支產生短絀，而中央政府財政收支有剩餘。

　　中央政府歲入與歲出占全國各級政府財政收支的比重，年有
變化，歲入比重最高達74.71%，最低為56.12%；歲出比重最高達
73.34%，最低為43.67%。其實，地方政府比中央政府嚴重，也就
是說全國各級政府財政短絀金額來自地方政府的比重較大。

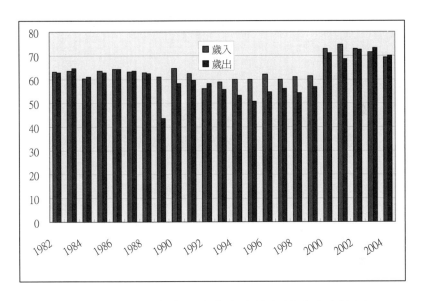

圖11.1　中央政府歲入歲出占全國各級政府之比例

　　再進一步，我們按年分析。中央政府歲入與歲出比重的比
較，雖列於**表11.4**，然以圖示方式更加明確，如圖11.1。從表與
圖之比較得知，1989年到2001年間，中央歲入比重大於歲出比
重；在1989年前，兩者相當；2001年後，歲入比重略低於歲出。
比重如此的不同，就反應在中央政府財政短絀占全國各級政府財
政短絀的比例上。若歲入比重大於歲出，中央政府財政短絀比例

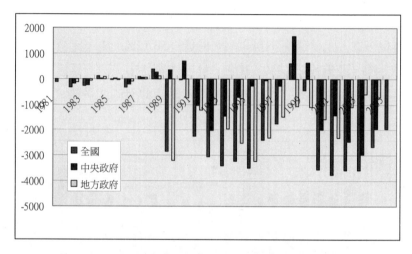

圖11.2　中央政府與地方政府財政收支餘絀情形

就低，如1989年到2001年間，曾出現全國財政發生短絀而中央財政卻有剩餘之現象。在2000年前，中央政府只有在1991年到1993年間，曾有超過千億元的年度財政短絀，而地方政府自1989年以來就有這種現象；再者，2000年起，中央政府又產生巨額年度財政短絀。有關全國各級政府、中央政府與地方政府年度財政收支餘絀的比較，如圖11.2所示，1981年後台灣各級政府財政收支餘絀狀況。從整體上觀察，全國各級政府從1981年到1988年為財政穩健時期，1989年起為財政快速惡化時期。在中央政府方面，1980年代為財政剩餘時期，1991年起為財政快速惡化時期。關於地方政府財政收支餘絀的情況，1982年以來，只有在1984年、1987年與1988年有剩餘，其餘各年皆為財政短絀。地方政府財政拮据程度，不但比中央政府嚴重，而且期間還來得早些。地方政府在1989年前就處於財政不足狀況，為財政輕微不足時期；1989年起，就

爲財政快速惡化時期。地方政府的財政，除靠中央政府補助外，
因自有財源嚴重不足，借款成爲重要的財務融通。

表11.5　中央政府財政融通途徑

單位：億元

年	融通淨額	公債收入	賒借收入	移用以前年度歲計賸餘	債務還本
1982	190.50	120.00		105.05	34.55
1983	232.62	200.00		62.34	29.71
1984	-22.82	50.00		5.03	77.85
1985	67.86	180.00			112.14
1986	221.15	250.00		56.65	85.50
1987	281.04	400.00			118.96
1988	426.44	595.00	0.25		168.80
1989	292.23	500.00	11.51		219.28
1990	-351.35		8.36		359.71
1991	1,042.44	995.00	1.49	499.30	453.36
1992	2,018.43	2,386.58		7.68	375.83
1993	1,443.31	1,628.04	-	341.09	525.82
1994	723.02	1,081.75		155.49	514.22
1995	441.26	751.04	-	-	309.78
1996	155.85	957.69	-	-	801.84
1997	261.66	1,172.65	-	92.90	1,003.89
1998	-540.00	499.04	-	-	1,039.04
1999	-614.48	565.58	-	-	1,180.07
2000	2,727.37	4,661.19	-	-	1,933.82
2001	1,536.05	2,138.42	620.00	-	1,222.37
2002	2,472.76	1,744.54	700.00	582.76	554.55
2003	2,972.06	1,717.46	1,290.57	429.03	465.00
2004	1,974.18	1,685.18	850.00	-	561.00

資料來源：財政部統計處，《財政統計年報》，2005年。

　　中央政府因財政短絀所採取的融通方式，主要為發行公債，偶爾也會向銀行賒借與移用以前年度歲計賸餘，但重要性遠不如公債的發行。1982年以來中央政府財政融通情形如**表11.5**。**表11.5**與**表11.3**相比，發現中央政府與地方政府所依賴的融通管道不同，前者以發行公債為主，後者除挪用以前年度的歲計賸餘外，主要向銀行賒借。

三、財政收支短絀原因分析

　　對中央與全國各級政府而言，1981年以來，政府財政為何趨向惡化？尤其在1989年起為何惡化速度加速？前曾扼要提及其原因。於此，我們再作深入探討。

　　單就經濟層面分析，預算餘絀問題係因政府在財政上採取反景氣循環政策而產生，也就是說，當不景氣時，因賦稅收入減少，政府為刺激經濟而採取擴大支出方案，預算赤字因而產生；當繁榮時，賦稅因經濟活動擴大而收入增加，因此預算便有剩餘。預算餘絀與景氣循環是正值的關係。換言之，經濟愈繁榮，預算剩餘就愈多；經濟愈不好，預算赤字也就愈高。

　　從政府會計角度分析，預算餘絀為歲入與歲出的差額，也就是說，預算赤字的產生，係由於歲入少於歲出。考其原委，不外乎下列三種情況：歲入增長停滯或下降，而歲出仍持續增長；歲入雖增長，但不及歲出增長的幅度；歲入下降，但幅度遠大於歲出。上述對全國各級政府與中央政府財政收支所作的量化分析皆顯示：政府歲出增長幅度大於歲入。台灣財政赤字產生的情況，主要為歲出增長幅度過大所造成；即使步入21世紀，歲入雖呈頹勢，歲出仍在增長。

　　台灣賦稅收入份額持續下降，表示賦稅收入的增長低於GNP的增長。這種現象的產生，是由於近年來政府採取若干租稅減免措施，包括某些租稅項目的稅率下降，再如政府為了推動經濟自由化與國際化，又逐年調降關稅，譬如在1984年關稅稅率平均為30.8%，到1993年降為8.9%。1985年起陸續調降所得稅率，營利事業與綜合所得稅的最高邊際稅率分別由35%與60%逐步降到25%與40%；同時增加如子女教育、房租等支出的扣抵項目。1998年又將營利事業所得稅與綜合所得稅「兩稅合一」。為因應1998年來的金融危機，金融業的營業稅稅率由5%下降到2%；2001年為刺激房地產，將土地稅減半。這些租稅上的措施都影響稅基與稅收，進而降低政府賦稅收入。

　　就賦稅平滑理論（tax smoothing theory）言，稅率在長期上是穩定的，具隨機性。在台灣，長期稅收份額呈下降走勢，因而符合理論所要求的經常支出占GNP的比例也應下降，但實際情形：政府歲出份額並未隨GNP的增長而下降，卻具有「Wagner公共支出擴大」現象。

　　中央政府支出規模呈擴張之時，以政事別區分的支出會起結構變化（如表11.6）。1990年代以來，一般政務支出比重呈穩定現象，維持在10%上下。國防支出比重卻一路下滑，由38.38%下降到14.98%；教育科學文化支出比重呈緩慢攀升，1990年代在15%上下，21世紀初升到17.94%，這是落實憲法之結果。對影響支出規模的兩個項目為經濟發展與社會福利。經濟發展支出比重，由21.61%降到20世紀末的11.42%，21世紀初又回升到17.94%；而社會福利支出比重卻一路快速攀升，由15.39%上揚到27.30%。

表11.6 中央政府歲出總決算之結構比重

單位：%

年度	一般政務	國防	教育科學文化	經濟發展	社會福利	債務
1981-1985	6.67	38.38	10.15	21.61	15.39	3.22
1986-1990	7.87	34.32	13.38	17.85	17.92	4.97
1991-1995	9.78	24.65	15.24	16.88	20.89	18.48
1996-2000	9.75	19.96	15.30	11.42	26.08	13.71
2000-2004	10.53	14.98	17.94	17.72	27.30	9.86

資料來源：財政部統計處，《財政統計年報》，2004年。

　　由政府支出結構變化得知，影響財政資源分配變動的主因，為經濟發展與社會福利；而支出規模膨脹的主因，也可歸在這兩個項目上。一般而論，在預算限制下，經濟發展與社會福利的經費分配，具有此消彼長之替代關係，兩者對經費的使用具競爭性。由表11.6所示，兩者間的競爭確實存在，當社會福利支出快速擴張時，經濟發展支出比重就一路滑落；當政府在21世紀初提高經濟發展支出時，社會福利支出比重的上升就趨緩。支出擴大所造成的政府財政收支短絀，包括為公共設施保留地的徵收及各項重大建設的推動，如1991年的「國家建設六年計畫」、2003年「擴大公共建設方案」等；在社會福利方面，主要在於政府陸續開辦各項社會保險與公共救助等，如農保虧損與保費補助、全民健保開辦及補助低收入戶、殘障保費補助、老農津貼、中低收入老人津貼及提高津貼等。

　　綜合上述，在台灣，政府歷年預算赤字的造成，主要因政府在支出不斷膨脹時而稅收不增反減之結果。

第二節　債務累積問題

一、中央政府公債餘額

政府自1990年以來，造成財政赤字持續擴大，不是因對抗景氣循環而採取擴張性財政政策，而是因倒行逆施的結果。財政收支持續短絀，債務自然就愈累愈高，形成債台高築之現象。中央政府債務中，最主要者是公債，表11.7列出歷年公債餘額。

公債餘額增長幅度，與政府當年財政赤字有密切關聯；財政赤字愈大，公債變動值與變動率也就愈高。上節曾論述到政府在1990年代與2000年代前期，因有較大的財政赤字，乃有較高的公債餘額增長率。1990年代起，政府財政收支持續惡化，使得公債餘額也就快速累積。1981年，中央政府公債餘額為106億元，1990年增為1673.75億元，增加14.8倍。2000年的餘額為1.36兆元，與1990年相比，增加7.1倍；與1981年相比，增加127.6倍。2005年的餘額為2.83兆元，與2000年相比，增加1.1倍；與1990年相比，增加16倍；與1981年相比，增加266倍。由此可見，公債餘額增長速度確實很快。

二、中央政府債務餘額

在台灣，中央政府債務餘額及其占GNP的比例，從表11.8與圖11.3所示，其型態大致上可劃分為三個階段，即1985年到1991年為低比例高成長時期、1992年到1999年為中比例低成長時期、以及2000年到2006年為高比例低成長時期。在低比例時期，債務餘額占GNP的比例由1.8%穩定上升到5.6%，餘額也由436.28億元

表11.7　中央政府公債

單位：億元，%

年	總　值	變動值	變動率
1981	106.00		
1982	194.80	88.80	83.77
1983	368.60	173.80	89.22
1984	344.90	-23.70	-6.43
1985	416.20	71.30	20.67
1986	583.75	167.55	40.26
1987	867.50	283.75	48.61
1988	1,356.25	488.75	56.34
1989	1,830.00	473.75	34.93
1990	1,673.75	-156.25	-8.54
1991	2,267.50	593.75	35.47
1992	5,133.73	2,866.23	126.40
1993	6,984.99	1,851.26	36.06
1994	7,752.09	767.10	10.98
1995	9,367.50	1,615.41	20.84
1996	10,204.10	836.60	8.93
1997	11,292.50	1,088.40	10.67
1998	10,780.00	-512.50	-4.54
1999	10,249.00	-531.00	-4.93
2000	13,628.20	3,379.20	32.97
2001	16,842.33	3,214.13	23.58
2002	19,404.33	2,562.00	15.21
2003	23,201.83	3,797.50	19.57
2004	25,451.83	2,250.00	9.70
2005	28,310.20	2,858.37	11.23

資料來源：財政部統計處，《財政統計年報》。

表11.8　中央政府債務餘額與其成分

單位：億元，%

年	債務餘額	占GNP之比例	公　債	公債比例	借　款	直接外債
1985	436.28	1.8	416.20	95.40	20.08	
1986	600.67	2.2	583.75	97.18	16.92	
1987	896.21	2.9	867.50	96.80	28.71	
1988	1,394.89	4.1	1,356.25	97.23	38.64	
1989	1,910.18	5.0	1,830.00	95.80	80.18	
1990	2,011.65	4.8	1,673.75	83.20	314.68	23.22
1991	2,668.79	5.6	2,267.50	84.96	379.76	21.53
1992	5,668.19	10.6	5,133.73	90.57	517.09	17.37
1993	7,985.61	13.5	6,984.99	87.47	986.09	14.53
1994	9,149.44	14.1	7,752.09	84.73	1,384.77	12.58
1995	11,018.69	15.6	9,367.50	85.01	1,639.93	11.26
1996	12,248.88	15.9	10,204.10	83.31	2,034.85	9.93
1997	13,821.71	16.5	11,292.50	81.70	2,520.60	8.61
1998	13,694.02	15.1	10,780.00	78.72	2,906.74	7.28
1999	13,128.52	13.8	10,249.00	78.07	2,873.56	5.96
2000	24,505.35	16.2	13,628.20	55.61	10,873.18	3.97
2001	27,607.24	27.5	16,842.33	61.01	10,762.26	2.65
2002	28,507.42	27.3	19,404.33	68.07	9,101.77	1.32
2003	31,288.84	29.4	23,201.83	74.15	8,087.01	0.00
2004	33,663.07	30.2	25,451.83	75.61	8,211.24	0.00
2005	34,954.42	30.6	28,210.20	80.71	6,744.22	0.00
2006	38,223.58	32.3	31,550.20	82.54	6,673.38	0.00

資料來源：財政部統計處，《財政統計年報》。

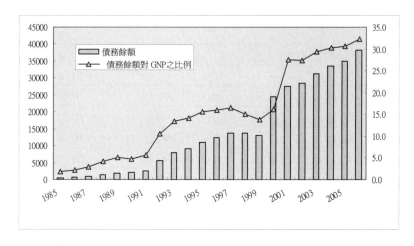

圖11.3 中央政府債務餘額及其份額

上升到2668.79億元，這6年期間餘額增長511.71%。由低比例到中
比例時期，1992年債務餘額呈跳躍式增長，增到5668.19億元，比
1991年增長112.39%。在中比例時期，其份額由10.7%上升到1997
年的16.5%，而後下降到1999年的13.8%；其餘額也由1991年的
5668.19億元增到1997年的1.38兆元，之後並沒再增長，到1999年
反而降到1.31兆元。這8年期間餘額增長135.05%，增長幅度算是
低的。由中比例到高比例時期，如同由低比例到中比例時期，2000
年債務餘額也呈跳躍式增長，增到2.45兆元，比1999年增長
85.71%。在高比例時期，其份額由16.2%穩定上升到2006年的
32.3%，餘額也增到3.82兆元，這6年期間餘額增長55.98%，增長
幅度也算低。

　　在這20年期間，中央政府的債務餘額，由1985年的436.28億
元，增到2006年的3兆8223.58億元，增長87倍，相當可觀；而其

占GNP的比例，也由1985年不及2%，攀升到2006年的32.3%。在這20年期間，中央政府債務餘額累積快速，台灣地區算是一個不折不扣的財政政策偏誤（fiscal policy bias）實施的地區；政策偏誤的結果，會使政府的債信力降低，對通貨膨脹也有不利的影響。債務餘額為何如此快速累積？簡言之，就是年度預算入不敷出之累積結果，為預算赤字（budget deficit）的現象。

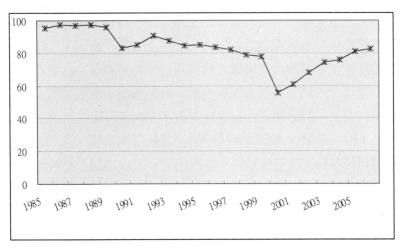

圖11.4 中央政府公債占債務餘額之比例

中央政府的債務，是由公債、借款與直接外債所構成。無庸置疑，公債當然是最主要的債務。公債餘額占政府債務總餘額的比例，從表11.8與圖11.4得知，在1989年前，皆維持在95%以上；1992年起，就從90.57%持續滑落到1999年的78.01%，2000年因承接精省後台灣省政府所留下的8000餘億元借款，使得公債比例遽降到55.61%，之後漸行爬升，2006年為82.54%。除公債發行外，

借款也為中央政府融通的重要途徑。1994年以來，年度借款餘額皆維持在千億元以上，2006年接近7000億元，金額不小，但政府向國外舉債不多。

三、債務餘額與弱勢政府

　　政府債務餘額的多寡，除了受經濟因素影響外，也受政黨競爭的影響。台灣的政治現象，可說年年有選舉，而各政黨都無役不與。各政黨雖有其屬性與政治主張，但從政治經濟學的觀點，其目標都是為求政黨利益的極大化。在民主政治體制下，取得執政與掌握國會或議會的多數，為其利益的具體表現，此決定於選民的選票上。為求獲得選民的支持，在政黨競爭激烈的情況下，為討好選民，製造利多的支票就會愈多。台灣即使在財政上面臨窘境，但各政黨在選舉時所提出的公共政策與措施，仍一味地討好選民，不但不主張增稅，反而提出減免賦稅措施，或者增加社會福利的項目、或提高社會福利與救助的金額，或興辦重大與地方有關的工程與設施之計畫。地方選舉時是如此，中央選舉時也是如此。另者，執政黨在選票考量下，常常利用其所掌握的行政資源，在選前執行利多措施。利多支票的兌現與執政利多措施的實施，都會造成政府財務上的負擔，預算赤字的形成，與政府債務的累積。為了拼選舉，單以移轉性支付為例說明，1993年與1997年縣市長選舉時所開出的老人年金支票，1999年勞保局開辦勞工失業保險，2001年8月行政院將180億元老人福利津貼預算編入總預算中，陳水扁當上總統後，為求兌現社福競選支票，於2002年8月擴大發放敬老津貼，2002年12月行政院提出200億元擴大公共就業服務方案等。為提振經濟，行政院提出多項內需方案，如六

年國建計畫，2001年「八一○○，台灣啟動」的8100億元的刺激景氣方案，2003年500億元的擴大公共建設方案等。

　　台灣政黨政治的型態，可分為四個階段的變化，即1986年以前國民黨一黨獨大型、1986年到1993年國民黨一黨優勢型、1993年到2000年政黨二大一小競爭型、及2000年以後的多黨競爭型[3]。政黨發展由威權體制趨向民主體制，而國民黨的執政地位由獨大型而到優勢型，再轉為多黨競爭型，最後變為在野黨；而政黨輪替後的政局為少數政府。由此顯示，台灣政黨政治發展的結果，執政黨的政府由強轉弱。弱勢政府為贏得更多選票，或者弱勢政府與其他政黨的妥協，都有可能導致債台高築。

　　我們所建立的弱勢政府指標[4]，其指標數由100到0，100代表最強勢的政府，如威權政府，而0代表最弱勢的政府。因而所建立的指標，在理論上與債務份額是負向關係。我們以執政黨的立法委員選舉席次比例作為政府強弱指標，執政黨立法委員選舉席次比例愈低，表示為弱勢政府，其主要基於下列二個理由：

1. 席次比例反映政黨在選舉競爭的結果。執政黨獲得席次比例之高低，可代表政府的強弱；而歷次各政黨當選席次比

3　自開放黨禁與公布「人民團體法」後，依法向政府登記的政黨呈快速增加現象，1991年有68個政黨，2000年增加到93個，2005年為116個。然而，在台灣，政黨具勢力，且選舉時推薦候選人而能當選之政黨，是少數的。

4　Roubini與Sachs(1989)分析西歐國家預算赤字份額，建立弱勢政府指標，從強勢到弱勢分四等級，相對應給予0到3的數據，而Edin and Ohlsson(1991)與Haan and Strum(1994)也以同樣方式來處理。

例的變動，可反映台灣政黨的發展與競爭情況。執政黨席次比例的變動，正可描繪執政黨的政府由強轉弱，再到政黨輪替的少數政府。

2. 立法院為台灣的國會，為政府的治權之一，具政府預算規模及結構的審核與決定權，為各政黨政策主張與表現之政治舞台。

2000年之前的執政黨為國民黨，之後為民進黨。執政黨立法委員當選席次比例，隨政黨發展與選舉競爭而下滑，由1983年的87.14%持續降到21世紀的40%以下，而2001年的席次比例為最低，僅為30.22%。民進黨的席次比例卻不斷攀升，但進入21世紀攀升也受阻，比例未越過40%。民進黨雖為執政黨，但在國會為不具優勢的多數，國會呈現各政黨都未過半的現象。

我們對債務餘額占GNP的量化分析，採取複迴歸方程式為之。解釋變數除GNP外，有代理弱勢政府變數的執政黨立法委員席次比例，及2000年後的虛擬變數。該虛擬變數，2000年起各年皆為1，之前皆為零，如此設定主要因精省後省府八千多億元的債務納入中央。實證分析期間從1985年到2004年，迴歸估計方程式逐次加入弱勢政府指標（weak_govt）與虛擬變數（dummy），所估計的方程式共有三條，結果如下：

debt/gnp=-7.9733+3.1604 GNP　　（1）

(-4.05)(12.15)

R^2 =0.89F=147.53

debt/gnp = 23.8021 + 1.4562 GNP – 0.3350 weak_govt　（2）

（1.83）（2.00）（-2.46）

R^2 = 0.92F = 97.56

debt/gnp=26.1813+0.6994 GNP–0.3181 weak_govt+7.7516 dummy　（3）

（4.18）（1.92）（-4.87）（7.60）

R^2 = 0.98F = 301.32

　　上式方程式參數估計值項下括號內的數字為 t 值，參數估計值至少在10%顯著水準下異於零，表示所估計出的參數值都具有統計顯著性。

　　對開發中國家而言，通常強大的經濟會誘使政府擴大其規模，增加其支出。至於弱勢政府與經濟的關係可由式（2）和式（3）加以說明，弱勢政府代理變數與虛擬變數的陸續加入，方程式的配適程度會增加，而參數的符號合乎理論要求，在統計上，具顯著性。因而就計量結果言，弱勢政府指標對債務份額具有統計上顯著的影響力。其影響程度，當弱勢政府指標下降1%時，債務份額增加0.318%。

　　近20年來，中央政府債務餘額快速增長的情形，是因支出在不斷的膨脹下，賦稅收入份額不增反減。支出規模加大，賦稅收入份額下降，這種結果與台灣政黨競爭有關。台灣政黨發展與選舉競爭，使得執政黨在立法院席次比例下降，政府由強轉弱，面對選舉開出利多支票與政黨討好選民的利多措施，可作為解釋台灣為何債台高築的理由之一。這種解釋，在量化的迴歸分析上，

獲得支持[5]。

債務餘額的控制，不單單是執政黨的責任，各個在野黨也都有責任。如何免除因選舉而使政黨開出討好選民的「利多」支票，在政黨政治中應是一項嚴肅而值得深思的問題。

第三節　公債管理政策

政府財政收支持續短絀，所造成的債務累積，形成債台高築現象，財政危機隱然成形，需要有一套債務管理機制，俾對危機事前能有警訊，因此在建制上都將重點放在債務餘額上限上。於此，對公債政策的論述，從立法建制上，以債務法制沿革及其規範將之劃分為四個時期：行政部門行政裁量時期、公債發行行政部門擬定與立法部門審議時期、發行公債法制化管理時期、與擴大為債務管理法制化時期。

一、行政部門行政裁量時期

中央政府播遷來台後，就以穩健財政為施政圭臬，力求收支平衡，但在財政拮据下，為了彌補預算赤字，1949年首次發行「愛

---

5 國內也有些學者認為民主與選擇對政府預算赤字與債務累積是有影響的。公共選擇理論所謂的「財政幻覺」，選民存有「白吃午餐」心理，會對政府所提供的各項免費服務有過度需求(孫克難，1992)；政府裡各機關部門常基於本位主義，爭取更高的預算額度，投機政客為了當選而獲得政治利益，利用選民的財政幻覺，提供過大公共支出水準，討好選民；再者，利益團體的競租行為，利用遊說、勾結民意代表，在多數決投票機制下，增加議會通過政府支出法案，也會導致政府預算膨脹(陳菁瑤，1998)。

國公債」，年息爲4%，遠低於市場利率，政府採派募方式，實與課稅無異，稱之爲租稅式公債(見黃石生，1950)。其後，政府又在1966年到1968年以同樣方式發行三次愛國公債。

爲平衡預算，政府自1959年起發行「短期公債」，至1963年1月止，公債期限在一年二個月到三年不等，共發行10期，利率較高，介於7.5%到18%之間。短期公債分二種，甲類採較高利率發行，具免納所得稅優惠獎勵，以社會大眾爲銷售對象，期限二年半；乙類則採較低利率募銷，以金融機構爲銷售對象，期限14個月。在穩健財政原則下，短期公債發行額最高爲3億元，占政府財政收支比例不及3%。

二、公債發行行政部門擬定與立法部門審議時期

替代短期公債者，爲「年度公債」，自1964年9月起發行，到1973年3月止，共發行33期。年度公債的發行，具發行期限漸行加長與利率逐次下降之特色。年度公債的發行，由本章第一節中得知，在1960年代確實發揮了平衡財政收支之功能。

年度公債，顧名思義就是具有年度意涵在內，爲配合年度預算而擬編其發行量。年度公債發行量，以總預算案收支差短編列公債定額，送請立法院審議；1970年起，中央政府爲籌募建設基金，以各年度中央政府總預算案收支差短數爲準，擬訂該年度「公債發行條例」草案，明定當年度公債預計發行限額，同時併同年度總預算案送請立法院審議。

年度公債發行額度，年年配合預算案，在立法院審議後，成爲法律，據以實施。

三、發行公債法制化管理時期

　　1971年政府為籌措高速公路興建資金，發行高速公路建設公債，開啟建設公債之先河。進入1970年代，政府經常收入帳有膳餘，公債的財政角色就從彌補赤字轉為支應資本性支出，因而發行期限也由短中期改為中長期。政府於1973年4月制訂「國庫券發行條例」，確立政府以發行國庫券作為短期資金調節之工具；於1975年5月制訂「中央政府建設公債發行條例」，以發行建設公債作為籌措建設資金，建設公債的發行替代年度公債。條例中明訂公債發行總餘額不得超過當年度中央政府總預算歲出總額的25%。

　　在法律上，發行有了總量管制，有餘額上限後，因社經環境的需要，遷就現實，公債餘額上限曾做多次修正。

1. 1988年為配合十四項重要建設的推動，將上限提高到40%；
2. 1991年的修正，將公債區分為甲、乙兩類，甲類為支應非自償性之建設資金，乙類則為支應自償性之建設資金，同時將債限比例提高到95%，其中甲類公債不得超過65%，乙類公債不得超過30%；
3. 1994年將「中央政府建設公債發行條例」更名為「中央政府建設公債及借款條例」，除公債外，也將借款包括在內，分甲、乙兩類，即：甲類公債及甲類借款，指支應非自償之建設資金；乙類公債及乙類借款，指支應自償性之建設資金。同時，也將特別預算納入，一起予以規範。債務餘額上限修訂為債務未償餘額占當年度中央政府總預算及

特別預算歲出總額之上限為113%，其中甲類不得超過89%，乙類不得超過24%。

4. 1995年因財政收支短絀持續擴大，修訂提高債務未償餘額上限比例為124%，其中甲類不得超過100%，乙類不得超過4%。

四、擴大為債務管理法制化時期

1996年1月制頒「公共債務法」，明訂各級政府各類債務總合餘額上限，這表示直轄市政府與縣市政府也可依法發行公債，籌措融通資金。債務餘額上限，不僅僅指公債，也將借款一併納入。對債務的管理，存量與流量管控並行。

1. 存量管控

(1) 以占國民生產毛額(GNP)之比例為規範者

中央及各級地方政府在其總預算及特別預算內，所舉借之一年以上公共債務未償餘額預算數，合計不得超過行政院主計處預估之前三年度名目GNP平均數的48%，其分配為：中央為40%，台北市為3.6%，高雄市為1.8%，縣(市)為2.0%，鄉(鎮、市)為0.6%。

(2) 以占歲出總額比例為規範者

北、高二直轄市、縣(市)及鄉(鎮、市)所舉借之一年以上公共債務未償餘額預算數，占各級政府總預算及特別預算總額之比例，分別不得超過135%、18%及25%。

2. 流量管控

各級政府在總預算及特別預算內，每年度為彌補歲入、歲出差短所舉借之一年以上債務預算數，不得超過各該政府總預算及

特別預算歲出總額的15%。在存量管控容許下，這對各級政府每年度可舉之債予以規範，以抑制年度預算赤字急速擴增。

3. 2002年修訂重點

邁入21世紀，政府債務仍是快速累積，而「公共債務法」業已實施多年，政府仍存有預算籌編與財務調度上的困難，同時為了政府可能藉由將債務轉入債務基金以規避法令規範之疑慮，該法於2002年1月修正，修正重點為：

1. 舉新還舊的債務，不列入舉債額度範圍。
2. 中央及地方政府所舉借之一年以上未償債務餘額，將其擴增到在營業基金、信託基金以外之特種基金預算內的債務；惟上述債務範圍，反而將中央政府及各級地方政府所舉借之自償性公共債務剔除在外。
3. 在流量管控方面，為考量地方政府財政上的調節與調度，在縣(市)所舉借之一年以上公共債務未償餘額預算數，占各該政府總預算及特別預算歲出總額之比率，由18%修訂提高為45%。
4. 國庫券發行上限，其占當年度總預算及特別預算歲出總額的比例規範，中央政府提高為15%，地方政府為30%。
5. 政府在其總預算及特別預算每年須編列償還債務本金款項，應以當年度「課稅收入」至少5%編列。

在台灣，將公共債務區分為自償性與非自償性二類，而2002年的「公共債務法」修正時，將具自償性公共債務剔除在債限範圍外，使得修正後的債限反而放寬了。自償性債務，是否具自償

性，以及其自償率爲多少？確實不易精準掌握。若事前估算偏誤，或因執行時社經環境變化而與原估算者出入，這些現象較易產生，而最終反而由政府來承擔其債務，致使政府整體債務風險提高。對具自償性公共建設之債務，應更明確規範，建立評估機制，以免成爲在法制上對債限管控之漏洞，危及政府財政。

第十二章
稅政與逃漏稅

一國稅制的成功，稅制健全與否固很重要，但稅政的配合更是稅制健全的必要條件。如果僅有健全的稅制，而稅政落伍，就會發生「徒法不足以自行」的後果。在本章所要討論的，主要為稅政；而稅政的目的，除了稅制得以順利推行外，要消除推行稅制時所發生的逃稅、漏稅、避稅和節稅等現象。同時更要清除稅吏的貪贓枉法，使其保持清廉與令人滿意的服務效率。如果稅政不健全，很易發生貪贓枉法的事和逃漏稅等現象。

第一節　健全稅政的途徑

健全稅政首先要有個組織合理的稅務機關，負責稅收；稅法要簡單明晰，納稅的人對其瞭若指掌，收稅的人也易於執行。稅務員不但要清廉，而且工作效率高；同時，要有個稽核單位，能靈活運用電腦，核對納稅人的所得收入和免稅支出。事實上，稅收健全與否，稽核單位扮演重要角色。

一、健全稅務人員操守

關於稅政，稅務人員的操守和能力直接關係到稅政的成敗。要使稅務人員有良好的操守，取決於下列條件：（1）稅務人員須經過適當的訓練，不僅使其熟悉法令規章，更要曉得與納稅人建立互相信賴的關係。有些納稅人爲了減輕稅負，會用各種方式賄賂稅務人員；面對這種情況，要使稅務人員無動於衷，僅憑「責任與榮譽」是不夠的。稅務人員的待遇須足以養廉，而且也要有健全的退休制度，使稅務人員瞭解到：盡責而不犯法，退休後，會有個不虞匱乏的晚年。我們所瞭解到的新加坡警察和香港警察，他們的待遇優渥，而制度健全，犯法的案例很少。在台灣稅務人員的待遇與其他公務人員差不多，人非聖賢，要他們能廉潔自持，十分困難，故在過去五十多年的台灣經濟發展過程中，稅務人員行爲是被詬病的，儘管那只是極少數人的不法行爲，但卻給整個稅務人員蒙上不榮譽的印象。

二、租稅稽徵機關的設置

租稅稽徵機關的設置，要視一個國家的規模而定，像中國大陸幅員遼闊，雖有中央政府，但對租稅稽徵而言，是按省、市設置機關；像台灣面積小，縣市面積更小，如按縣市設立稽徵機關，不但不經濟，而且會發生效率和公平問題。台灣的縣市已實行民主政治，縣、市長是由當地公民選舉而來的，如果縣、市的稽徵單位由縣、市長任命其主管，表面上，這是地方自治的合理作爲，實際上，幾乎每個縣、市都有派系鬥爭 [1]。由縣、市長任命的稅

---

1 地方派系鬥爭是台灣海島型文化特徵之一，它不僅有族群間之鬥爭，也有族群內之鬥爭。每屆地方選舉，地方派系鬥爭便顯示出來。

務機關主管很容易受派系的左右。因此，在稽徵各種租稅上，很容易發生偏頗行為。為維護自己所屬派系的利益，則令其少納稅，或對逃漏稅不加追究；對非自己所屬的派系，則令其繳納較多的租稅，而且在此制度之下，也容易產生貪汙現象。同時對賦稅稽徵機關的主管，也會不按其資格，予以延聘，而是為酬庸輔選有功的幹部。如果由中央政府派任稽徵機關的主管，則可由有經驗與品德良好的幹部充任，可免受地方派系之牽制，較易產生稽徵效率及達成公平稽徵的目的。

第二節　稅政不彰對納稅人造成的現象

對納稅人而言，租稅是納稅人所得中的一部分，納稅為國民應盡的義務，絕大多數的國民，依法納稅；但是仍有部分國民缺乏這種觀念，或者因意外事故發生，致無力繳稅，或者認為稅負不合理，故意逃稅。無論如何，在台灣經濟發展過程中，逃稅、漏稅、避稅和節稅確是經常發生的事。

一、逃稅

對於一個法治國家而言，逃稅所占比例很小；對於一個法治尚待建立的國家而言，逃稅比率較大。問題是：為什麼有不少人要逃稅？一定有它的原因。

1. 對租稅缺乏正確觀念，認為納稅是政府對人民的一種剝削，故盡量逃稅。
2. 稅負太重(稅率太高)：稅負太重是指租稅在納稅人所得中

所占比例太大，以致剩下的可支配所得不足以養家餬口。為了生存，乃想盡各種辦法逃稅。

3. 稅負不合理(稅率結構不合理)：這牽涉到稅制問題。例如遺產稅的最高邊際稅率為50%，超過綜合所得稅最高邊際稅率為40%。如對進口貨品課很高的關稅，便會導致非法進口者增多。

4. 稅負不公平：即富有的人少納稅，而一般中產階級的人多納稅，為反對這種不公平，乃設法逃稅。

5. 逃稅成為社會風氣：如果社會上逃稅成為風氣，而政府又不加以制止，乃效尤之。

6. 極端的理由：缺乏「納稅為國民應盡的義務」之觀念，故意逃稅。

逃稅是一種犯法行為。一旦被稅捐稽徵機關發現，會施以重罰，甚至坐牢。

二、漏稅

其實，逃稅和漏稅，在意圖上很難分清楚。一般的看法是：其差別在於動機，逃稅的行為是故意的，通常稅額較大；而漏稅則是非故意的，因一時疏忽，漏報應繳的稅款。通常稅額不大。例如在計算繳納的租稅時，因計算錯誤或漏掉某一項目，所造成的漏稅。可說漏稅是納稅人的無心之過。

三、避稅

利用稅法不及的空間，避免應繳納的租稅。避稅門道很多，而

且防不勝防。即使再嚴密的稅法，也會有漏網之魚，難以完全避免。

1. 有錢的人在外國理財，經常是為了避稅。如將新台幣換美金，然後將美金存在美國，並利用這筆錢，從事投資活動，如買房地產、投資股市或債市，一旦賺了錢，即將其留在國外而不匯回母國。利用這種方法避稅，政府也無法處理。在國外理財的主要理由，就是這些有錢的人就心國家風險太大；為了自保，從事這種活動。

2. 外國私募基金藉來台併購的渠道，達成避稅的目的，若私募基金本身沒有足夠的資金時，通常運用財務槓桿模式，先向銀行貸款，購買併購公司的股權，接著再將債務移轉給被併購的公司。例如私募基金可將舉債併購的利息支付，列為合併後公司的費用支出，扣減所得稅。或者直接由海外控股公司向銀行貸款，再轉貸給在台灣的子公司，讓子公司認列債務利息支出，均可以避稅。如果營利事業所得稅採「寰宇課稅」，對海外子公司來進行盈餘分配，政府就不會對海外子公司課稅。這也是台灣的公司常用的避稅手法（民國95年11月29日《經濟日報》，徐谷楨）。

3. 一般到大陸投資的台商，如在台灣，公司所得稅率為25%，沒有任何優惠措施；但台商在大陸，則屬於外商，自然享受「兩免三減」（即兩年免所得稅，三年減半付所得稅），或類似15%低稅率等繳稅好處。這也是台商願意將訂單移至大陸生產，從大陸取得企業利潤的原因。如果台灣公司持股大陸子公司不足20%，或由台灣個人透過第三地公司到大陸投資，上述課徵10%保留盈餘稅金的新法便不能適用。

　　總之，企業界為了減少稅負，所採取的方法層出不窮。個別公司少納稅或不納稅，也是近年來政府財稅收入減少的主要原因。

四、節稅

　　節稅就是利用合法的方式，減少應繳納的稅。在農業及工業經濟為主流時期，節稅的現象比較少見。到了金融經濟為主流時期，節稅的門道百出。下列是數種節稅的方式：

1. 用股票信託的手法，將財富快速地移轉給子女，可省下大把的贈與稅。所謂股票信託方式，就是將股票交給銀行保管，雙方約定若干年後，將股票歸還，由此可將信託期間股票孳息指定給子女，藉此將財富移轉給子女。

2. 利用捐贈土地、建築物的方式節稅：根據遺產稅法的規定，納稅人將學校捐贈給政府，或捐贈給公益機構，可百分之百的扣除抵稅。於是公設地、未上市、上櫃的公司股票，便成為有錢人的節稅之道，其中以捐地節稅的效益最大，因為公設地的移轉可免徵土地增值稅。當公告現值高於市價時，可將市價買來之土地，再捐贈給政府，便可享受高額的公告現值列舉扣除。政府有鑑於此，特規定土地捐贈必須依成本核實減除；至於未上市、上櫃股票，必須等受贈單位出售後，以出售價格列舉捐贈扣除，避免納稅人捐贈已不值錢的股票。也有些富有的人透過三角貿易買賣公設地，墊高取得成本；有人捐贈納骨塔，但捐贈人並未實際付款，業者卻虛開發票，製造假資金流程。就最近六年(2000-2005)捐地節稅統計，捐贈金額為2288.33億

元，而抵稅金額達913.13億元。譬如，澎湖縣望安鄉推動捐地節稅政策，結果，累積受贈土地達9776筆，遍及全台灣；其中受贈公共設施用地，總面積比望安鄉還大，而且從地主身上獲得8000萬元的回饋金（2006年10月23日《經濟日報》，王慧馨，〈假借捐贈真逃稅盛行，國庫失血〉）。

3. 捐贈藝術品節稅：也有人利用難以鑑定的各式文物、藝術品捐贈。由於沒有公定價格，捐贈時莫不漫天喊價，而地方政府也樂於接收，並開出上億元的收據，令納稅人抵消應付之稅額。由於接受捐贈的機構是地方政府，而稅收短少的是國稅，中央政府很難叫地方政府配合，基於地方自治原則之考慮，地方政府乃成為稅收漏洞。

4. 捐贈文物：除納骨塔、藝術品外，尚有二氧化氯消毒劑、圖書、民族文化、少數民族服飾、綠化工程、產業道路、骨灰店、網絡教學等軟體、英語教學軟體、校園網絡教學設備、數位光電多媒體平台等。

由以上所述，民間富人應付納稅的方式，真是花樣百出，即使再完美的法規，也難以免除這些弊端發生。真所謂「道高一尺，魔高一丈」，如果國民缺乏「納稅為國民的義務」之觀念，避稅、節稅、逃稅都是難以防犯的行為。

第三節　減免稅與政治生態

台灣正蹣跚地走向民主政治。由於一般人缺乏對民主政治的正確認識和修養，整個社會要付出很高的代價。對政治而言，一

方面財政支出不斷在增加，另方面稅收不但不能相應地增加，反而在國內生產毛額中所占比例逐年在減少。這種現象與台灣的政治生態有密切關係。在民主社會，選舉是通往權力的必經之路，為了贏得選舉，凡參與競選的人無不採取各種手法討好選民；而一般選民多忽視選舉對他們切身利害的關係，不重視競選人的操守、行政能力，只注重一點小惠，致選舉出來的政府首長及民意代表，多數只圖私利，罔顧選民的利益。

下面幾種減免稅的案例，可說明政治生態對減免稅的影響程度：

一、軍、教人員免徵所得稅

在1960年代和1970年代，軍人待遇低，而且為防衛台灣安全，可說是出生入死，而小學教員和初中教員待遇也微薄，但他們早出晚歸，教導下一代，生活相當清苦，故在綜合所得稅稽徵上，特別免除他們的稅負。到了1980年代，軍教人員待遇開始大幅成長，然與工商業雇用人員比起來，還有些差距。可是到了1990年台灣泡沫經濟崩潰，工商業經營困難，致雇用人員的待遇不增反減，而軍教人員的待遇雖沒有大幅向上調升，但是沒有大幅調降，相比之下，這兩種行業形勢逆轉。有不少人感到每位國民都應有納稅的義務，而軍教人員中，有不少人也有這種想法，對於免繳所得稅也感到不妥。但是執政黨缺乏這種順勢改革的魄力；尤其是立法委員，他們需要選票，為了贏得部分選民的支持，便反對軍教恢復納稅的義務。每當選舉來臨時，它總會成為爭取部分選民支持的誘餌，儘管這種作法是不公平的。

二、利用增加標準扣除額，討好選民

在所得稅法中，綜合所得稅結算申報書內的扣除額分：(1)一般扣除額，它包括標準扣除額和列舉扣除額。(2)薪資所得特別扣除額，(3)財產交易損失扣除額，(4)儲蓄投資特別扣除額，(5)殘障特別扣除額，(6)教育學費特別扣除額。就一般扣除額中之標準扣除額而言，乃係一種納稅義務人賺取收入的「必要費用」；而列舉扣除額，乃是一種特殊的政治考量。由於個人為獲取收入而發生的相關成本，很難在學理上認定，而在實務上，多數個人或家庭通常沒有記帳的習慣，難以採用對企業課稅的規定。因為一般工廠製造產品有較清楚的生產成本(包括工資、原材料、運輸、房租等費用)；對於一個以撰寫稿費討生活的人而言，他的生產成本就難以計算。為了爭取選民的好感，有些立委竟主張新增許多扣除額項目，包括買書費用(為鼓勵讀書風氣)、購票支出(為鼓勵藝文活動)、電腦購置費(為教育、娛樂支出)等等，不一而足(《工商時報》社論，95年12月26日)，討好選民之方式，由此可見一斑。

三、「概括承受」是潛在的租稅

每當金融機構發生財務危機，或擠兌現象出現時，政府便當起救火隊，來拯救為「火」傷害的金融業者，殊不知這把火是問題金融機構自己點燃的，政府所採取的方法，就是「概括承受」，即由政府接管發生財務危機的金融機構，使其繼續營業，並且運用各種基金去挹注這個大洞；待這個被輔導的問題金融機構恢復正常運作時，政府再交回原來的經營者。1998年發生財務危機的

中興銀行,在當時,呆帳不過六、七十億元,政府接管六年後,便變成700億元。2007年初發生的中華商業銀行財務危機,政府又是用同一手法挽救這個處於危機的銀行,而且在接管時,公告說,凡存款的人不會少掉一元錢,因為中華商業銀行已變成國家銀行,目的是要存款人安心,不要去擠兌。結果,存款人還是日以繼夜地去擠兌。政府乃運用金融重建基金的全部資金及中央存保基金的資金去應付擠兌。這種作法,站在政府的立場是:為了幫助存款人的權益,不得不去拯救虧空的中華商業銀行。這種作法,表面上是政府的慈悲,它卻是「養癰貽患」的舉動;也是西方所說的「道德危機」(moral hazard)的最佳案例。

同時政府也犯了最大的錯誤。它只是接管,但不是據有,不能將私營銀行視為政府銀行。而且前述的兩種基金完全是人民的租稅,因為它來自人民的稅收,不是來自其他財源。同時,這種救火行為也讓存款人養成一種僥倖心理,不必選擇信譽佳的銀行,因為信用欠佳的銀行反而用高利去吸引存款;存款人為了高利,而且不怕銀行倒閉,乃將錢存在信用有問題的銀行,政府卻忽略了這個基本道理。

四、限制公營電價調升是變相的增稅

近年來,石油價格暴漲,從2004年的28美元一桶升高至2006年的70多美元一桶,升幅之大為第一次石油危機(1973-74)後的首次。一向仰賴進口石油為發電主要燃料的台灣電力公司想調高電價,但立法院諸公竟然不准其調升電價,認為電價調升後,會影響一般物價的上漲。聽來似乎有理。現實是:現在台電年虧空達200多億元,由誰來償付?因為台電是公營事業,電價為獨占價

格，在過去每年都有盈餘，而此盈餘中絕大部分繳給政府，具有間接稅的性質。現在台電並未因油價已大幅上漲，而調整電價，以致既無盈餘上繳，又有大量虧空，需政府補貼。但政府不是創造財富的機關，只有發行鈔票或發行公債挹注。發行鈔票超出某一限額會造成通貨膨脹；通貨膨脹是人民所得的減少，也有賦稅性質；公債也需要稅收來償還。況且，電價該漲而不漲，不無鼓勵用電浪費之嫌。

五、為鼓勵產業發展所採取的免稅待遇

為了鼓勵產業發展，政府曾於1960年推行「獎勵投資條例」，該條例有減免租稅的規定，而受惠的不僅是外國投資者，也包括國內投資者。當初是以10年為推行期間。快接近1970年時，政府應工商業界的要求，將「獎勵投資條例」順延10年；快要到1980年時，政府又應工商界的要求，續將「獎勵投資條例」順延10年。在每次作順延考慮時，都瞭解到獎勵投資效果愈來愈不大，但是工商界卻如同吸鴉片煙一樣，上了癮，不能自拔。快接近1990年時，政府才下定決心改變獎勵方式。由於工商業偏愛低廉勞工成本的慣性很難改變，而產業技術升級效果不彰，政府改採行「促進產業升級條例」以取代「獎勵投資條例」。該「促進產業升級條例」強調技術升級及防汙染。凡設在工業園區的高科技企業都受到減免的優惠。可是該條例已執行了15年，至於獎勵的效果如何，不能說毫無成效，而是成效與目標仍有相當大的差距。像IT產業，可說是過去20年來台灣的明星產業，對台灣經濟成長有積極的貢獻，但對創造就業機會和納稅卻落後一般傳統而未受獎勵的產業。這些明星產業在企業「微笑曲線」上仍處於中段—製造

階段，而OEM和ODM仍是它們的生產方式。至於發明與創新的首段以及運銷與開拓市場的末段，仍不是台灣高科技產業的專長。

我們不妨觀察一下過去13(1992-2005)年來促進產業升級條例所享有的減免稅額，如表12.1所示。

表12.1　促進產業升級條例減免稅額(1993-2005)

單位：台幣百萬元；%

會計年度	總減免金額			所得稅	印花稅	土地增值稅	契稅
	減免金額(1)	實收金額(2)	(3)=(1)/(2)				
(7月1日-)							
1993	5,915.9	443,325.2	1.3	5,535.9	-	319.0	61.0
1994	12,226.2	460,801.7	2.7	10,110.3	151.4	1,954.4	10.1
1995	13,459.5	503,304.3	2.7	12,439.7	3.5	1,005.4	11.0
1996	14,511.3	483,609.9	3.0	13,352.3	0.4	1,137.9	20.9
1997	26,255.5	507,646.5	5.2	25,224.8	1.5	973.3	55.9
1998	34,717.3	548,318.0	6.3	33,245.7	0.2	1,456.8	14.6
1999	47,188.9	554,344.0	8.5	44,942.0	2.4	2,199.6	44.9
2000	83,677.3	760,372.4	11.0	81,348.3	0.5	2,253.9	74.7
(半年)							
2001(1-12)	65,308.0	536,426.2	12.2	61,043.6	13.2	4,176.9	74.4
2002	36,263.9	458,011.8	7.9	34,557.6	1.7	1,692.1	12.6
2003	54,910.2	491,514.0	11.2	54,836.7	0.2	64.0	9.4
2004	53,139.4	557,897.6	9.5	52,314.6	1.7	776.3	46.8
2005	83,293.3	729,107.2	11.4	83,186.2	0.1	100.3	6.8
1993-2005	530,866.7	7,034,678.8	7.5	512,141.9 (96.5%)	176.80	18,109.9 (3.4%)	438.10

資料來源：財政部，《中華民國財政統計年報》，2006。

在過去13年，減稅總額為5308.7億元，占實收稅額的7.5%。

減免稅包括所得稅、印花稅、土地增值稅和契稅。其中以所得稅減免爲最多爲5121.4億元占減免金額的96.5%，其次爲土地增值稅，占3.4%。印花稅和契稅減免金額不多，尚不足減免金額的0.1%。

對高科技產業減免租稅主要是爲了增加其國際競爭力。目前所面臨的情勢，凡新興工業化國家，爲了提高競爭力，無不採取獎勵投資的措施，爲此，多從降低業者的生產成本著手。既然大家都用這種方式來降低生產成本，對台灣來說，在這方面已無比較優勢。今後，要想提高台灣產業的競爭力，不宜再留戀減免稅的優惠，應努力於創新與發明，使「微笑曲線」的首段爲我所掌握。

第四節 改進稅政的途徑

一、基本認識

租稅是政府與人民最密切的一層關係。政府施政要靠租稅收入或類似租稅收入(如獨占利益收入)，而人民納稅是要政府完成他們或家庭難以完成的事。這種直接的關係，到民主政治時代才能落實。對於納稅，雖說是國民應盡的義務，但瞭解這個義務，而不甘心付諸實施的人還是很多。因爲「人是自私的動物」；不自私是例外，自私才是正常。如果執政者忽視這一點，都難使政策措施得以順利推行。尤其自進入21世紀以來，全球化是無可抗拒的潮流。在這個潮流之下，資金可自由流轉，轉到能牟利的地方；人才可自由流動，流到待遇、福利最好的地方；而企業可跨區經營，不分南、北、東、西，只要有利可圖，它就會到那裡去，

擋也擋不住。

對於改進稅政，首先要接受上述觀點，才能得到解決。稅政牽涉到財政支出，如果財政支出不加控制，致造成龐大的財政赤字，稅政改革也無著力點。同時稅制要合理而簡化，讓納稅人放棄逃稅、避稅的行為。然後改革稅政才有成效。

二、控制財政支出

自古以來，對於財政，就有三種主張，即量入為出、量出為入和功能財政。功能財政之實現要執政黨執政的時間要長些，如8年，或10年；若只有4年，功能財政就難以實現，因為政黨輪替之後，新的執政黨有新的政策措施。量出為入是種理想，首先，租稅制度要健全，逃稅、避稅案例不多，而國家經濟正在起飛後的階段。量出為入的主張並非是敗家子主張。當一個國家的經濟起飛之後，經濟持續成長，只有在這種情況，量出為入，才不致發生國庫空虛，靠公債度日，因為經濟的持續成長，未來的稅收會超出預算。但這種情況有其限度，不能經常為之，否則，經濟連續低迷，政府預期收入必會落空。至於量入為出，這是自古以來，比較保守的一種理財法則，使政府不致因財政赤字劇增，而濫發鈔票，致釀成通貨膨脹。原則上，以量入為出為原則，如發生重大事件，如大地震成災、海嘯肆虐農田；或者促進經濟發展，一定要加強基礎建設，則會需要一筆龐大經費。惟在這些情況下，政府可舉債應付，將所耗費用延到以後數年分攤。為了達成量入為出的基本原則，下列的配套措施是必要的。

(一)軍備支出必須加以節制

世界上，除國強民富的美國外，凡從事軍備競賽的國家無不

發生財政危機，到後來，經不起一次騷動便瓦解(如蘇聯)。就台灣的情況而言，如為了跟中共作軍備競賽，而購買大量的現代武器，則會對其他政府支出產生「魚與熊掌」的困局。而且，如弄得民不聊生，族群分裂，士氣低落，再精良的武器也會如同廢鐵，結果仍不能解決國家安全問題。

(二)財政支出的範圍是限於創造一個自由、和平、安適的生活環境

這種環境的建立，會招引外來投資，也會使國人愛惜這塊土地，為共建美麗的家園，而願留在國內參與生產行列。要建立如此美好的環境需要建立社會保障制度，使幼有所長，老有所養，壯有所用，也使失業降至最低水準。

(三)重大建設，鼓勵採用BOT模式

如果社會安定，經濟持續成長，人民對未來就會有愈來愈好的願景。為了使國家建設更有利於人民安居樂業，可鼓勵採用西方式的BOT模式，真正作到由私人或財團法人出資興建，而且經營若干年後，再移轉給政府。如此，可減輕政府的財政負擔，而且對社會大眾也有利。

(四)積極培植人才，要靠教育與訓練

培植人才，要使每個人有專業技術，因為今後，人才競爭是全球化的自然現象。凡無專長的人無選擇的自由，唯具專長的人才有選擇的自由。無選擇自由的人，主要靠勞力謀生；有選擇自由的人，主要靠智力謀生。以目前台灣教育制度而言，所培植的主要是庸才，庸才多了，不是社會之福，如對他們不能善加照顧，

必成社會不安的火種[2]。

(五)提升競爭力，要靠創意和技術開發

　　台灣靠廉價勞力的時代已逝，今後必須靠創意與技術開發。要鼓勵創意，不是填鴨式的教育所能達成，必須強調啓發式教育。不能長期守在「微笑曲線」的中段，靠接訂單製造，因為在這方面的比較優勢很快就會失去。其實，創意不限於製造業，在服務業領域有更大的發展空間。

三、稅制要合理而簡化

　　就台灣的情況而言，納稅而不能逃稅的人主要是薪資階級，所謂財團及有錢的人，最有辦法逃稅、避稅，而且對他們防不勝防。所謂「道高一尺，魔高一丈」。況且在全球化時代，資金可自由流出流入，更是難以防範。所以，必須承認逃避稅是難以避免的人類行為，只有在稅制上作些改進，譬如稅率要單一化，而且稅率要低。在此情況下，反而會收到應收的稅。如果稅率太複雜，反而成為避稅的藉口。同時，凡徵稅手續不經濟的稅目，就應放棄，否則是得不償失，徒增擾民。像香港的稅制就比較簡單，所以徵稅效率就比較高。

四、稅政改革方向

　　如前所述，稅政和稅制是密切相關的。稅制不健全，稅政的

2　2006年台灣設有170所大學，合格的師資缺乏，而學生更是良莠不齊，尤其許多新成立的大學，學生程度之低下，連一般高中程度都不如，不上課，視曠課為正常。學校當局考慮到學校財務來源，只有接納這種學生，致造成學生「混日子」的行為。

效率也會被打折扣；如果稅政不健全，再進步的稅制也難以付諸實施。

(一)待遇足以養廉

因為稅務人員最容易接近納稅人。如果納稅人能少繳稅，則對納稅人是稅負的減輕，這點淺顯的道理，盡人皆知。有些納稅人為了少繳稅，往往用行賄的方式，達到少繳稅的目的。如果所花的賄金少於應繳的稅 就是合算的交易。至於稅務員，本身不要花任何費用，即可獲得意外之財。這種行為一旦形成風氣，便造成社會的不公。為避免此現象發生，須從「養廉」途徑著手。人非聖賢，待遇優渥時（包括薪水及退休金），總會減少這種犯罪行為。從民國初年到1949的海關、郵政是英國人留下的制度。在當時，它們的工作人員薪金高，而且有份足以養老的退休金，所以行政效率高，而犯罪率非常的低。

(二)廉政單位的設立

雖然優渥的待遇可以養廉，但是仍難免會有害群之馬。為了嚇阻貪腐行為的發生，廉政單位的設立是有必要的。我們所見到的香港政府，在1960年代貪汙風氣頗盛，自將待遇調高，而廉政公署設立之後，貪腐現象便大幅降低，而稅政機構魚肉人民的案例也就很少出現了。

(三)加強租稅勾稽機制

無論如何，台灣的稅捐稽徵，採用電腦來相互勾稽，對薪資階級確實產生了功效。但是對一般企業，尤其是大財團，現行的勾稽機制仍有其不及之處，因為它們有會計師為其編造年度報告。而且它們能利用各種避稅戰術，減少應繳納的稅額，尤其金融業民營化以來，勾稽機制在運用上，有捉襟見肘之窘。在這方

面,需要更嚴密的勾稽機制來對付大企業的避稅行為。

(四)徵稅以不擾民為原則

對納稅人而言,繳稅以最方便為原則。從租稅與政府的關係上,納稅人應受到尊重,因為政府官員的待遇是出自納稅人的荷包,政府是僕人,納稅人是主人。這種關係應在稅務人員心中建立起來。無論繳稅的時間或地點,都要以便民為原則。對於漏稅,而金額又不大的納稅人,不宜懲罰,視其為盜賊,應請其補稅,達成納稅的目的。至於多繳納的稅,在退稅時,應自繳納之日起,補償其利息損失,這是外國政府行之多年的制度,值得採行。採用此種方式,無形中鼓勵納稅人早繳稅,同時也督促稅務人員對其退稅,應盡早辦妥。

(五)基本教育的配合

加強基本教育是提高依法納稅最根本的方法。從小學起,即將納稅為國民義務觀念教育學生;同時也教育學生瞭解納稅是為了保護自己的利益,因為在社會上,有很多事,個人不能辦,但政府可為人民辦。如治安,治安要靠政府;如民間糾紛,也要靠司法機構來主持公道;對於貧窮的、有殘疾的、或家庭發生不幸的人,更需要政府利用稅款來救助。這種利害相依的關係,應灌輸在學生腦中,待他們長大成人,多少會產生些潛移默化的效果,不致認為政府與我無關,我行我素來面對現實。

第十三章
公營事業盈利繳庫的賦稅性質

第一節　公營事業的地位變遷

　　公營事業，就是政府經營的事業，事業面包括產品生產、銷售與勞務提供，具營利性質。政府為何經營事業，與民爭利？主要與一國經濟發展背景及所採取的制度有關。若是統制經濟，則產品全由國家生產提供；若是市場經濟，政府參與生產活動者較少，但是若市場失靈，則需政府來糾正，因而給予政府介入經濟生產活動的正當性。政府經營事業範圍可擴及壟斷與不完全競爭市場、資訊不對稱產業等。現代國家，經濟體制大都為混合經濟；即使為混合經濟體，政府直接參與生產活動的程度也有差別。對台灣而言，公營事業之存在與發展有其歷史背景及初期經濟發展需要，因此，自中央政府遷台以來，可說政府高度參與經濟生產活動，在各行各業都有公營事業，1950年代是如此，即使到了21世紀初，有不少公營事業仍活躍於市場。

一、公營事業的發展與民營化

　　在台灣，公營事業，按其歸屬，在中央為國營，在地方為省營、市屬與縣屬事業等。1999年精省，省營事業全歸入國營，由中央政府來管理，地方政府管理各自的市、縣屬事業。省營事業歸國營後，在公營事業中，國營事業呈獨大局面，無論在事業體的家數、資產、營收、盈餘等方面，市縣屬事業都無法與國營事業相比。

　　在台灣，公營事業的地位不但重要，行業分布範圍也廣，這種現象是有歷史背景的，可說導因於下列的理念與現象：

(1)對孫中山理念的實踐；
(2)戰後政府接收日人事業之處理而歸公營；
(3)由大陸遷移來台的事業；
(4)為經濟發展所需興建之事業。

　　台灣的公營事業分布在各行各業，在生產事業方面，計有石油煉製、鋁、製鹽、製糖、製紙、電力、肥料、機械、造船、金銅礦、鋼鐵、煤炭、漁業、紡織、農業化工、香菸、酒、木材等；在流通事業方面，計有商業、國際貿易、農產品交易、物產交易、藥品買賣、郵政、電信、海運、陸運、倉儲等；政府控制金融業，並從事新聞、觀光、印刷等事業。由此可見，從1950年代起，政府就握有龐大的公營事業。

　　1950年代初期，民間因企業人才缺缺，生產活動與重要民生物資的供應，便是公營事業的主要任務，以便抑制物價飛漲。重要行業，舉凡交通、大眾運輸、電信與郵電、電力等，由政府經營；再如石油產品、肥料、糖、鹽與菸酒等，均具獨占地位，也

是公營範圍；其他重要產品，如氯、鋁、銅、磷酸等工業原料，公營事業爲重要生產單位；金融業的大行行庫，不是國營，就是省營。公營事業在經濟活動中處於樞紐地位，其事業規模不但大，產值所占比例也高。

公營事業採取以事業養事業的發展方式，其任務也因所處發展階段的不同而有所差異。1970年代，國家爲追求工業升級，重化工業的發展列爲重點，以因應國內外銷廠商對原料之需求，國營事業的中油公司投建輕油裂解工場與芳香烴萃取工場，政府又成立中國石油化學工業開發公司與中台化工公司；同時政府也出資建立中國鋼鐵公司與中國造船公司。公營事業的發展在1970年代處於巔峰時代。

1980年代經濟自由化理念開始流行，1984年6月行政院揭示今後經濟發展應朝「經濟自由化、國際化與制度化」三方向來努力，開始推動公營事業民營化的工作，目的在於：

1. 調整政府角色，發揮市場機能；
2. 開放產業競爭，提升資源有效利用。

開放企業間公平競爭，避免企業壟斷，營造競爭之市場環境；同時調整公營事業角色，袪除其政策性任務，給予環境上公平競爭的條件，以提升經營效率，以期達到提高總體資源使用效率，符合學理上的要求。如此，不但理清政府的角色與任務，也理清企業的角色與任務。政府的角色與任務，是營造一個公平競爭的環境，制訂遊戲規則，監督而仲裁之，而不是在籃球場上，身兼裁判與球員；企業的角色與任務，是在競爭的環境裡，以追

求企業利潤的極大為目的;經營上解除政府的政策任務,以效率為準則;注重市場機能的運作,公平競爭。公營事業移轉民營的處理方式,計有:出售股份、標售資產、以資產作價與民間合資成立民營公司、公司合併後的存續事業為民營公司,以及辦理現金增資五種,迄2007年初,已有20多家國營事業民營化。

邁入21世紀,即使整體國營事業的地位大不如前,在產業中也無法再享有壟斷地位,政府仍繼續將其民營化,但所累積的資產也相當可觀,2004年國營事業的資產達24.75兆元,為GNP的倍數有餘;其業主權益也達3.93兆元。政府仍擁有一筆為數可觀的國營事業之財產。不但如此,有些事業雖已民營化,但政府仍為最大股東,為全體股東的核心代理,掌握公司的經營權,如中鋼等;有些事業已發展成為龐然大物,如台電與中油公司,其資產都在千億元以上,堪稱台灣最大公司;而台糖公司既是一個大公司,又是台灣最大的地主。

二、公營事業的任務與角色

台灣的公營事業,主要為生產事業,除了供應民生所需物資與勞務外,其發展所需的資金,與擴大生產所提供的職缺,培訓所需的人才,均與經濟成長有關。在產業關聯的布局上,公營事業提供原料與資本財,增加產業的附加價值。中鋼公司的設立與中油輕油裂解工場的建設,便是其中一例。台灣的自然資源甚為匱乏,90%以上的能源供應仰賴進口,台電與中油兩大公營事業就擔負舉足輕重的任務。在1950年代與1960年代早期,公營事業尚需擔負賺取外匯之任務,如台糖公司以出口砂糖來賺取外匯,就是其中一例。

　　公營事業除對促進經濟發展有積極的作為，在配合國防工業
發展，支援外交拓展，培育經建人才，也具有效益。此外，公營
事業仍需執行若干政府交付的政策任務，以中油公司為例，對離島
供油價差之吸收、對某產業或特定用戶供油氣之補貼、為國家安全
儲油、在偏僻地區建加油站等，均非民營企業所願為。公營事業既
然為政府的投資單位，對政府政策的執行，也是無可旁貸的事。

　　隨著民營企業規模的不斷擴張，與經濟自由化的擴大，部分
台灣公營事業已完成其時代任務，無必要再繼續公營。況且，在
台灣經濟發展的早期階段，有些產業的經營需龐大資本，非民間
企業能力所及；有些產業具國防性質，在戒嚴時期，政府不放心
由民間經營；有些產業具公益性質，民間企業興趣缺缺。於是，
這些產業順理成章由公營事業來經營。當然，與一般大型民營企
業相比，公營事業效率較低，常需仰賴政府的保護；尤其具獨占
性的公營事業多缺乏進取心及對外競爭力。當民營企業漸漸壯大
之後，公營事業的傳統功能便失去其重要性。

　　然而，從財政立場，公營事業的重要任務在於增加國庫收
入；其事業收入與盈餘繳庫，為政府財政收入中重要來源。此外，
政府在推動公營事業民營化時，所作的釋股與資產處理，已成為
政府用來彌補財政收支短絀的重要途徑。

第二節　營業盈餘及事業收入在政府歲入的地位

　　事業經營者，逐利也。政府擁有的事業，當然會有其營業盈
餘與收入。直到1990年代，仍有一些公營事業，不具公司組織型
態，甚至其所經營的事業如同政府的行政部門，經營事業視同辦

理業務，如交通部早期所屬的電信局，不但為全國電信管理機構，釐訂政策與法規，同時經營電信業務，到1996年電信三法通過後，經營電信業務的事業單位便從政府行政部門分離，成立國營事業中華電信股份有限公司。電信局時代的業務部門，其組織為政府機構，因不是公司行號的法人，自然就沒有營利事業所得稅的問題；又因政府所經營的事業項目，多具壟斷性，銷售商品的價格含有壟斷性利潤，故其盈餘包含了賦稅、超額與正常利潤在內。政府部門經營許多事業，如同上述電信局經營電信事業，如交通部的郵政業務也具同樣性質。國營事業的台灣銀行、台灣土地銀行與中央信託局，均曾具有政府賦予的特權，遲到邁入21世紀才予以公司化。

國營事業若為營利事業，依法需繳納營利事業所得稅，其稅負不會因出資者為政府就有差別。在政府於1980年代後期推動公營事業民營化之前，許多公營事業所經營項目為政府特許者，具壟斷性，除銀行業、電信業、郵政業外，尚有石油煉製業、石化原料業、電力業、高速公路客運業等，因而政府公營事業的盈餘具壟斷性的利潤在內，如電力事業投資需保證9.5%報酬率等。

公營事業營業盈餘及事業收入為各級政府收入的重要財源之一，從圖13.1得知，1965年之後，其比例大都維持在10%以上；其金額也是逐年攀升，1998年後大都維持在3000億元以上。營業盈餘及事業收入在各級政府各種財源收入中的地位，僅次於稅課收入，其重要性遠高於下列財源：財產孳息收入、規費收入、罰款及賠償收入、捐獻及贈與收入、資本收回及售價收入等。其地位與公賣收入相比，1972年起凌駕而超過之。因此得知，營業盈餘及事業收入在政府財政收入中是主要財源，地位重要。

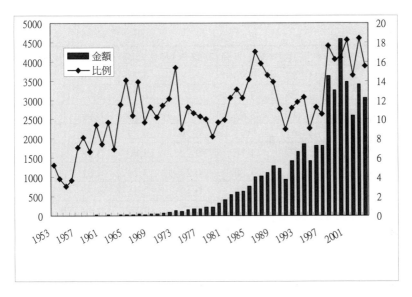

圖13.1　各級政府營業盈餘與事業收入及所占比例

　　營業盈餘及事業收入占政府歲入總決算之比例得知，中央政府對營業盈餘及事業收入的仰賴非常重，1981年起，大部分年份的比重不低於10%，甚至有些年份高達20%以上。這表示在中央政府年度預算中，至少有十分之一的財源是來自國營事業盈餘及收入的部分，甚至有時高達五分之一。直轄市政府，如台北市政府，其市屬事業營業盈餘及收入占市府歲入總決算之比例，大部分年份是在5%以內，而高雄市政府的情形在2000年前甚少超過1%，其地位無法與中央政府相比。至於在縣市政府與鄉鎮公所方面，都在1%之內。由此得知，營業盈餘及事業收入在政府財政收入中能發生作用，且占一席地位者，只有中央政府。營業盈餘及事業收入在地方政府財政收入中不居重要地位，甚至不如中央政府的補助款。

表13.1 公營事業營業盈餘與事業收入占各級政府歲入總決算之比例

單位：%

年	全國	中央政府	台北市府	高雄市府	省政府	縣市政府	鄉鎮公所
1981	9.98	12.13	3.90		6.23	0.10	0.44
1982	12.24	22.36	2.16		6.70	0.07	0.27
1983	13.12	17.10	3.12	0.18	3.94	0.07	0.34
1984	12.22	15.41	2.93	0.20	9.87	0.10	0.36
1985	14.15	19.57	4.16	0.20	3.40	0.08	0.41
1986	17.04	22.81	3.20	0.21	3.73	0.05	0.46
1987	15.78	21.29	4.77	0.12	2.31	0.29	0.49
1988	14.60	18.73	2.35	0.32	7.39	0.23	0.52
1989	13.91	15.55	2.07	0.25	16.52	0.12	0.34
1990	11.11	12.09	1.41	0.16	15.99	0.08	0.29
1991	9.03	9.29	4.36	0.14	6.29	0.23	0.52
1992	11.22	10.88	6.69	0.22	10.45	0.10	0.23
1993	11.75	14.19	1.87	0.13	5.60	0.35	0.33
1994	12.30	15.17	4.91	0.91	6.08	0.19	0.32
1995	9.10	11.24	2.31	0.12	7.27	0.05	0.30
1996	11.29	13.88	1.84	0.88	6.67	0.07	0.31
1997	10.61	12.98	1.14	1.30	5.16	0.28	0.33
1998	17.61	18.44	0.92	0.44	14.66	0.21	0.46
1999	16.21	22.11	2.34	0.72	8.30	0.12	0.38
2000	16.46	21.78	5.45	0.39		0.55	0.47
2001	18.27	23.69	3.62	1.14		0.32	0.79
2002	14.59	19.21	5.46	1.20		0.12	0.86
2003	18.40	24.72	4.61	2.59		0.26	0.67
2004	15.56	20.62	6.66	2.19		0.32	0.74

資料來源：財政部統計處，《財政統計年報》，2004年。

附註：全國是指全國各級政府，其比例為營業盈餘及事業收入占收入淨額
之比例，餘者皆為占歲入總決算之比例。

表13.2　各級政府營業盈餘與事業收入所占比例

單位：億元，%

年	總額	所占比例					
		中央政府	台北市府	高雄市府	省政府	縣市政府	鄉鎮公所
1981	411.05	80.36	3.29	0.00	16.02	0.16	0.18
1982	556.25	84.61	1.59	0.00	13.61	0.09	0.10
1983	604.86	90.31	2.24	0.04	7.21	0.09	0.11
1984	630.20	77.32	2.16	0.04	20.21	0.13	0.13
1985	773.45	91.59	2.73	0.04	5.43	0.09	0.13
1986	996.71	92.84	1.71	0.04	5.25	0.05	0.12
1987	1,026.25	93.56	2.75	0.02	3.22	0.30	0.14
1988	1,130.08	89.47	1.44	0.07	8.59	0.27	0.17
1989	1,282.13	74.40	1.19	0.05	24.08	0.15	0.12
1990	1,214.31	70.50	0.96	0.04	28.27	0.11	0.12
1991	948.30	78.84	5.93	0.05	14.40	0.48	0.29
1992	1,410.48	72.91	5.95	0.07	20.74	0.19	0.15
1993	1,664.67	87.91	1.38	0.04	9.84	0.65	0.18
1994	1,849.11	84.01	3.37	0.24	11.85	0.33	0.20
1995	1,419.14	80.22	2.02	0.04	17.35	0.13	0.24
1996	1,810.91	83.71	1.45	0.26	14.21	0.15	0.22
1997	1,805.63	82.80	0.99	0.42	14.92	0.64	0.24
1998	3,557.51	82.62	0.45	0.07	16.46	0.23	0.17
1999	3,179.91	89.35	1.20	0.15	9.00	0.15	0.17
2000	4,584.18	96.51	2.64	0.07	0.00	0.58	0.21
2001	3,431.56	97.85	1.34	0.17	0.00	0.38	0.26
2002	2,598.32	96.46	2.71	0.28	0.00	0.19	0.37
2003	3,361.09	97.14	1.81	0.48	0.00	0.34	0.24
2004	2,959.46	95.33	3.28	0.56	0.00	0.52	0.31

資料來源：財政部統計處，《財政統計年報》，2004年。

　　各級政府營業盈餘及事業收入的總額（見表13.2），由1981年411億元，持續增長到2004年的3000億元，在各級政府的分配上，多數歸中央政府，少數歸省政府；年度間的分配比雖有起伏，但中央政府約占85%，省政府約占10%，直轄市政府、縣市政府與鄉鎮公所合計不及5%。精省後，省屬事業也全歸國營，致使營業盈餘及事業收入總額在政府間之分配，中央政府就占95%以上，地方政府不及5%，顯示中央與地方政府在營業盈餘及事業收入上懸殊極大。

　　中央與地方政府在營業盈餘及事業收入總額分配上呈差異懸殊之事實，反應了大多數公營事業為國營事業，而這些似乎顯示大部分國營事業很會賺錢。

第三節　國營事業盈利繳庫與稅捐

　　在台灣，國營事業單位是眾多的。屬於經濟部主管者，計有台糖、台鹽、台肥、中鋼、中船、中油、台電、漢翔與唐榮等；屬於財政部主管者，計有中國輸出入銀行、兆豐金控、中央信託局、中國產物保險、台灣銀行、台灣土地銀行、合作金庫與台灣菸酒等；屬於交通部主管者，計有中華郵政、中華電信、陽明海運與台灣汽車客運等。上述這些公司，有些已民營化了，但政府仍為最大股東，仍握有經營權，如中鋼、合作金庫等；有些事業政府持股比例接近百分之百，可說是政府完全出資者，如台糖、台灣銀行等。

　　國營事業在中央政府財政收入的重要地位，上節已從營業盈餘及事業收入做過分析，然而它對政府財政的重要性，除營業盈

餘繳庫外，國營事業的出售與釋股便是近年來為政府彌補財政短
絀的重要途徑。國營事業的資產，如表13.3所示，1994年為7.8兆
元，2000年躍升為18.8兆元，2004年為24.8兆元。國營事業的資
產總額超過國民生產毛額的倍數，國營事業的資產是龐大的，是
可觀的。就國營事業業主權益分析，1994年為1.3兆元，2000年躍
升為3.8兆元，2004年為3.9兆元。政府處分國營事業，必然獲得
為數龐大的處分利益。

表13.3　國營事業資產、業主權益與盈餘

單位：百萬元，%

年	資　　產	業主權益	盈　餘	資產報酬率	業主權益報酬率
1994	7,819,404	1,303,850	167,243	2.14	12.83
1995	8,307,622	1,330,291	164,820	1.98	12.39
1996	9,029,707	1,591,894	201,215	2.23	12.64
1997	9,973,627	1,657,755	201,789	2.02	12.17
1998	10,680,771	2,169,395	273,724	2.56	12.62
1999	16,808,149	3,333,744	252,090	1.50	7.56
2000	18,772,961	3,752,700	266,974	1.42	7.11
2001	20,188,863	4,065,264	247,045	1.22	6.08
2002	21,788,468	4,166,702	241,531	1.11	5.80
2003	23,836,642	4,296,352	354,751	1.49	8.26
2004	24,753,308	3,932,837	318,850	1.29	8.11

資料來源：財政部統計處，《財政統計年報》，2004年

　　國營事業經營狀況，可從盈餘與資產報酬率、業主權益報酬
率等項目上觀察之。在觀察期間裡，國營事業的盈餘呈穩定上揚
走勢，由1994年1672.43億元穩定增長到2004年3188.5億元，10年
間盈餘成長約一倍。業主權益報酬率尤為可觀，雖從1994年

12.83%持續下降到2002年5.8%，之後又回升到8%左右，但卻繳出一份經營亮麗的好成績單，比銀行一年定期存款利率高出好多倍(見圖13.2)。

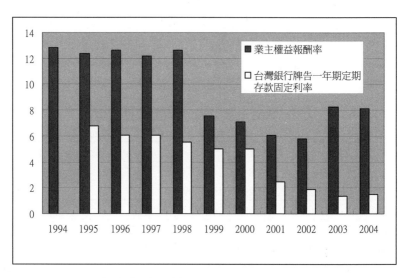

圖13.2　國營事業業主權益報酬率與銀行存款利率之比較

　　國營事業對政府財政收入的貢獻，除盈餘繳庫與資產出售及釋股外，事業經營中依法所繳納之各項稅捐也是對政府財政收入的另一項貢獻。國營事業的稅負，與其他投資事業相比，不因資本來源性質的不同而有所差別，依法是公平的。國營事業所繳納的各項稅捐總額，由1994年975.7億元增到2004年1451.5億元。相對其他投資事業，國營事業比較誠實繳納各項稅捐。國營事業所

繳納稅捐占全國稅捐總額之比例約在10%[1]（見圖13.3）。

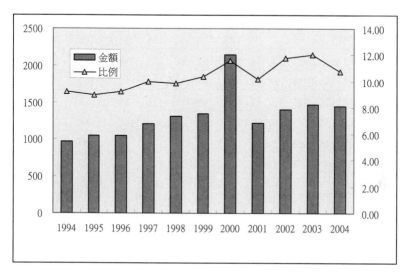

圖13.3 國營事業繳納稅捐及所占比例

　　國營事業所繳納的稅捐以消費與行為稅為最多，這就是指營業稅與貨物稅，此類稅捐所占比例至少有六成，高時有八成；次多的稅捐為所得稅，比例在12%到26%之間。國營事業所繳納的規費有逐年增高之走勢，2002年到2004年比例提高到10%之水準（見表13.4）。

---

1 依行政院主計處第三局統計資料，1995年以來，國營事業生產毛額占國民生產毛額之比例不及7%，而由上述所示國營事業所繳納各項稅捐所占比例高達10%，約比生產毛額的份額高出3個百分點，顯示國營事業對稅捐的貢獻在比例上高於民營企業。

表13.4　國營事業繳納各項稅捐及其比重

單位：千元，%

年	總計	所得稅	契稅	土地稅	房屋稅	消費與行為稅	特別稅課	規費
金額								
1994	97,567,523	16,511,303	2,654	3,511,534	750,625	75,310,148	40,046	1,441,2
1995	104,909,901	14,474,501	47	5,827,972	707,873	82,641,750	51,910	1,205,84
1996	105,258,282	13,338,069	79	4,412,226	704,238	85,328,772	26,418	1,448,48
1997	120,791,092	26,212,639	4,604	4,513,853	963,221	86,820,952	68,784	2,207,0
1998	131,715,028	34,774,498	6,384	4,653,268	1,132,255	88,717,707	7,110	2,423,8(
1999	134,476,569	34,838,287	12,242	4,320,765	950,621	89,339,088	12,445	5,003,1
2000	214,504,204	43,715,515	30,055	10,170,848	1,602,663	147,742,964	28,531	11,213,6
2001	121,673,240	22,095,933	5,639	7,267,814	1,241,921	80,208,454	18,845	10,834,6
2002	140,030,510	26,419,900	11,982	7,269,070	1,310,693	86,239,983	3,387,027	15,391,8
2003	146,707,864	23,865,846	250,001	7,096,181	1,420,660	93,500,118	4,900,507	15,674,5
2004	145,147,135	23,023,626	7,052	7,367,791	1,420,647	93,383,556	4,423,184	15,521,2
所占比例								
1994	100.00	16.92	0.00	3.60	0.77	77.19	0.04	1.48
1995	100.00	13.80	0.00	5.56	0.67	78.77	0.05	1.15
1996	100.00	12.67	0.00	4.19	0.67	81.07	0.03	1.38
1997	100.00	21.70	0.00	3.74	0.80	71.88	0.06	1.83
1998	100.00	26.40	0.00	3.53	0.86	67.36	0.01	1.84
1999	100.00	25.91	0.01	3.21	0.71	66.43	0.01	3.72
2000	100.00	20.38	0.01	4.74	0.75	68.88	0.01	5.23
2001	100.00	18.16	0.00	5.97	1.02	65.92	0.02	8.90
2002	100.00	18.87	0.01	5.19	0.94	61.59	2.42	10.99
2003	100.00	16.27	0.17	4.84	0.97	63.73	3.34	10.68
2004	100.00	15.86	0.00	5.08	0.98	64.34	3.05	10.69

資料來源：財政部統計處，《財政統計年報》，2004年

第十四章
結論與政策啟示

　　關於二戰後，台灣賦稅體制之演變，我們利用一般史料及賦稅統計作了有系統的剖析。賦稅體制是隨著時代的演變而作相應的調整。在一個封閉的農業社會，賦稅體制之變化不大，到整個經濟以工商業為主流時，賦稅體制就會有很大的變化，這也就是在1960年代和1980年代政府舉辦兩次較具規模的賦稅改革，以期稅制不妨礙工商業的發展，甚至更成為工商業發展的助力之原因。然而，自台灣進入1990年代，台灣金融經濟與電子資訊經濟興起，傳統賦稅體制所受的衝擊固然很大，即使新建立的賦稅體制也很難適應全球化浪潮的衝擊。面對這種情勢，政府如何掌握賦稅體制變化的方向，仍能利用稅收去解決全球化所產生的各種社會問題，是值得重視的課題。

一、應有的基本認識

（一）全球化對賦稅體制之衝擊

　　自進入21世紀，全球化浪潮已形成一股無可抗拒的力量，無論喜歡它與否，無可避免地要受其影響，稅制亦不例外。它對稅制的影響分兩個途徑：一為對納稅人的影響；一為對政府功能與

規模的挑戰。納稅人的自由選擇是對政府功能的一大挑戰，而政府功能的多少又影響了政府規模的大小。納稅人的行為與政府的作為是相互影響的。

(二)納稅人的自由選擇

在全球化浪潮下，納稅人較前有更大的選擇空間。具專業的納稅人有較多的自由選擇，他可以選擇到稅負較輕的地方去就業，就可繳納較輕的稅或不納稅。譬如，近20年來，很多有能力的大企業選擇到「賦稅天堂」(free-tax)去註冊，就可逃避對母國的稅負。即使在國內，也會運用會計師、律師的旁門鑿道，避稅、減稅，甚至免稅。至於一般的納稅人，或者缺乏自由選擇的人，就要付較多的稅。於是便形成了負稅不公現象。長久下去，這種現象，也會孵化成對社會反抗的力量，使社會失去安寧。

(三)議會代表濫開支票嚴重影響稅收

另一項影響政府作為的，則為民主政治發展尚未走上軌道階段，議會代表濫開支票嚴重影響稅收。在此階段，民意代表，尤其負責立法的國會議員，往往扮演兩種相互矛盾的角色：一方面為了討好特定選民，爭取選票，答應選民，一旦當選要完成某種與他們有利的公共建設；另方面為了討好一般選民，主張大幅降低某種稅率，或取消某種稅收。這兩種主張顯然是相互矛盾，為識者所不齒；但一般選民，因缺乏這種認識，認為這兩種主張均有利於己，於是支持他當選。一旦當選，他只能選其一，設法在議會通過其主張。另一種是社會或工商界壓力團體，利用團體的力量或金錢，誘使立法委員通過某種法案，如減稅。在此情況下，如不能同時減少政府支出，則會造成財政赤字之虞。

(四)對政府功能與規模的挑戰

在全球化浪潮下，政府功能勢必受到挑戰。由於納稅人有了自由選擇的權利，不可避免地會影響稅收。因為有自由選擇的人可到報酬高而稅負低的地方就業，或藉海外投資的機會，在海外享受免稅待遇。在稅收減少的壓力下，政府必然要調整其功能及其規模。首先被懷疑的是：在全球化下，政府應否維持其龐大的國防支出？兩國之間是否還會有軍備競賽：既然有能力，有專業的人可以四海為家，而且藉海外直接投資、策略聯盟、併購等策略，成為正常現象。而且資金更可在國與國之間自由交流。處在這種互依的情況，國與國間傳統的敵對關係必會逐漸消失。因此，政府所需的龐大國防支出就沒有必要。所以，一向占政府預算較大比例的國防支出必然會縮水。

正因為全球化使有能力及具專業的人有自由選擇的權利，成為稅收難以增加的事實，可是缺乏專業的人，或能力較低的人，往往是職場上的失敗者，或者成為失業的後備隊，如何安置這些後備隊的生活，當然是政府的責任，政府責無旁貸地要負起濟弱扶傾的責任來，具體的對策就是建立社會保障制度。

所謂社會保障制度，除健全健保制度，應奠定退休養老制度外，另有一種「我為人人，人人為我」的保健制度，即每個人滿18歲之後，鼓勵其每週抽空為老年人、弱智人、殘障及不能行動的人義務服務，將服務的時數登記在一種特製的卡片，永生保留，一待年老，需要人照顧時，也有自願服務的人來協助，對被服務的人而言，是過去服務他人的回饋工作，而對服務的人而言，是播下將來有人為我服務的種子。如果過去自願義務服務的時數不足時，則由自己負擔其所需費用。因為除政府外，無其他機構可以長久地負起這種責任來。所以政府的功能固需改變，而

其規模也應盡量縮小。

除此之外，政府還有一種功能，就是優化投資環境和美化生活環境。因為這兩個條件是吸收資金，留住人才的根本條件。如果所提供的環境能留住人才，就會引來更多的人才，而所需技術也會隨著人才的交流得免於匱乏。

二、稅制改革的方向

時代在變，社會也在變，稅制需要隨著時代潮流的變遷和社會風尚的改變，而作適當的調整；而這種調整是必要的，否則，它會引起民怨，甚至影響社會經濟的發展。因此，在過去50多年台灣經濟發過程中，政府曾進行兩次較具規模的稅制改革，第一次是1968-70年，在這次改革中，奠定量能納稅的所得稅制度，同時也建立了稅收的勾稽制度；第二次賦稅改革是1987-89年，主要目的是檢討各種賦稅的良窳，也提出些新的法案，如所得稅的兩稅合一。可是因執行不力，沒有發生顯著的成效。其實，賦稅小幅改革每年都在進行。

如同台灣經濟自由化一樣，稅制改革也受兩種壓力的影響：一為外來的壓力，一為內在的壓力。外來的壓力主要反映在關稅稅率方面。由於台灣出口在1980年代以美國市場占最大的比率，美國政府為了改善其貿易赤字，經常對台灣政府施加壓力，要求台灣大幅降低關稅稅率；如不順應美國政府的要求，美國將以「301」法案報復。再就是2002年台灣成為世界貿易組織（WTO）的成員，按該組織的規定，必須履行WTO的規範。這兩種外來壓力對台灣政府降低關稅產生很大的作用。除此，尚有一種外來的力量，即國際形勢的對比，為了吸引外人直接投資，不論開發中

國家或新興工業化國家，無不在租稅優惠方面下工夫，爲恐失去優勢，台灣政府自不會等閒視之。

　　至於內在壓力，它包括社會輿論和利益團體（或稱壓力團體）的壓力，對標榜民主政治的政府，也會使決策階層不敢忽視它所形成的壓力。在1990年代以前，儘管是威權時代，但社會輿論與學者、專家的建言，對決策當局也會形成較大的影響力。惟自1990年代以來，由於執政黨與利益團體的關係變得比較密切。利益團體的壓力對決策當局會發生較大影響力。例如2001年，政府召開經濟發展諮詢委員會，會議中有共識決案和多數決案，按理，共識決案應盡早執行，然而政府最先執行的，卻是多數決案，即土地增值稅減半案優先被執行，就是工商業團體施壓的結果。政府在內、外壓力之下，稅制不斷改革，乃成爲必然趨勢。

　　至於今後，稅制改革的方向，必須考慮到以下諸方面：

1. 稅制改革必須要有稅政改革的密切配合，因爲僅有好的稅改方案，而無有力的執行機構，仍無濟於事。要稅政有效率，必須要有訓練有素的隊伍。爲使稅務人員不受外界財勢的誘迫，稅制人員的待遇一定要達到足以「養廉」的境地，才不致發生貪瀆的情事。

2. 今後，由於服務和資訊業的結構愈來愈複雜，而其變化也很快；在交易方式中，有些由有形變爲無形，因此，掌握它的交易十分困難，爲了使徵稅容易，稽徵程序應愈來愈簡化。

3. 減稅、免稅成了近二、三十年的世界潮流，今後，欲想增稅，無論是增加稅目或提高稅率，在利益團體（或壓力團

體)影響之下，都會變成不可能，因此，相對的，政府規模必須減縮，也就是減少非必要的支出，才能適應賦稅的減少。

4. 高度累進式的所得稅會成過去，因為全球化的結果，資金會自由移動，而人力也可自由來往。何況所得稅累進程度過度會對提振投資意願和鼓勵研發均有不利的影響。

5. 隱形稅的徵收要避免：所謂隱形稅，即表面視之，它不是稅，實際上就是一種稅的變形，如對某一行業的補貼措施，受補貼的行業認為這是政府的「德政」，事實上，政府是挪用納稅人的錢，去補貼某一行業。因為政府的補貼主要是來自稅收，或者增發鈔票；增發鈔票也是一種稅收，最後由納稅人去負擔。如果辯說：用公營事業的盈餘去補貼，就不需抽人民的稅，這種論點是錯誤的，因為公營事業是政府的，也就是國家的，它的盈餘應繳稅，如將應繳的稅免繳，則是違法行為。所以，一個標榜民主的政府應避免徵收隱形稅。

6. 兩稅合一已在台灣完成，它是否比兩稅分別徵課為佳，迄無定論；在可預見的未來，遺產稅和贈與稅勢必會合而為一，在尚未達成合併的前夕，遺產稅的累進程度會逐漸降低，會跟所得稅累進程度一致。除非全世界的資訊均能自由交流，而且又能掌握每個人的資金去向，否則，掌握個人資產更加困難。

7. 租稅的徵課須考慮到環保問題，由於地球上的溫室效應愈來愈明顯，其影響亦愈來愈嚴重。而溫室效應之產生主要在於人們發展了些汙染性產業，製造了太多的二氧化碳，

破壞了臭氧層，致紫外線直射大地，不僅傷害人及畜，而且導致溫室效應之產生。為環保，徵收汙染稅，對一般國家，特別是工業化國家是需要的。凡製造二氧化碳超出某一限量的產業，就必須付出些代價，補償所破壞的自然環境，藉以抑制繼續破壞環境的行為。例如油電價格低廉，就會鼓勵人民多用油電，而不知珍惜；而多用油電，即對自然環境十分不利，故加徵碳稅。同樣，由於水價低廉，人民會過度浪費水資源，導致水資源的枯竭，故加徵水源稅；吸菸對人體有害，為保障國人健康，減少浪費，徵菸稅也是需要的。

二、政府的重要性

儘管有「政府愈小愈好」的論調，但在世界大同實現之前，政府還是需要的。對政府的需要係基於很多事務非由政府來擔任不可的考量，因為有些事務私人是取代不了的。不過，政府的規模要縮小，政府的功能應只限於民間或私人難以處理的事務。尤其我們所面臨的世界是以全球化為特色的世界，在這個世界，不但不能沖淡競爭，而且有增強競爭的可能。近年來所倡導的「藍海策略」並不能完全取代「紅海策略」，即使「紅海策略」是殘酷的，不能共存的，而藍海策略是和平的，可共存的，原因是：一般人多缺乏「另闢蹊徑」的能力；如無力另闢蹊徑，還要回到競爭的環境。只要有競爭，必定有成敗，失敗的一方多被淘汰出局，也就失去選擇的自由。這就需要政府拉他們一把，為他們創造一個仍可依賴自力，得以生存的環境。我們也觀察到有不少巨富，肯將自己財富的一部分捐獻出來，救助社會上屬於弱勢的族

群，但是他們的力量還是有限的，而且也難持久。唯有政府能建立一種制度，然後靠制度的推行，來解決各種社會問題。

參考文獻

一、中文部分

于宗先

2006　〈健全稅制的時代意義〉，10月10日山東大學演講稿。

于宗先、王金利

2001　《台灣土地問題》，台北：聯經出版事業公司。

2003　《一隻看得見的手：政府在經濟發展過程中的角色》，台北：聯經出版公司，2003年11月。

工商時報社論

2006　〈我國金融營業稅率應該提高嗎？〉，2006年9月26日。

中國國民黨黨史委員會編訂

1973　《國父全集》第一冊。

方建興

2001　〈中央統籌分配稅款與補助款對地方財政影響之研究〉，中原大學會計研究所碩士論文。

毛育剛

1971　〈台灣糧政制度之研究〉，《台灣銀行季刊》，第22卷第3期，頁1-56。

王作榮等

1988　〈台灣經濟發展政策與制度之檢討〉，行政院經建會委託計畫。

王金利

2006　〈台灣政黨競爭對政府債務累積之影響〉，《海峽兩岸租稅學術研討會論文集》，山東大學經濟學院，2006年10月，頁231-240。

台灣省政府糧食處

1997　《台灣百年糧政資料彙編》，第二篇《近百年來糧食統計資料》。

任廣福

1962　〈台灣之田賦〉，《台灣銀行季刊》，第13卷第4期，頁1-35。

任顯群

1952　〈現階段台灣稅制綜論〉，收入楊必立所主編之《台灣財稅改革論文集》，頁1-9。

朱澤民、李怡欣

2002　〈臺灣地區綜合所得稅免稅所得沿革及探討〉，《財稅研究》，第34卷第3期。

李承嘉

1998　《台灣戰後土地政策分析：1949-1997》，台北：中國地政研究所。

1999　〈土地交易課稅制度之研究〉，財政部賦稅署及稅制委員會委託研究。

李國鼎、陳木在

1987　《我國經濟發展策略總論》，台北：聯經出版事業公司。

杜文田

1976　〈工業化與工業保護政策〉，收入杜文田主編《台灣工業發展論文集》，台北：聯經出版事業公司，頁63-114。

邢慕寰

1971　《台灣工業發展及貿易政策之檢討》，中研院經濟所，經濟論

文專著選刊之28。

周玉津

1963　〈台灣之貨物稅〉,《台灣銀行季刊》,第14卷第2期,頁16-26。

林元興

1999　〈土地持有課稅制度之研究〉,財政部賦稅署及稅制委員會委託研究。

林全

1989　〈土地增值稅與房地產價格變動之關係〉,《經濟論文叢刊》,第17卷第3期,頁301-324。

1992　〈我國統籌分配稅的演變及其對中央及地方財政關係的探討〉,國科會專題研究計畫。

林景源

1981　《台灣工業化之研究》,台北:台灣銀行經濟研究室。

林華德、李顯峰

1989　《地方財政收支劃分問題之研究》,財政部賦稅改革委員會。

孫克難

1992　〈財政赤字與公共選擇理論〉,《經濟前瞻》,第28號。

2000　〈財政收支、赤字與經濟成長——文獻探究與啓示〉,《財稅研究》,第32卷第4期。

徐仁輝

1999　《當代預算改革的制度性研究》,台北:智勝。

翁國賢

1998　〈土地增值稅減免範圍之研究〉,《財稅研究》,第30卷第6期,頁49-81。

財政部

1998　《賦稅革新總報告書》,1998年12月。

財政部稅制委員會

2001　《所得稅法令彙編》。

財政部賦稅改革委員會

1989 《賦稅改革總報告書》，1989年12月。

馬嘉應、林燕瑜、羅慧萍

2002 〈財政赤字與公共債務〉，《財稅研究》，第34卷1期。

張果為

1980 〈台灣近年稅制的演變〉，收入張果為教授八秩文存編纂委員會主編《張果為教授財政稅務論文集》。

張果為教授八秩文存編纂委員會主編

1980 《張果為教授財政稅務論文集》，台北：中國文化大學。

陳菁瑤

1998 〈我國政府預算赤字政經因素之初探〉，《政府預算之改進學術研討會論文》。

陳聽安

1993 〈從公平與效率談土地增值稅何去何從〉，《財稅研究》，第25卷1期，頁1-6。

2005 〈衍生性金融商品課稅制度初探〉，廈門大學財政系、廈門市國家稅務局編，《兩岸租稅問題探索》，北京：中國財政經濟出版社。

陸國慶

1962 〈台灣之防衛捐〉，《台灣銀行季刊》，第13卷第4期，頁142-150。

景祥祜、沈鑼志

1998 〈地價稅稅基評價與稅收之關聯性〉，《財稅研究》，第30卷第4期，頁63-78。

華昌宜

1999 〈土地持有課稅制度之研究〉，財政部賦稅署及稅制委員會委託研究。

黃石生

1950 〈台灣地區公債發行之研究〉，《台灣銀行季刊》，第3卷第4

期，頁1-34。

萬璣年、陳長賢

1962　〈台灣之營業稅〉，《台灣銀行季刊》，第13卷第4期，頁63-96。

經濟日報社論

2007　〈為什麼租稅優惠比較可愛？〉，2007年2月16日。

劉大中

1970　〈賦稅改革之目標、原則及推進程序〉，收入楊必立主編《台灣財稅改革論文集》，台北：聯經出版公司，頁195-231。

劉鳳文

1980　《外匯貿易政策與貿易擴展》，台北：聯經出版事業公司。

蕭錚

1964　《平均地權之理論體系》，台北：中國地政研究所。

鮑德徵

1962　〈台灣之地價稅、土地增值稅、房捐及契稅〉，《台灣銀行季刊》，第13卷第4期，頁36-61。

蘇志超

1993　《土地稅論》，修訂版，台北：文笙書局。

二、英文部分

Alesina, A. and A. Drazen

1991　"Why are Stabilizations Delayed?," *American Economic Review*, 81, Dec., 1170-88.

Auerbach, Alan J.

1989　"Capital Gains Taxation and Tax Reform," *National Tax Journal*, 42(3), 391-401.

Barro, R. J.

1979　"On the Determination of Debt," *Journal of Political Economy*, 87,

Oct., 940-71.

Burman, Leonard E.

2003 *The Labyrinth of Capital Gains Tax Policy*, Washington D. C.: Brookings Institution.

De Haan, J. and Jan-Egbert Sturm

1994 "Political and Institutional Determinants of Fiscal Policy in the European Community," *Pubilc Choice*, 80, July, 157-72.

Edin, Per-Anders, and H. Ohlsson

1991 "Political Determinants of Budget Deficits: Coalition Effects versus Minority Effects," *European Economic Review*, 35, Dec., 1597-1603.

Feldstein, M.

1995 "The Effect of Marginal Tax Rates on Taxable Income: A Panel Study of the 1986 Tax Reform Act," *Journal of Political Economy*, 103, 551-557.

Feldstein, M. and S. Yitzhaki

1978 "The Effect of the Capital Gains Tax on the Selling and Switching of Common Stocks," *Journal of Public Economics*, 17-36.

Feldstein, M., J. Slemrod and S. Yitzhaki

1980 "The Effects of Taxation on the Selling and Switching of Common Stock," *Quarterly Journal of Economics*, 94, 777-791.

Gemmill, Robert F.

1956 "The Effect of Capital Gains Tax on Asset Price," *National Tax Journal*, 9, 289-301.

Grilli, V., D. Masciandaro and G. Tabellini

1991 "Political and Monetary Institutions and Public Financial Policies in the Industrial Countries," *Economic Policy*, 13, Oct., 341-92.

Holt, Charles C. and John P. Shelton

1962 "The Lock-in Effect of the Capital Gains Tax," *National Tax Journal*, 15, 337-352.

Jang, Hwee-yong J.

1994 "The Market Reaction to the 1986 Tax Overhaul: A Study of the Capital Gain Tax Change," *Journal of Business Finance & Accounting*, 21(8), 1179-1193.

Klein, Peter

2001 "The Capital Gain Lock-in Effect and Long-horizon Return Reversal," *Journal of Financial Economics*, 59, 33-62.

Kovenock, Daniel J. and Michael Rothschild

1987 "Effects of an Inflation- Adjusted Basis on Asset-Values After Capital Gains Taxes," *Land Economics*, 63(4), 386-395.

Poterba, J. M. and J. Hagen, eds.

1999 *Fiscal Institutions and Fiscal Performance*, Chicago: University of Chicago Press.

Reese, W.

1998 "Capital Gains Taxation and Stock Market Activity: Evidence from IPOs," *Journal of Finance*, 53, 1799-1820.

Roubini, N. and J. D. Sachs

1989 "Political and Economic Determinants of Budget Deficits in the Industrial Democracies," *European Economic Review*, 33, May, 903-33.

Seida, Jim A. and William F. Wempe

2000 "Do Capital Gain Tax Rate Increases Affect Individuals Investors' Trading Decisions?," *Journal of Accounting and Economics*, 30, 33-57.

Slemrod, Joel

1982 "Stock Transactions Volume and the 1978 Capital Gains Tax

Reduction," *Public Finance Quarterly*, 10, 3-6.

Somers, Harold M.

1948 "An Economic Analysis of the Capital Gains tax," *National Tax Journal*, 1, 226-232.

Stiglitz, Joseph E.

1983 "Some Aspect of the Taxation of Capital Gains," *Journal of Public Economics*, Vol. 21, 257-294.

Tabellini, G. and A. Alesina

1991 "Voting on the Budget Deficit," *American Economic Review*, 80, March, 37-49.

Von Hagen, J. and I. Harden

1995 "Budget Processes and Commitment to Fiscal Discipline," *European Economic Review*, 35, April, 771-79.

Weingast, B., K. Shepsle and C. Johnsen

1995 "The Political Economy of Benefits and Costs: A Neoclassical Approach to Distributive Politics," *Journal of Political Economy*, 89, Aug., 642-64.

Yitzhaki, S.

1979 "An Empirical Test of Capital Gains Taxation: Realization, Efficiency and Equity," *Tax Law Review*, 48, 622-629.

索引

台灣經濟論叢14
台灣賦稅體制之演變

2008年5月初版 　　　　　　　　　　　　　定價：新臺幣380元

有著作權・翻印必究

Printed in Taiwan.

著　者	于　宗　先
	王　金　利
編　者	中國經濟企業研究所
發 行 人	林　載　爵

出 版 者　聯 經 出 版 事 業 股 份 有 限 公 司　　叢書主編　方　　清　　河

台 北 市 忠 孝 東 路 四 段 5 5 5 號　　校　對　方　　　　策

編 輯 部 地 址：台北市忠孝東路四段561號4樓　　封面設計　蔡　　婕　　岑

叢書主編電話：（ 0 2 ） 2 7 6 3 4 3 0 0 轉 5 0 5 0

發 行 所：台北縣新店市寶橋路235巷6弄5號7樓

　　　電 話：（ 0 2 ） 2 9 1 3 3 6 5 6

台北忠孝門市：台北市忠孝東路四段561號1樓

　　　電 話：（ 0 2 ） 2 7 6 8 3 7 0 8

台北新生門市：台 北 市 新 生 南 路 三 段 9 4 號

　　　電 話：（ 0 2 ） 2 3 6 2 0 3 0 8

台 中 門 市：台 中 市 健 行 路 3 2 1 號

　　　電 話：（04）22371234ext.5

高 雄 門 市：高 雄 市 成 功 一 路 3 6 3 號

　　　電 話：（07）2211234ext.5

郵 政 劃 撥 帳 戶 第 0 1 0 0 5 5 9 - 3 號

郵 撥 電 話： 2 7 6 8 3 7 0 8

印 刷 者　世 和 印 製 企 業 有 限 公 司

行政院新聞局出版事業登記證局版臺業字第0130號

本書如有缺頁，破損，倒裝請寄回發行所更換。　　　ISBN　978-957-08-3272-3（平裝）

聯經網址：www.linkingbooks.com.tw

電子信箱：linking@udngroup.com

國家圖書館出版品預行編目資料

台灣賦稅體制之演變/于宗先、王金利著 .
初版 . 臺北市 . 聯經 . 2008 年（民 97）
360 面；14.8×21 公分 .（台灣經濟論叢：14）
參考文獻：8 面；索引：8 面
ISBN 978-957-08-3272-3（平裝）

1.租稅 2.歷史 3.臺灣

567.933   97007897

聯經出版事業公司

信用卡訂購單

信用卡號：□VISA CARD □MASTER CARD □聯合信用卡

訂購人姓名：_____

訂購日期：_____年_____月_____日　(卡片後三碼)

信用卡號：_____ _____ _____ _____

信用卡簽名：_____(與信用卡上簽名同)

信用卡有效期限：_____年_____月

聯絡電話：日(O)：_____夜(H)：_____

聯絡地址：□□□_____

_____

訂購金額：新台幣_____元整

（訂購金額 500 元以下,請加付掛號郵資 50 元）

資訊來源：□網路　　□報紙　　□電台　　□DM　□朋友介紹
　　　　　□其他_____

發票：□二聯式　　　□三聯式

發票抬頭：_____

統一編號：_____

※ 如收件人或收件地址不同時,請填：

收件人姓名：_____ □先生 □小姐

收件人地址：_____

收件人電話：日(O)_____夜(H)_____

※茲訂購下列書種,帳款由本人信用卡帳戶支付

書　　　　名	數量	單價	合　　計
總　　計			

訂購辦法填妥後

1. 直接傳真 FAX(02)27493734

2. 寄台北市忠孝東路四段 561 號 1 樓

3. 本人親筆簽名並附上卡片後三碼(95 年 8 月 1 日正式實施)

電話：(02)27683708

聯絡人:王淑蕙小姐(約需 7 個工作天)